KB107665

• 기네스북의 기원

1951년 기네스양조회사 대표 휴 비버는 아일랜드 강변에서 사냥을 하다 골든 플로비라는 물새가 워낙 빨라 한 마리도 사냥하지 못했는데 그는 이 새가 유럽에서 가장 빠를지도 모른다고 주장하면서 논쟁을 벌였다. 이것을 확인하기 위해 자료를 찾아보았으나 그 새에 대한 기록을 찾아볼 수 없었다.

그는 이에 대한 논쟁이 자주 일어나는 것을 보고 이에 대한 공식 기록을 남기기로 결심하고, 스포츠 기자 출신의 노리스와 로스 맥허터 형제에게 진기한 기록을 모은 책을 편집해달라고 의뢰하고 회사의 이름을 따 『기네스북 오브 레코즈(THE GUINNESS BOOK OF RECORDS)』라고 지어, 1955년 8월 27일 출간했다. 이 책은 영국 최고의 베스트셀러가 되면서 전 세계로 팔려 나갔다. 기네스북의 역사는 이렇게 시작됐다. 현재 이 책의 정식 명칭은 『기네스 세계기록(GUINNESS WORLD RECORDS)』이다.

기네스북에 등재되려면 반드시 기록을 세운 사람이 직접 신청을 해야 하며, 그렇지 않으면 책에 등재되지 않는다. 따라서 기네스 세계기록에 등재되어 있다고 해서 반드시 그것이 세계 최고의 기록이라고 할 수는 없다.

• 일러두기

본문에 기재된 달러와 유로 환율은 책 출간 시기에 맞춘 것으로, 환율 변동에 따라 금액이 달라질 수 있다.

기록으로 보는 범죄의 세계

범죄 기네스북

이윤호 글 | 박진숙 그림

CONTENTS

PART 2 기록으로 예방하는 범죄

범죄 없는 사회에 조금 더 기여할 수 있기를 바라는 마음으로 이 글을 쓰다

'범죄 기네스북'이라고 하면 어쩌면 매우 생경하게 들릴지도 모르겠다. 나는 평생을 범죄학이라는 당시로써는 생소한 학문을 공부하고 가르쳐왔지만 아직도 어딘가 허전한 느낌을 지울 수 없다. 물론 나의 학문적 노력이 부족하고, 그래서 학문적으로 일가를 이루지 못한 개인적 아쉬움도 있겠지만 또 다른 허전함은 바로 나름 평생을 바친 학문적 노력의 결과는 과연 무엇이고 우리 사회에 어떤 기여와 공헌을 했을까 하는 두려움과 아쉬움 때문이지 않을까 싶다.

내가 '범죄'라는 사회현상을 공부하기로, 그래서 유학을 떠나면서 마음에 새겼던 각오와 꿈이 '범죄 없는 세상'이었건만 세상은 범죄로부터 자유롭기는커녕 더 험악해지는 것만 같다. 이를테면 내 마음 한구석에 혹시 범죄학이 지나치게 상아탑에만 안주한 것은 아닌지, 마치 외계인들이 외계어로 자기들끼리만 소통하듯 학자들끼리만 알아듣는 외계어 같은 학문적 언어로만 이야기하지는 않았는지 되새기곤 한다.

이제는 특정한 계층끼리만이 아닌 우리 모두의 언어로 이야기할 때가 되었다. 더 이상 학자만의 학술범죄학Academic Criminology에 그치지 않고, 우리 모두의 언어로 된 우리 모두의 범죄학, 바로 대중범죄학Popular Criminology을, 누군가는 시작해야 한다.

이 책은 바로 그런 시도의 하나다. 무릇 사물이나 현상을 이해하는 데는 다양한 방법과 접근이 있겠지만, 과거를 되돌아보고 오늘을 이해하고 내일을 준비하는 것이 그 하나일 수 있다. 과거의 이해는 기록으로 대표되고, 단순한 역사적 사실의 기록만으로 그치지 않고 그 시대와 사회를 대표하거나 대변하는 아주 특별하거나 특이한 사실이라면 우리는 역사의 시대적 상황을 이해하는 데 큰 도움이 될 것이다. 그런 특이한 대표적 기록을 모은 것을 우리는 흔히 '기네스북'이라고 한다.

이 책은 그런 차원에서 범죄와 관련된 그런 기록, 세상에서 가장 크거나 작거나, 또는 세상에서 최초와 같은 기록으로 범죄라는 사회현상과 그로 인한 사회제도와 대응방식 등을 되돌아보고자 하였다. 범죄와 관련된 전문적 직업인이 아니더라도, 범죄를 전문적으로 연구하는 학자가 아니더라도, 일반적 상식을 가진 우리 누구나 범죄나 범죄와 관련된 사회제도와 도구를 보다 쉽게 이해하고, 이를 기반으로 자신의 안전에 도움이 되어, 결국은 범죄학이 대중화되고 범죄 없는 사회에 조금 더 기여할 수 있기를 바라는 마음의 산물이 『범죄 기네스북』이다.

언제나처럼 이 책이 나오기까지에는 많은 사람들의 응원과 도움이 있었기에 가능하였다. 먼저 자료를 수집하고 정리하고 집필하고 교정까지 묵묵하게 최선을 다한 '나'에게 응원과 박수를 보낸다.

그리고 이 책이 더욱 빛나 보이게 해준 일러스트를 그려준 아내 박진숙 작가에게 감사하다는 말로는 부족하겠지만 늘 감사하다. 자식을 흔히 신이 준 선물이라고 하는 것처럼 나에게 부처님의 큰 선물인 두 아들, 창욱과 승욱이도 언제나 나에겐 생명수요 에너자이저였기에 감사하다. 더불어 몸과 마음이 편하게 안정적으로 연구하고 가르칠 수 있는 기회와 여건을 마련해주신 고려사이버대학교 김진성 총장에게 감사의 인사를 전한다. 마지막으로 저자의 대부분 저술을 최고의 명품처럼 만들어주는 ㈜퍼시픽 도도의 이웅현 회장, 최명희 대표, 홍진희 선생 그리고 사진을 담당하는 이갑성 팀장을 비롯한 전 직원 여러분들께도 감사를 보낸다.

2021년 하지에
북촌 고려사이버대학교 연구실에서

이윤호

PART
1

기록으로
이해하는 범죄

기록으로 알아보는 범죄 유형

세계 최고가 도난품

◇◇◇

있었던가? 아니면 없었던가?
〈모나리자〉 도난 사건

르네상스의 천재적 미술가 레오나르도 다 빈치^{Leonardo da Vinci, 1452~1519}의 〈모나리자〉. 아마도 이 작품을 모르는 사람은 없을 것이다. 그리고 세계적으로 가장 유명한 창작품이 무엇인가 묻는다면 절대 다수가 〈모나리자〉라고 답할 것이라고 해도 큰 무리가 없을 정도로 이 그림은 세계에서 가장 유명한 미술품이다.

그런 〈모나리자〉가 한순간 전시된 미술관에서 사라진다면? 절대로 일어나서는 안 될 일이지만 실제로 일어났다. 세상에 충격을 가한 이 사건은 어떻게 벌어졌을까?

1911년 프랑스의 루브르박물관에 전시되어 있던 〈모나리자〉가 하루아침에 감쪽같이 사라졌다. 범인은 그 유명하다던 뤼팽? 아니면 박물관 전체의 합동 모의? 아쉽게도 범인은 당시 박물관에서 그림 보호시설을 설치하는 작업부로 일하던 빈센초 페루지아Vincenzo Perugia라는 사람이었다. 그는 박물관에서 일하면서 〈모나리자〉를 훔칠 계획을 세웠는데 방법은 아주 간결했다. 이 그림을 훔치기 위해 박물관이 문을 닫을 때까지 전시관의 벽장 속에 숨어 있다가 동료 두 사람과 함께 이 작품을 들고 나갔던 것이다. 도난 사건이 일어나자마자 프랑스는 비상이 걸렸고, 경찰은 수사를 진행했다. 미술 애호가인 J.P 모간과 피카소도 의심을 받아 심문을 받기도 했다.

2년이 흐른 1913년 페루지아는 훔친 〈모나리자〉를 이탈리아의 미술품 거래상에 팔려고 내놓았다가 결국 발각됐다. 그 후 〈모나리자〉는 원래대로 루브르박물관으로 되돌려졌다. 〈모나리자〉는 가격이 최소한 20억 달러약 2조 2,636억 원에 해당할 것으로 평가되고 있어서 지금까지 알려진 세계에서 가장 최고가의 도난품으로 기록되고 있다.

사실 다 빈치의 〈모나리자〉는 당시 지금과 같은 대우를 받지 못한 작품이었다. 물론 다 빈치의 작품이라는 점에서 유명세를 떨치긴 했지만 지금만큼은 아니었다. 그러던 중 1880년 프랑스의 소규모 미술비평가 모임에서 이 작품에 높은 가치를 매긴 후부터 서서히 사람들의 눈에 띄게 된 것이다. 그리고 도난 사건이 일어난 당시 이 작품은 또다시 재평가를 받게 되었다. 하룻밤 사이에 일어난 30 × 21인치 그림의 도난은 세상 사람들이 이 작품이 걸작이라는 것을 깨달아서 가치를 재평가한 것이 아니라 이 도난 자체가 나름 멋진 스캔들이자 미스터리라고 생각했기 때문이었다.

중요한 것은 박물관에서도 〈모나리자〉가 도난당했다는 사실을 28시간 몰랐다가 〈모나리자〉 앞에서 모사를 하던 아마추어 화가가 발견하고 박물관에 신고해 알게 되었다고 한다. 얼마나 한적한 곳에 있었으면 박물관 관계자도 이 작품이 사라진 줄 몰랐을까? 그렇게 사람들의 관심에서 밀려 있던 〈모나리자〉는 이 사건으로 현재까지 루브르박물관의 인기 작품이 되었다. 루브르박물관에서 가장 많은 사람이 몰려 있는 장소는 이 작품이 걸려 있는 곳이기도 하다.

◇◇◇
시 당국의 허점을 증명하기 위해 빌딩을 훔치다
엠파이어 스테이트 빌딩 절도 사건

어마어마한 빌딩을 큰 포대에 넣어 훔칠 수 있을까? 거의 불가능한 일이지만 실제로 일어났다. 물론 큰 포대에 넣어 훔친 것은 아니고, 사기에 가까운 절도 사건이라고 할 수 있다. 미국 뉴욕을 상징하는 첨단 초고층 건축물인 엠파이어 스테이트 빌딩 도난 사건은 세계 두 번째로 고가의 도난품으로 기록되어 있다. 물론 첫 번째는 앞서 말한 〈모나리자〉다. 시세로 친다면 〈모나리자〉에 버금가거나 그 이상일 수 있지만 도난품으로 따진다면 〈모나리자〉 다음이다.

2008년 12월 어느 날 「뉴욕 데일리 뉴스」는 뉴욕 시청에 위조문서를 제출해 당시 시세가 약 20억 달러약 2조 2,636억 원에 가까웠던 건물의 권리를 이전했다. 신문사 대표가 절도범이라고 생각할 수도 있겠지만 그것은 아니다. 그리고 실제 범행 의도가 있었던 것도 아니다. 언론인들이 건물 매매와 권리 이전에 관계된 시청의 등기 방식에 허점이 있다는 것을 증명하기 위해 부동산회사를 설립해 재산권을 훔친 것이다.

당연히 신문사 측에서는 기획 의도가 입증된 후 이튿날 정당한 건물 주에게 부동산 권리를 되돌려주었다. 그리고 이를 계기로 관련 법률도 강화되었다고 한다.

◇◇◇
아직도 찾지 못한 베르메르의 〈콘서트〉 이사벨라스튜어트가드너박물관 강도 사건

다음으로 고가의 도난품으로 알려진 것은 17세기 네덜란드 화가 요하네스 베르메르Johannes Vermeer, 1632~1675의 작품 〈콘서트The Concert〉다. 베르메르는 주로 네덜란드 중류층 생활상을 묘사했는데 그의 작품들은 밝고 깊은 색채와 정밀한 구도가 특징이다. 특히 값비싼 안료를 사용해 매우 천천히 그리고 조심스럽게 그림을 그리는 것으로 유명하다.

하지만 베르메르는 당시 성공적인 화가로 평가받지 못했다. 그래서 그런지 그는 비교적 소수의 작품만을 남겼고, 세세한 경력은 알려져 있지 않다. 물론 그렇다고 그의 작품이 고가가 되지 말란 법은 없을 것이다. 그는 1664년 〈콘서트〉를 그렸는데 한 여성이 피아노를 연주하고, 한 남성이 플루트를 연주하고, 또 다른 한 여성이 노래를 부르는 장면을 묘사했다.

이 작품은 1892년 발견됐는데 1903년부터 도난당하기 전인 1990년까지 미국 보스턴의 이사벨라스튜어트가드너박물관Isabella Stewart Gardner Museum에서 보관하고 전시했다. 이 박물관은 세계 각지의 회화나 조각, 태피스트리 등의 미술품을 소장한 것으로 유명하다.

1990년 경찰로 위장한 강도 두 사람은 경비원에게 소음에 대한 신고가 있었다며 안으로 들어가 경비원을 지하실에 감금했다. 그리고 네덜란드의 화가 렘브란트 반 레인Rembrandt Harmenszoon van Rijn, 1606~1669과 베르메르, 프랑스 화가 에드가 드가Edgar Degas, 1834~1917 등 작품 13개를 훔쳐 달아났다. 그중 하나가 바로 〈콘서트〉다. 현재 이 작품은 3,000만 달러약 339억 원 이상에 이를 것으로 평가되고 있지만 아직도 당시 도난품들을 찾지 못했다고 한다. 총 작품의 가치는 5억 달러약 5,659억 원에 이르고, 미국 미술품 도난 사건 중 최대 규모라고 한다.

참고 자료

• https://www.rd.com/culture/most-expensive-things-stolen

2

세계 최대 규모의 강도 사건들

◇◇◇

경비나 보안장치가 없었던 박물관의 비참한 최후
드레스덴궁 그린볼트박물관 강도 사건

2019년 11월 25일, 독일 드레스덴궁의 그린볼트박물관에 소장되어 전시하고 있던 일련의 보물들이 사라졌다. 사라진 보물 중에는 49캐럿 드레스덴 화이트 다이아몬드를 비롯한 다수의 귀중품이 포함되어 있었는데, 모두 귀중한 문화적 가치가 있어서 가격을 매길 수 없을 정도라고 한다. 그럼에도 일부에선 사라진 보물의 전체 가격이 최소한 10억 유로약 1조 3,000억 원 이상에 달할 것이라고 했지만 다수의 전문가들은 가격을 추정하는 것 자체가 불가능하다고 주장했다.

이 강도 사건으로 이전 세계 최대 규모의 강도로 기록되었던 '미국 보스턴가든박물관Garden Museum 5억 달러약 5,600억 원 이상 강도 사건'은 최대 규모라는 타이틀을 이 사건에 내줘야 했다. 그리고 여전히 사라진 보물들의 행방을 알 수 없다는 점에서 이 강도 사건은 범죄자에게 완전범죄인 셈이다. 물론 이 사실보다 더 무서운 것은 강도들이 탈취물을 암시장에 팔기 위해 보물들을 부시거나 해체할 수도 있다는 사실이다. 보물들이 워낙 유명하고 고가이기 때문에 그대로는 판매하기가 어려워 금전적 이득을 취하기 위해선 보물들을 해체할 위험성이 있는 것이다.

사건은 정확하게 새벽 4시에 시작되었다. 근처에 있는 어거스터스 다리에 작은 화재가 발생하여 전기가 끊어져 경보기가 작동하지 않았지만 감시 카메라는 계속 돌아갔다. 강도들이 창문 주변의 철창을 자르고 창문을 깨고 보석 전시실에 침입했다고 하는데 경찰은 강도들이 아마도 작은 구멍을 통과할 수 있을 정도로 작은 체구였을 것이라고 추정했다. 그들은 망치로 전시관의 유리를 깨고 전시된 보물을 탈취한 뒤 침입한 창문으로 도주하면서 발각을 지연시키기 위해 철창을 교체했다. 결국 새벽 4시 56분에야 경비원에 의하여 발견되었다.

결국 박물관의 안전성에 대한 의심이 생길 수밖에 없는데 아무래도 켄터키 주의 연방 금괴 저장소인 포트 녹스만큼 안전하지 않았던 것으로 보인다. 더구나 당시 박물관은 소장품에 대해서 적정한 보험조차도 가입하지 않았다고 한다. 이 사건을 계기로, 세계 여러 박물관이나 미술관 등 고가품을 전시하는 공간에서는 고가품에 대한 안전과 보안에 더욱 철저한 감시 태세로 나아가는 계기가 되었다.

강도들은 사전에 철저하게 계획한 것으로 보인다. 그리고 해당 박물관이 좋은 표적이 될 수 있는 몇 가지 요소들을 파악했다. 가장 먼저 근처

송전함에 불을 질러 정전이 되면 박물관의 경보시스템은 작동되지 않는다는 사실을 알고 있었던 것이다. 발전기나 다른 보조나 보안장치가 없이는 울리지 않는 전기 경보 장치는 강도에게 매력적으로 다가갔을 것이다.

물론 불행 중 다행으로 감시 카메라는 작동했지만 이것은 강도의 실행을 중단시킬 수 있는 안전장치가 되지 못했다. 그들의 행위를 지켜보기만 하는 감시 카메라는 범행 상황을 알려줄 뿐 어떤 방비책도 되지 못했다. 적절한 경보나 보안장치가 없다면 얼마든지 부시고 들어갈 수 있는 창문만 걸어 잠그고 안심한 것과 같다.

더군다나 그린볼트박물관은 아우토반 가까이에 위치하여 도주가 훨씬 용이했을 것으로 추정된다. 실제 고속도로 주변이나 접근이 가까울수록 범죄가 일어날 확률이 더 높았다고 한다.

◇◇◇

강도 학교까지 세운 조직의 어이없는 실수
앤트워프 다이아몬드 강도 사건

'벨기에의 앤트워프Antwerp 다이아몬드 강도 사건'은 '드레스덴궁 그린볼트박물관 강도 사건' 다음으로 최대 규모로 기록되고 있다. 앤트워프는 세계의 다이아몬드 원석이 모이는 곳이기 때문에 삼엄한 보안으로 유명하다. 2003년 2월 주말이었던 15~16일 사이 강도들은 앤트워프의 다이아몬드 상가에 침입해 1억 달러약 1,131억 원 이상 되는 가치의 다이아몬드는 물론이고 금과 보석들을 탈취했다. 사건 발행 후 강도들은 체포됐지만 상당한 시간이 흘렀음에도 여전히 다이아몬드의 행방을 찾지 못하고 있는 상태다.

다이아몬드가 보관되었던 곳은 건물의 지하 2층이었다. 그곳에는 무려 1억 가지의 경우 수가 있는 자물쇠, 적외선 열감지기, 지진 진동 감지기, 도플러 레이더 그리고 자기장 등을 포함한 다중의 보안 기기와 장치가 있었다. 그럼에도 강도들은 상당한 노력과 시간을 들여 그곳에 들어가 다이아몬드와 금, 보석류를 탈취했으니 얼마나 완벽하게 계획하고 실행했을지 짐작이 가고도 남는다.

사건을 주도한 레오나르도 노타바르톨레Leonardo Notarbartolo는 이탈리아 토리노 출신으로 그의 고향에선 좋은 남편이자 아버지로 알려졌지만 경찰 기록에 따르면 어린 시절부터 좀도둑이나 소규모 강도에 가담해왔다고 한다. 그런 이력을 바탕으로 그는 다이아몬드를 절취하기 위해 '토리노 학교'라는 조직을 만들어 스스로 리더가 되어 4명의 조직원과 함께 무려 4년 동안 이 사건을 계획한 후 실행에 옮겼다.

먼저 앤트워프 다이아몬드센터에 사무실을 임대해 월 700달러를 지불했다. 그리고 18개월 동안 그는 이탈리아 다아이몬드 상인 행세를 하면서 그곳을 드나들며 신뢰를 쌓았다. 이처럼 장기간 치밀한 준비와 더불어 모의실험을 통해 얻어진 기술과 경험을 바탕으로 삼엄하기로 유명한 이곳의 보안장치를 극복하기 위해 여러 가지 교묘한 방법을 활용했다. 그 결과 그들은 보안장치를 건드리지 않고 성공적으로 침입할 수 있었는데 이 사실이 더욱 경찰을 혼란스럽게 만들었다고 한다.

그들의 계획과 수법 중 하나는 먼저 전시관에 카메라 펜을 활용해 몰래 사진을 찍어 자세하게 관찰했다. 그리고 노타바르톨레는 이탈리아 다이아몬드 상인으로 가장해 빈번하게 출입한 결과 그의 존재는 자연스러운 것으로 받아져 경계를 느슨하게 만들기도 했다. 출입문의 비밀번호는 전시실 문 위에 소형 카메라를 설치하고, 경비원이 문을 열 때 사용하는 비밀번호의 조합을 관찰하여 알아냈다. 보다 구체적인 계획들은 전시실을 실물 크기 모형으로 만들어 연습했다고 한다.

그들은 체온감지기에 여성용 헤어스프레이를 분사하여 일시적으로 작동을 중단시키고, 다수의 감시 카메라를 피하기 위해서 카메라가 없는 정원에 사다리를 놓고 안으로 침입했다. 적외선 감지기를 통과하기 위해선 집에서 만든 대형 폴리에스터 방패를 이용하여 자신들의 체온신호를 숨겨서 발코니 창문의 경보기를 무력화시켰다. 자기장을 피하기 위해선 손수 제작한 알루미늄 판을 이용했고, 열 감지기는 스티로폼 박스로, 불빛 감지기는 테이프로 막았다. 그리고 경비원의 열쇠를 훔쳐 복사하는 데 성공했다.

하지만 완전범죄일 것 같았던 이 강도 사건은 그들의 작은 실수 하나로 발각된다. 그들은 범행 계획의 증거들을 프랑스에 가서 불태워 없애려고 하였으나, 조직원 중 한 명이 자신에게 죄를 씌울 수 있는 증거물들을 운반하는 데 공포를 느끼자 그냥 가까운 숲속에 버린 것이다. 더욱이 그는 공황상태에 빠져 증거물들을 태우지 않고 진흙 속에 대충 버리고 만다.

이 사실을 알게 된 노타바르톨레는 수습하기엔 시간이 부족하다고 판단하고 어디로 떠나버리면 그들을 찾지 못할 것이라고 생각했다. 그러나 다음날 토지 소유주가 버려진 쓰레기들을 보았고, 그중 앤트워프 다이아몬드센터의 편지봉투가 있는 것을 발견하고 경찰에 신고했다. 그후 즉각 수사가 시작됐다.

이와 더불어 근처 가게에서 구입한 샌드위치 영수증과 노타바르톨레가 출입한 영상 그리고 강도 전과가 있는 지역의 전자상가 상인으로부터 구입한 영상 감시기 영수증에 남은 그의 서명을 확보하여 용의자를 특정하여 사건을 마무리하게 된다.

노타바르톨레는 2005년 10년형을 선고받았으나 2009년 보호관찰부 가석방으로 풀려났다. 그러나 그는 가석방 조건인 피해자에 대한 배상을 하지 못하여 2013년 프랑스의 드골공항에서 체포되어 잔여 형기를 살아야 했다.

◇◇◇

완전범죄를 꿈꿨지만 치명적 실수를 저지르다
포르탈레자 중앙은행 강도 사건

2006년 8월 6일 토요일 아침 6시, 브라질의 포르탈레자 아스팔트 도로의 약 4m 아래에서 벌어진 일을 아는 사람은 아무도 없었다. 그 시각 바로 역사상 세계에서 가장 규모가 큰 은행 강도가 일어나고 있었던 것이다. 그곳은 다름 아닌 브라질중앙은행의 포르탈레자 지점이었고, 지점의 금고로부터 사라진 금액은 무려 7,000만 달러약 769억 원에 상당하는 돈이었다.

강탈된 금액을 쌓으면 그 높이만 무려 33m 정도가 되며, 그 무게도 3.5톤은 족히 될 것으로 추정한다. 당연히 은행 바닥의 구멍으로부터 78m에 이르는 지하터널을 통하여 한 블록 떨어진 지점의 뒤쪽 사무실로 운반하는 것은 엄청난 일이 아닐 수 없었을 것이다.

이 사건은 지금까지 발생한 '세계적 은행 강도' 중에서 가장 규모가 크다고 할 수 있다. 세계 최대 규모의 은행 강도로 분류되기도 하는 '이라크의 사담 후세인과 그 아들에 의한 강도 사건'은 사실 강도라기보다는 정치적 약탈이라고 보는 것이 마땅할 정도로 정확한 의미에서 이 사건이 '세계 최대 규모의 은행 강도'라고 할 수 있다. 이는 기네스북에서도 인증하고 있다.

강도가 실행되기 석 달 전부터 강도들은 철저한 사전 준비를 했다고 하는데, 그들은 은행 지점 뒤편에 작은 가게를 임대한 후 '자연과 인조 잔디'라는 간판을 내걸고 조경 회사를 표방했다. 그리고 30톤의 흙을 실은 트럭들이 오고가면서 영업활동을 하는 것처럼 위장했다. 이웃 주민들도 영업 거래를 하는 것처럼 보여 크게 신경 쓰지 않았다고 한다.

2006년 8월 8일 월요일 아침, 은행원들이 출근했을 때는 강도들이 현금을 탈취한 후 11대의 자동차로 나눠 브라질 전역으로 흩어져 도주한 후였다. 그들이 판 지하터널은 하나의 교묘한 기술적 프로젝트로, 직경이 무려 9m에 가까우며 목재 빔, 사다리, 플라스틱 벽, 전선 그리고 심지어 냉방과 공기 정화 시설까지 갖춘 완벽한 시스템을 갖춘 곳이었다. 현금은 이 터널을 통하여 이동됐고, 경찰 추산으로 터널 공사비만 약 20만 달러약 2억 2,620만 원는 들었을 것이라고 한다.

여기까지만 보면 나름 완벽한 완전범죄라고 할 수 있다. 그러나 그들에겐 불행하지만 경찰에겐 다행스러운 사실은 그들이 결정적인 단서들을 남겼다는 점이다. 첫 번째, 그들은 자신들의 지문을 남기지 않기 위하여 많은 양의 백색 파우더를 사용했지만 딱 한 군데에 지문을 남겼다. 그리고 사건이 일어난 바로 다음날 브라질에서도 빈민 지역으로 의심받는 곳에서 그 조직 한 명이 10대의 자동차를 현금으로 구입한 사실이 드러난 것이다. 그 결과 경찰은 그들이 다른 주에서 구입한 자동차들을 싣고 가던 트레일러를 붙잡을 수 있었고, 그 안에서 다량의 현금뭉치를 찾았다.

일부 범인들이 체포됐고 강탈된 현금 중 극히 일부는 회수됐지만 탈취된 현금 대부분은 회수되지 않았다. 수사를 맡은 경찰 서장은 "시간이 너무 많이 지나 돈을 더 회수할 방법이 없다"라고 밝히기도 했다.

참고 자료

- https://en.wikipedia.org/wiki/2019_Dresden_heist
- https://www.bbc.com/news/world-europe-50557436
- https://www.popularmechanics.com/culture/a29963272/massive-art-heist-dresden
- https://www.thesun.co.uk/news/10417712/dresden-green-vault-heist-news
- https://www.dailymail.co.uk/news/article-7732383/Green-Vault-thieves-hit-jackpot-worlds-biggest-heist-jewel-expert-reveals-.html
- https://en.wikipedia.org/wiki/Antwerp_diamond_heist
- https://www.history101.com/how-trash-foiled-the-worlds-biggest-diamond-heist
- https://escaperoominc.com/blog/worlds-biggest-diamond-heis
- https://allthatsinteresting.com/antwerp-diamond-heist
- https://www.ozy.com/flashback/brazils-great-underground-heist/65169
- https://www.guinnessworldrecords.com/world-records/greatest-robbery-of-a-bank?fb_comment_id=816657355038351_970675476303204
- https://en.wikipedia.org/wiki/Banco_Central_burglary_at_Fortaleza
- https://www.independent.co.uk/news/world/americas/the-worlds-biggest-bank-raid-the-gold-diggers-410225.html
- https://www.securityinfowatch.com/retail/news/10594696/brazilian-police-recover-43m-from-70m-bank-robbery

세계 최대 규모의 금융사기 사건

◇◇◇
도둑정치인과 그 하수인이 나랏돈을 펑펑 쓰다
1MDB 스캔들

조 로우Jho Low는 한때 버닝썬 게이트로 재력가로서 한국 뉴스에서 오르락내리락했던 인물이다. 그를 재력가로 만든 인물은 따로 있다. 바로 말레이시아의 총리 나집 라작Najib Razak이다.

2009년 나집은 경제개발을 목적으로 국영투자기업 1MDB를 세웠고, 수조 원의 국비를 비자금으로 빼돌렸다. 말레이시아 석유를 담보로 자본을 유치한 뒤 경제개발사업을 하겠다는 취지로 2015년 45억 달러약 5조 1,277억 원 이상이 나집 전 총리의 계좌로 흘러갔다고 한다.

이 사건의 중심에는 말레이시아의 전 총리 나집 라작과 그의 의붓아들과 친구라는 인연으로 나집 라작의 자산을 관리한 조 로우가 있다. 2018년 선거에서 패배하여 권력에서 물러난 나집은 현재 거의 40여 건에 달하는 범죄 혐의를 받고 있으며, 조 로우는 말레이시아는 물론이고 싱가포르와 미국에서도 지명 수배된 상태이다. 더욱이 조 로우의 화려한 할리우드 인맥과 선물 공세는 혀를 두르고도 남을 정도로 남다르다.

이 스캔들은 추정컨대 1MDB와 페트로사우디PetroSaudi라고 하는 거의 알려지지 않은 회사 간에 합작투자계약이 서명된 직후에 시작된 것으로 알려져 있다. 미국 재무성이 추정하기로는 조 로우가 나집의 자산을 관리하면서 스위스 은행 계좌로 수천만 달러가 흘러갔으며, 곧 이어 말레이시아의 나집 라작의 개인 은행 계좌로 들어갔다고 한다.

그런데 어떻게 이런 일이 발각됐을까? 모르고 넘어갔으면 세상 사람들 아무도 몰랐을 정도로 정치인의 스캔들인데 말이다. 사실 이 스캔들이 세상 밖으로 나올 수 있었던 것은 페트로사우디의 전 직원의 내부 고발이 있었기 때문이다. 그는 내부고발자로서 이와 관련한 범죄 활동의 증거를 담은 20만 통 이상의 전자우편을 영국의 언론인인 클레어 르캐슬 브라운Clare Rewcastle Brown에게 보냈던 것이다.

상식적으로 남의 물건을 훔치는 것은 절도고, 폭행이나 협박으로 남의 재물을 **빼앗는** 것은 강도다. 그렇다면 이 사건은 어디에 해당할까? 정치 지도자나 고위 금융인이 주도적으로 문서 위조, 횡령과 자금 세탁은 어떤 기준에서 보면 날강도 같은 행위지만 화이트칼라가 형성한 금융사기가 더 맞을지도 모르겠다. 이런 스캔들이 일어났지만 나집이 총선에 승리해 다시 총리가 되고 의회를 장악했다면 언론이나 의회, 수사기관, 사법부를 협박해 은폐하고도 남았을 것이다. 이 스캔들은 말레이시아뿐만 아니라 이 사건과 관련된 다른 국가에까지 많은 피해를 입혔다.

현재 나집은 형사상 배임 3건, 돈세탁 3건, 직권남용 1건 등 7가지 혐의에서 모두 유죄를 선고받았다. 그리고 이 사건에 연루된 골드만삭스는 미 법무부에 23억 달러약 2조 6,000억 원를 벌금으로 내는 조건으로 합의했다. 이는 미국 해외부패방지법 위반 사건 중 역사상 최대 규모의 벌금이라고 한다.

정치적 부패, 횡령, 국제적 자금 세탁 등이 총동원된 사건을 할리우드에서 그냥 넘어갈 리가 없다. 이 사건은 샘 홉킨슨Sam Hobkinson과 하바나 마킹Havana Marking이 감독한 다큐 영화 「도둑정치인The Kleptocrats」으로 제작되기도 했다. 특히 이 다큐 영화의 포스터에는 나집 라작이 광대 분장을 한 이미지가 쓰이기도 했다. 더불어 조 로우의 행방을 왜 아직도 찾지 못하는 것일까? 미스터리에 가까운 이 금융사기는 여전히 진행 중이다.

◇◇◇
사담 후세인의 명령은 누구도 이의를 달지 않는다
사담 후세인의 이라크 중앙은행 강도 사건

어쩌면 이 사건이 은행으로부터 탈취된 액수만 따지면 세계 최대 규모의 은행 강도로 기록되어야 할 것이다. 하지만 사건 특성상 전형적인 은행 강도의 유형으로 분류하기보다는 정치적 스캔들 및 금융사기로 분류한 결과 기네스 기록으로는 등재되지 못했다.

그러나 워낙 규모가 큰 사건이고 주모자가 정치인이라는 점에서 하나의 화이트칼라가 주도한 금융사기이겠지만 어떻게 보면 독재의 횡포가 부른 은행 강도라고 할 수 있다. 이 사건의 주인공은 너무나도 유명한 이라크의 사담 후세인이고, 금액만 살피면 9억 2,000만 달러약 1조 345억 원 정도다.

2003년 3월 18일 새벽 4시 이라크 전쟁이 발발하기 하루 전, 사담 후세인은 3대의 트럭과 함께 아들 쿠사이Qusay와 자신의 사설 보좌관을 이라크 중앙은행으로 보내 9억 달러 정도를 인출해오라고 시켰다. 그리고 중앙은행 총재와 재무장관도 대동했다. 물론 돈이 적의 손에 들어가지 않도록 인출하라는 명령이 담긴 그의 서한도 함께였다. 당연히 돈은 3대의 트럭에 실려 사라졌다. 관계자에 따르면 이 현금을 트럭에 싣는 데만 2시간이 걸렸다고 한다.

2003년 4월 초 미군이 이라크의 바그다드로 진입했을 때 제일 먼저 찾은 곳이 중앙은행이었다. 그런데 이미 후세인이 9억 달러에 상당하는 돈을 인출한 것이다. 그 후 대부분의 돈은 회수되었지만 불법적인 약탈 행위도 일어났다.

미국 병사들은 수십만 달러를 자신과 가족들을 위하여 챙겼던 것이다. 그로 인해 35명의 사병들이 체포되었다. 사담 후세인과 그 아들이 강탈했던 돈은 적법하게 회수되기보다는 그 돈에 접근할 수 있었던 미군 장교와 사병들의 사물함과 군용 백으로, 때로는 미국에 있는 그들의 가족과 여자친구에게까지 송금되는 등 재빠르게 사라지기 시작했다. 미군 소령과 대위의 개인 계좌에서 44만 달러와 77만 달러가 발견되기도 했고, 어느 미군 병사는 신형 자동차를 구입하기도 했다.

참고 자료

- https://en.wikipedia.org/wiki/1Malatsia_Development_Berhad_scandal
- https://www.malysiakini.com/news/463262
- https://www.huckmag.com/art-and-culture/film-2/the-kleptocrats-documentary-sam-hobkinson-havana-marking
- https://moneywise.com/a/the-biggest-bank-robberies-of-all-time
- https://www.ozy.com/flashback/saddam-husseins-billion-dollar-bank-heist/66076
- https://news.yahoo.com/saddam-hussein-billion-dollar-bank-080000719.html

4

세계 최고 수익 3대 범죄조직

◇◇◇

**범죄 수익률로 알아본
세계 수익 3대 범죄조직**

현대사회에서 경제나 일상생활에 조직범죄가 미치는 영향은 결코 적다고 할 수 없다. 물론 일반 기업도 고객들의 신용 정보를 빼앗아 큰 손실을 초래하긴 하지만 조직범죄로 인한 피해와 손실에는 미치지 못한다고 한다.

사실 범죄조직의 불법 마약 제조와 판매로 인한 수익은 일반 사람이 상상도 못할 만큼 높다. 특히 불법 인신매매와 불법 무기 거래 등 범죄조직의 대표적 범죄 활동으로 얻어지는 수익까지 더한다면 그 수치는 천문학적 수준이라고 알려져 있다.

사실 범죄조직의 범죄 활동으로 인해 벌어들인 수익은 철저히 은폐되어 돈세탁을 거치거나 합법을 가장하기 때문에 수사기관도 합법인지 불법인지 잘 알지 못한다. 또한 조직범죄에 대한 개념과 규정 자체도 느슨하기 때문에 그들의 정확한 수익 규모를 판단하기가 어렵다.

다만 지금까지 수익 규모를 기반으로 「포춘」지가 순위를 매겼는데 1위가 러시아 범죄조직인 솔른체프스카야 브라트바Solntsevskaya Bratva이고, 그 다음이 일본의 야쿠자 야마구치구미山口組와 이탈리아의 마피아 조직인 카모라Camorra가 뒤를 잇고 있다. 하지만 조직원 수를 기준으로 하면 오히려 일본의 야마구치구미가 세계 최대 규모의 범죄조직이라고 한다.

◇◇◇

범죄조직 수익 1위
러시아의 솔른체프스카야 브라트바

솔른체프스카야 브라트바는 1970년대에 조직된 것으로 알려지고 있다. 1980년대 사기 혐의로 교도소 수형 생활을 했던 전직 웨이터 출신 세르게이 미카일로프Sergei Mikhailov가 모스크바의 솔체보 지역을 기반으로 청년 실업자나 다소 공격성을 띤 젊은이들을 모집해 운영해온 조직으로, 러시아뿐만 아니라 세계 최대 규모가 되었다. 일본의 야쿠자와는 달리 러시아의 솔른체프스카야 브라트바의 경우 조직 구조가 매우 분권화되어 있다. 그래서 이 범죄조직은 서로 독립적으로 운영되는 10개의 준자율적인 '여단Brigades'으로 구성되어 있다.

그러나 조직이 벌어들인 수익은 공동으로 사용하고, 세계 각지에서

12명의 위원회가 축제를 가장한 회합을 정기적으로 열면서 수익을 감독한다. 그들의 최대 수익은 인신매매와 아프가니스탄에 원산지를 둔 헤로인 거래에 집중되어 있다. 그들은 마약을 자유롭게 운반하기 위해 콜롬비아의 마약 카르텔과도 연계가 되어 있으며 주식시장과 신용카드 사기에도 깊이 관여하여 상당한 수익을 얻는 것으로 알려져 있다. 조직의 창시자이자 보스인 세르게이 미카일로프는 1996년 스위스에서 체포되었으나 이상하게도 모든 증인들이 재판을 앞두고 사망하여 그에 대한 증거를 찾지 못했다. 결국 그는 다시 석방되어 조직의 수장 자리를 지키고 있다.

사실 러시아 범죄조직은 옛 소련 내부에 그 뿌리를 두고 있으며, 현재도 정부와 연계되어 있는 것으로 알려져 있다. 세계 50여 개의 국가에서 활동하는 조직원 수가 30만 명이 넘을 것으로 추정하고 있다.

그들이 러시아에서 강력한 영향력을 발휘할 수 있었던 근본적 이유는 스탈린 사망 이후 러시아 경제의 상당 부분에 대한 통제력을 획득했기 때문이다. 결국 경제적 힘을 가진 러시아 범죄조직은 미국 연방수사국^{FBI}에서도 국가 안보에 최대 위협이라고 부를 정도까지 거대해진 것이다.

◇◇◇

범죄조직 수익 2위
일본의 야마구치구미

야마구치구미는 1915년 고베 시에 살던 야마구치 하루키치山口春吉가 만든 야쿠자 조직으로, 일본뿐만 아니라 세계적으로 최대 규모에 해당한다. 히로시마 현과 오키나와 현을 제외한 45개 지역에 계열 조직을 두고 있다고 알려져 있다. 물론 아시아와 미국을 중심으로 해외에서도 활동을 하고 있다.

조직원 수로 따지만 솔른체프스카야 브라트바보다 많은데도 야마구치구미는 러시아 범죄조직보다 더 가부장제 위계질서에 기반하고 있다. 그만큼 두목의 영향력이 매우 강하다고 할 수 있으며, 야마구치구미의 조직원에겐 조직은 제2의 정부라고 할 정도다.

야마구치구미의 수익은 마약 거래와 인신매매가 차지하는 비중이 가장 높으며, 그 다음으로 도박과 금품 강탈 및 착취, 부동산 투자 및 건설 상납, 불법 인터넷포르노, 주식시장 개입 등이다. 다만 일본의 야쿠자는 다른 나라의 조직원과 다르게 분쟁 해결이라는 '해결사' 역할을 하면서 수익을 얻기도 한다. 일본의 야쿠자 조직은 폐기물사업, 연예오락사업 그리고 인력시장에도 깊숙이 개입하고 있으며, 합법과 불법을 오가면서 사업을 운영한다. 그러나 최근 들어, 조직이 분화하여 제2 또는 제3의 야마구치구미가 조직될 정도로 분열이 심해 일본 정부도 긴장을 늦추지 않고 있다는 뉴스가 전해질 정도다.

일본 야쿠자ヤクザ는 일본 에도 바쿠후幕府 시절까지 올라가는데 전란이 종료되고 사회가 안정되면서 번의 무사 계급에 위치한 사무라이들이 일자리를 잃기 시작했다. 그들은 소속이 없는 낭인으로 활동하면서 각종 살인 기술을 바탕으로 폭력 조직을 형성하기 시작했다. 야쿠자의 근간이라고 할 수 있는 바쿠토博徒, 노름꾼, 데키야てき屋, 유랑민 혹은 낭인, 구렌타이ぐれん隊, 불량배 혹은 깡패가 등장한 것은 18세기 무렵이다. 오늘날 야쿠자 조직의 기본적인 틀인 오야붕親分과 꼬붕子分의 개념으로 두목과 부하 간의 관계를 부모와 자식의 관계처럼 동일한 것으로 간주해 절대적 충성을 강요했다. 이런 조직 특성이 엄청난 수익을 만드는 데 크게 기여하는 것으로 알려져 있다.

이런 역사가 있어선지 야쿠자 자신들은 스스로 임협任侠, 남자답고 용감함이라거나 극도極道, 나쁜 짓을 하거나 방탕에 빠진 사람라고 칭하기도 했으며, 1980년대는 협객侠客, 호방하고 의협심이 있는 사람이라고 자칭하기도 했다. 하지만 경찰 등 정부기관에선 폭력단이라고 지칭하고, 경찰의 블랙리스트에 올라가면 지정폭력단이라고도 한다.

야쿠자라는 단어의 유래는 많지만 그중 하나가 도박인 오이초카부おいちょかぶ에서 가장 쓸모없는 조합인 8や, 야, 9く, 쿠, 3ざ, 자로 단어를 만들어 '인생을 무모한 도박처럼 살아가는 인간'이라는 의미로 사용했다고 한다.

현재 야마구치구미는 각 조직의 두목들이 여느 대기업의 이사회처럼 이윤과 전략들을 논의하기 위해 본부에서 정기적으로 회합을 가진다. 외부적인 모습만 보면 여타의 기업처럼 일본 전국에 지점을 두고 수만 명을 고용하고 있는 일본 최대 규모의 기업 중 하나라고 생각할 수 있다.

우리가 흔히 생각하듯 야쿠자라고 하면 문신이 가득하고 상처가 가득한 몸을 그려보지만 현재는 그런 이미지가 점점 사라지고, 그들의 활동

방식도 점점 문명화가 되었다. 그들은 정장에 넥타이를 매고 회사에 출근하듯 조직 안에서 일을 한다. 물론 합법과 불법을 오가지만 주목적은 예전과 다를 바 없는 범죄 활동이다.

야마구치구미는 일본의 연예오락사업의 큰 부분을 통제하고 있을 뿐만 아니라 주식 거래를 포함한 경제의 모든 분야를 통제하기 위해 다양한 전문인을 영입해 활동하고 있다. 미국 국무부에서는 그들이 주가 조작에 관여하고 있다는 사실을 인식하면서 야마구치구미를 가장 위험한 범죄조직으로 주목하고 있다.

그렇다고 하더라도 어떻게 도심 중심부 고층 빌딩 속에 범죄조직이 기생할 수 있을까 하는 의구심이 들기도 하겠지만 일본 내 야쿠자의 위치와 역사를 알게 되면 일본 내에서 어떻게 수용되고 있는지를 잘 알 수 있을 것이다.

◇◇◇
범죄조직 수익 3위
이탈리아의 카모라

이탈리아의 마피아도 일본의 야쿠자만큼이나 역사가 길다. 이탈리아에선 4대 마피아가 있는데 칼라브리아의 은드랑게타Ndràngheta, 시칠리아의 코사 노스트라Cosa Nostra, 나폴리의 카모라, 아풀리아의 사크라 코르토안 유니타Sacra Cortoan Unita가 대표적이다. 이탈리아의 중앙정부와 언론 등은 마피아의 근절을 시도하려고 하지만 지방정부에서는 그들과 연계되어 현재 매년 수백 억 달러 상당의 수익을 벌어들이고 있다고 한다.

카모라는 19세기 나폴리에서 활동을 시작한 것으로 알려져 있다. 일부는 카모라의 기원을 15세기 스페인의 비밀 조직 가르두냐^{Garduña}에서 찾기도 하지만 최근 한 연구에서 19세기 소설에서 각색된 것이라고 밝혀졌다.

19세기 카모라는 밀수, 공갈, 강탈, 노상 강도 등 폭넓게 범죄 활동을 일삼았지만 부패한 당시 이탈리아 통일정부는 그들을 묵인했다. 오히려 카모라는 정부 쪽과 친밀히 공생하면서 조직을 키워 나갔다. 더불어 1800년대 이탈리아의 유혈 정치 투쟁 기간 동안 신변보호 서비스를 제공하면서 빈곤층의 정치적 조직으로 자리를 잡게 된 것이다. 그렇게 몸집을 불린 카모라는 현재 이탈리아 정부도 통제하기가 쉽지 않다고 한다.

카모라의 주 수입원은 성매매, 불법 무기 거래, 마약, 위조, 도박 그리고 각종 고리대금이나 약탈 등이다. 카모라는 세계에서 가장 착취적이고 강탈적인 마피아라는 이미지가 각인돼 있기도 하다. 카모라의 조직원들은 매우 폭력적이고, 기업, 특히 외국인 소유의 가게 등을 착취하고 강탈하면서 마약과 인신매매 등을 일삼는다. 불법으로 무기 등을 유통하거나 거래하면서 큰 수익을 올리기도 한다.

카모라는 다른 이탈리아 마피아와는 달리 정치에 연연하지 않지만, 효율적으로 분권화된 조직으로 인하여 더 많은 수익을 창출하고 있다. 카모라의 조직 운영 방식은 아주 독특하다. 남자 조직원인 경우 폭력을 다루는 업무를 맡지만 여자 조직원인 경우 언론이나 회계 등을 담당한다.

자신들의 근거지를 나폴리의 빈민 교외에 두고 있지만 이탈리아 전역은 물론 스페인, 네덜란드, 프랑스, 벨기에, 스위스, 독일, 루마니아와 영국 등 유럽과 아프리카의 모로코와 코스타리카, 남미의 콜롬비아, 아르헨티나와 페루, 미국과 도미니카공화국에 이르는 광범위한 지역에서 주로 불법 마약과 무기 거래, 인신매매, 화폐 위조, 폐기물 관리, 살인, 부정 입찰, 약탈, 밀수, 불법 도박, 테러, 대출사기, 매춘, 자금 세탁, 납치, 예술품 절도 등 다양한 분야에서 활동한다.

카모라의 조직원들은 일반 사람들에게 엄청난 공포를 조장할 뿐만 아니라 자신들에 관한 이야기를 쓰는 작가가 있다고 한다면 그는 책을 출간하기도 전에 이미 자택에서 숨겨 있다고 생각해도 무방할 것이다. 카모라는 야마구치구미에 이어 범죄조직 수익 3위를 기록했지만 악명은 그들보다 더 높을 수 있다.

참고 자료

- https://fortune.com/2014/09/14/biggest-organized-crime-groups-in-the-world

- https://www.ibtimes.co.uk/gangs-russia-ruthless-mafia-networks-ectending-their-influence-1495644

- https://www.therichest.com/shocking/the-16-most-powerful-criminal-organizations-of-all-time

- https://en.wikipedia.org/wiki/Solntsevskaya_Bratva

- https://www.flashdesigner.com.hk/blog/russian-mafia-group-solntsevskaya-bratva

- https://perpheads.com/threads/solntsevkaya-bratva.14022

- https://www.theguardian.com/world/2015/sep/07/japan-yamaguchi-gumi-yakuza-split-fear-gang-war https://www.forbes.com/sites/adelsteinjake/2017/10/02/why-one-of-japans-largest-organized-crime-groups-is-looking-for-legitimate-work/#341dcb

- https://namu.wiki/w/%EC%95%BC%EC%BF%A0%EC%9E%90

- https://ko.wikipedia.org/wiki/%EC%95%BC%EB%A7%88%EA%B5%AC%EC%B9%98%EA%B5%AC%EB%AF%B8

- https://www.latimes.com/archives/la-xpm-1991-04-07-mn-35-story.html

- https://en.wikipedia.org/wiki/Camorra

- https://www.britannica.com/topic/Camorra

5

세계 기록으로 알아보는 살인 범죄율

숫자로 읽는
살인의 국제적 현주소

살인은 학문적으로나 법률적으로 '타인에 의하여 의도적으로 가해진 불법적 죽음'으로 규정하고 있는 범죄 행위다. 살인은 다른 사람의 생명을 일부러 빼앗는 행위로, 가장 심각한 대인 폭력interpersonal violence 범죄, 즉 사람과 사람 사이의 폭력범죄로만 범위를 규정한다. 그래서 전쟁, 내전, 인종청소 등으로 인한 민간인과 군인의 죽음까지는 살인으로 간주하지 않는다.

최근 테러와 무장 폭력에 대한 갈등과 위험이 급증하면서 그로 인한 희생도 점차 증가하고 있지만 아직도 살인으로 인한 희생이 더 크다고 한다. 실제로 2019년 UN 통계에 따르면, 2017년도 무장 폭력으로 사망한 사람이 8만 9,000명, 테러로 사망한 사람이 2만 6,000명인 반면 살인으로 사망한 사람이 46만 4,000명이나 된다고 한다.

세계적으로 살인은 사망의 주요 원인 중 하나이다. 사망 원인별 비율을 보면 가장 높은 순위를 차지하는 것이 질병이다. 그중 심장질환이나 호흡기질환 등이 선두를 차지한다. 하지만 그 외 다른 질병, 영양결핍이나 파킨슨병, 약물과 알코올 남용과 비교하면 살인 사망률이 더 높다. 우리가 우려하는 화재나 테러로 인한 사망률보다 더 높기도 하다. 실제로 2017년만 해도 테러와 무장 충돌로 인한 사망을 합친 것보다 살인으로 인한 사망자가 더 많았다.

특히 살인 범죄가 심각한 중남미 일부 국가에서는 이 수치가 더 심각하여 베네수엘라에선 사망 원인으로 살인이 3위였으며, 온드라스는 4위, 과테말라는 5위였다. 더불어 피해자의 연령층을 고려하면 일부 연령층에서 그 심각성이 더해진다. 청장년층의 경우 살인이 가장 높은 사망 원인이기 때문이다. 즉, 15세에서 49세 성인 인구 중에서 사망 원인의 1순위가 살인이라는 것이다. 중남미에서는 교통사고로 인한 사망자보다 살인으로 인한 사망자가 2배 이상 높으며, 그중에서도 온두라스의 경우 교통사고보다 살인으로 인한 사망자가 4배 이상 높다고 한다. 온두라스에선 살인으로 인한 사망이 전체 사망 인구의 9%, 베네수엘라에선 8%, 과테말라에선 7%, 멕시코에선 6%에 달하는 실정이다.

언젠가 UN의 마약범죄처UN Office on Drugs and Crime: UNODC에서 수행한 연구에 따르면, 빈부격차가 가장 심한 나라가 그렇지 않은 나라보다 4배 이상 폭력범죄를 경험할 위험률이 더 높았다고 한다. 주로 사회 기반 시설이 부족한 개발도상국에서 가장 빈번하게 나타나는 현상이다.

결국 빈곤과 범죄는 등식처럼 따라다니는데 이로 인해 기업과 투자자가 발을 붙이지 못하고, 가용한 인적자산을 줄이게 되면서 불안전한 환경을 초래하여 다시 빈곤으로 이어지는 악순환이 벌어지는 것이다.

특히 자메이카, 엘살바도르, 온두라스와 같은 나라가 그렇다고 할 수 있다. 또한 마약과 알코올도 살인과 밀접한 관련이 있는데 마약이나 알코올에 취해 살인으로 이어질 위험성이 높기 때문이다. 아직도 내전을 회복 중인 엘살바도르의 경우처럼 정치적 혼란과 폭력적 갈등을 겪고 있는 나라들은 살인 범죄가 일어날 확률이 높은 것이다.

◇◇◇
세계에서 살인 범죄율이 가장 높은 나라는 어디일까?

살인의 원인이 다양한 만큼 살인 범죄의 발생률 또한 당연히 국가와 지역에 따라 다르다. 국제적 통계 방식이라고 할 수 있는 인구 10만 명당 살인 발생 건수를 보면 국가 간에 이 비율이 꽤나 차이가 난다는 것을 확인할 수 있다. 그렇기에 우리가 이런 통계를 통해 알 수 있는 한 가지 사실은 어떤 국가에선 살인이 매우 특수적 사건인데 어떤 국가에선 살인이 일상화된 보편적 사건으로 치부된다는 점이다.

그렇다면 살인 범죄율의 원인 요소는 무엇일까? 빈곤이 가장 유력한 원인 중 하나로 들 수 있겠지만 이 또한 선진국에서도 살인은 빈번하게 일어나고 있어 가난만이 문제가 아님을 알 수 있다. 다만 세계은행*은 경제적 불황과 소득불균형 때문은 아닐까 조심스럽게 추정해볼 뿐이다. 그렇다면 여기서 살인 범죄율이 가장 높은 5개국을 알아보자.

세계은행의 가장 최근 통계에 따르면, 엘살바도르가 매년 인구 10만 명당 살인으로 인한 사망 인구가 61.8명으로 세계에서 가장 높았다. 엘살바도르에서 발생하는 대부분의 살인 사건은 범죄조직과 관련된 것으로 그 비중이 거의 60%나 된다. 이뿐만 아니라 엘살바도르는 1980년부터 정부군과 반군의 내전으로 정치적으로 매우 불안정한 상태였으며, 지금도 내전의 잔재가 남아 있다.

그 다음은 자메이카로 10만 명 중 57명이 매년 살인으로 사망하고 있다. 불행하게도 자메이카는 수년 동안 이 달갑지 않은 세계 2위라는 등수를 유지하고 있으며 살인 사건의 대부분은 범죄조직과 관련된 것이라고 할 수 있다.

세 번째 국가는 베네수엘라로 매년 인구 10만 명당 살인으로 인한 사망 인구가 56.3명이다. 이를 대변하듯 수도인 카라카스는 세계에서 가장 위험한 도시 중 3위를 차지했다. 베네수엘라 또한 정치적 불안정으로 인해 살인 범죄율이 증가했다고 할 수 있다.

네 번째로 살인 범죄율이 높은 나라는 온두라스로 매년 인구 10만 명

◆ 1945년 전 세계 빈곤 퇴치와 개발도상국의 경제 발전을 목표로 설립된 다자개발은행으로, 국제통화기금(IMF), 세계무역기구(WTO)와 함께 3대 국제경제기구로 꼽힌다. 한국은 1955년 58번째 세계은행 회원국이 되었고, 1970년 대표이사국으로 선임됐다.

당 살인으로 인한 사망 인구가 41.7명이다. 다섯 번째 국가는 레소토로 매년 인구 10만 명당 41.2명이 살인 사건으로 목숨을 잃었다.

세계에서 살인 범죄율이
가장 낮은 나라는 어디일까?

그렇다면 세계에서 살인 범죄율이 가장 낮은 나라는 어디일까? 놀랍게도 몇몇 나라는 연중 살인 범죄율이 0을 기록하고 있다. 예를 들어 안도라, 바티칸시국, 모나코, 나우로, 산마리노, 니우에, 리히텐슈타인 등이다. 여기서 우리가 주목해야 할 점은 이 나라들 모두 전체 인구수가 극소수인 초미니 국가라는 사실이다.

만에 하나 이들 국가나 지역에서 살인 사건이 발생한다면 살인 범죄율은 상당히 높아질 것이다. 그 이유는 이들 국가 모두 10만보다 훨씬 적은 인구를 가지고 있기 때문이다. 그런 면에서 살인 범죄율 상위 5개국과 직접 비교한다는 것은 형평성이 맞지 않는다.

이런 점을 고려하여 인구 500만 이상의 국가 중에서 살인 범죄율 최하위 비율을 가진 나라를 보는 것이 가장 적당하다. 살인 범죄율이 가장 낮은 나라는 싱가포르로 인구 560만 명이 넘는 다인종 사회이지만 인구 10만 명당 살인 발생 건수는 0.2에 불과하다. 그 다음이 일본으로 인구가 1억 2,600만 명이 넘는데 살인 범죄율이 겨우 0.2이다. 세 번째는 스위스와 아랍에미리트다. 스위스는 인구 857만 명인데 살인 범죄율이 0.5이고,

아랍에미리트는 960만 명인데 0.5이다. 네 번째가 대한민국과 체코, 중국이다. 대한민국은 인구 5,000만 명이고, 체코는 1,000만 명, 중국은 15억 명이 넘는데 살인 발생 건수가 0.6이다.

그렇다면 이들 국가에서 살인 범죄율이 낮은 요인은 무엇일까? 한 가지 공통점이 있다면 한국과 일본은 총기 규제가 매우 엄격하다는 점이다. 스위스를 제외한 국가들은 법집행도 상대적으로 엄격한 나라라고 할 수 있다.

살인 범죄율이 낮은 국가들이 인구 10만 명당 살인 발생 건수가 1에도 미치지 못하는 0.6 정도인 것을 보면 상위 5개국과 비교하면 엄청난 차이를 보인다.

참고 자료

- https://www.worldatlas.com/articles/murder-rates-by-country.html
- https://list25.com/25-countries-with-the-highest-murder-rates-in-the-world/
- https://www.insightcrime.org/news/analysis/insight-crime-2018-homicide-roundup
- https://www.undispatch.com/countries-with-the-highest-murder-rates-ranked-in-a-new-un-report
- worldpopulationreview.com/countries/murder-rate-by-country

세계 최대 규모의 부패 범죄

◇◇◇

한 대법관의 죽음으로
떠오른 음모론

브라질 대법관 테오르 자바스키Teoro Zavascki는 상파울로에서 탑승한 쌍발 엔진의 소형 비행기가 착륙하기 불과 3km 전에 대서양으로 추락하여 사망했다. 이 비행기 사고로 68세의 이 대법관을 비롯해 모든 탑승자가 전멸했다. 물론 이 일은 매우 안타까운 사고지만 이것만으론 특별한 의미를 부여할 수 없다. 비행기 사고로 사망한 유명인은 너무도 많다.

하지만 이 사고는 엄청난 후폭풍을 몰고 온다. 테오르 자바스키가 세계 최대 규모의 비리 스캔들의 베일을 벗기려던 사람이었기 때문이다. 그의 죽음으로 인해 음모론이 수면 위로 떠올랐다. 테오르 자바스키는 세계 최대 규모의 부패 스캔들의 특별 수사를 맡고 있었으며, 브라질의 전, 현직 대통령을 비롯한 고위층을 기소할 수 있는 권한을 가진 유일한 판사였다.

페트로브라스의 부패 사건과 이어진
오데브레시의 사건

자바스키 대법관은 남미 최대 건설사인 오데브레시Odebrecht와 77가지
에 이르는 유죄협상 합의서의 내용을 공개하려던 참이었다. 이 부패 스
캔들은 브라질의 한 지역 판사였다가 법무부장관에 오른 세르지오 모루
Sergio Moro 판사가 '카 워시Car Wash'라는 작전명으로 국유 석유회사인 페트
로브라스Petrobras와의 계약을 조건으로 오데브레시사의 임원진과 정치
인 사이에 거래된 뇌물의 복잡한 구도를 수사하기 시작했다. 그리고 2년
동안 엄청난 시간을 투자하고 얻은 수사 결과로 거대한 규모의 공금 유
용과 뇌물의 베일을 벗기려던 계획을 가지고 있었다.

사실 페트로브라스 또한 부패로 점철된 국영기업이었다. 페트로브라
스는 정부의 지분이 60% 이상인 국영 석유기업으로 출범했다가 1990년
대 독점이 무너졌다. 하지만 중도좌파인 노동자당PT이 집권하면서 2007
년 일부 독점권을 부여했을 뿐만 아니라 새로운 유전에 운영권을 주고
지분 30%를 보유하도록 했다.

브라질은 새 정유시설을 북동부에 건설하면서 장비 및 자재 가운데
85%를 브라질산으로 사용하기로 했는데 페트로브라스는 이를 이용해
납품사와의 계약 시 금액을 부풀려 뇌물을 받았다. 이렇게 받은 뇌물은

정재계를 대상으로 한 로비에 이용됐다. 특히 지우마 호세프^{Dilma Rousseff} 전 브라질 대통령은 2003년에서 2005년 에너지장관을 역임하면서 페트로브라스 이사회 의장을 맡았고, 비서실장일 당시 페트로브라스에 독점권을 주었다. 이 사건에 연루됐다는 의심을 받은 지우마 호세프는 탄핵을 받아 대통령직에서 물러났다.

◇◇◇
함정 수사를 통해
부정부패를 밝히다

'카 워시'라는 작전명으로 드러난 이 사건은 오데브레시사의 뇌물, 부패, 스캔들과 동의어처럼 되었고, 전 세계적인 반부패운동으로 비화되었다. 보도에 따르면, 회사는 다양한 불법적인 방법으로 12개국에서 100여 개의 건설 사업을 수주하여 그 과정에서 3억 3,000만^{약 3,765억} 원 이상의 수익을 거뒀다.

미 법무부에 의하면 오데브레시는 1944년에 설립되어 2001년 무렵부터 관료들에게 뇌물을 공여하기 시작해 2006년에는 뇌물을 제공하는 것이 회사 전체의 보편적인 관행으로 굳어졌다고 한다. 심지어 뇌물을 제공하고 기타 부패한 거래를 전담하는 독립된 부서를 설치하면서 기업 부패를 완전히 새로운 차원으로 끌어올렸다. 특히 회사의 기술자들은 뇌물 수수를 원활하게 진행할 수 있도록 특수한 소프트웨어를 개발하기까지 했다.

전담 부서와 뇌물 수수 전담 소프트웨어를 통해 오데브레시사는 조세 회피 특수 계좌도 개설하여 운용했으며, 2010년에는 이런 불법 거래를 용이하게 하려고 오스트리아 은행의 앤티카 지점을 매입하기도 했다. 이런 복잡하고도 잘 개발된 시스템을 이용하여 오데브레시사는 뇌물로만 약 7억 8,800만 달러약 8,921억 원 이상 상당을 뿌렸다고 한다. 그러나 일종의 함정 수사인 '카 워시' 작전으로 오데브레시가 뇌물을 제공해 부정과 담합 입찰을 했다는 사실이 밝혀졌다.

여기에 연관된 사람만 81명이었고 그들의 범죄는 거의 유죄가 확정된 상태였던 것이다. 자바스키의 보고서에는 더 많은 사람이 사건의 용의자 또는 피의자 명단에 추가됐을 것으로 알려져 있다.

◇◇◇
페루 대통령을 스스로 목숨을 끊게 할 만큼 거대한 부패 스캔들

더 중요한 것은 이 사건의 핵심으로 등장하는 건설사 오데브레시와 관련된 공공건설 사업의 명단이었다. 그 명단에 적힌 공공사업만 해도 페루와 베네수엘라의 지하철 공사, 쿠바의 항만 공사, 파나마의 수력발전소, 콜롬비아의 트램, 브라질의 올림픽 시설 등은 물론이고 아프리카의 수력발전소에 이르기까지 끝이 없을 정도였다.

오데브레시사는 공공사업에 연관된 11개국의 정당과 정당인 그리고 정치인들에게 무려 4억 3,900만 달러약 4,969억 원 이상의 뇌물을 제공했다.

그리고 페루 전 대통령 오얀타 우말라Ollanta Humala, 아르헨티나의 전 대통령 마우리시오 마크리Mauricio Macri의 절친인 아르헨티나의 정보기관 수장 그리고 콜롬비아의 전 부수상 등을 포함하는 유력인사들이 피의자로 이름을 올렸다.

이 사건의 국제적 파장은 2016년 오데브레시사가 미국, 스위스, 브라질에서 뇌물수사를 끝내는 대가로 미 법무부에 3억 5,000만 달러약 3,962억 원를 지불하기로 합의했다는 점에 있다. 이 액수는 지금까지 뇌물로 가해진 최대 규모의 벌금이라고 하며, 회사 설립자의 손자인 마르셀로 오데브레시Marcelo Odebrecht 회장은 브라질에서 19년형을 선고받았다.

특히 이 사건으로 페루의 전 대통령 알란 가르시아Allan Garcia가 스스로 목숨을 끊음으로써 페루 사회를 놀라게 했다. 69세의 전 대통령을 스스로 죽게 만들고, 다른 여러 남미 국가의 지도자들을 구속시킨 오데브레시 부패 스캔들을 두고, 사람들은 '대학살'이라고도 했다. 물론 이 사건에는 가르시아뿐만 아니라 다른 4명의 전직 페루 대통령들도 연루되었다.

◇◇◇

뇌물 수수를 위한
특수 소프트웨어를 개발하기까지

그렇다면 과연 이 부패 스캔들이 실제로 역사상 가장 큰 부패 스캔들일까? 이 사건을 보도한 영국을 비롯한 거의 모든 국가의 언론에서는 이에 대한 확실한 입장을 취하지는 않는다. 그것은 아마도 역사를 통해 부패의 금전적 액수와 가치를 계량화하기가 거의 불가능하기 때문일 것이다.

예를 들어 기원후 193년 로마의 친위경비대가 자신들의 황제를 저격하고 그의 후계자를 임용하기 위한 사기성 경매를 열었는데, 놀랍게도 군대의 모든 병사들에게 250개의 금덩어리만큼의 가치가 있는 거래였다고 한다.

이 사건을 오데브레시 사건과 비교할 수는 없겠지만 언론을 비롯한 대부분의 사람들이 오데브레시 사건을 인류 역사에서 가장 큰 부패 스캔들로 간주한다. 이는 오데브레시사가 수 년 동안 전담부서를 두고, 뇌물 수수를 진행하는 특수 소프트웨어를 갖추고 부정과 부패가 조직적으로 행해지는 하나의 메커니즘을 보였기 때문일 것이다.

참고 자료

- https://www.theworldweekly.com/reader/view/3699/an-untimely-death-shines-a-light-on-one-of-thw-worlds-biggest-corruption-scandal
- https://www.newstatesman.com/world/south-america/2018/03/enough-educate-17-million-children-true-cost-brazil-s-car-wash-scandal
- https://www.globalwitness.org/en/blog/enough-educate-17-million-children-true-cost-brazils-car-wash-scandal
- https://www.bbc.com/news/world-latin-america-35810578
- https://en.wikipedia.org/wiki/Operation_Car_Wash
- https://www.france24.com/en/20181207-odebrecht-boss-says-worst-over-after-vast-corruption-scandal
- https://www.vox.com/videos/2018/10/30/18040200/brazil-car-wash-corruption-scandal-latin-america
- https://www.investopedia.com/news/odebrecht-biggest-corruption-case-history
- https://www.icij.org/investigations/bribery-division/bribery-division-what-is-odebrecht-who-is-involved
- https://www.euronews.com/2019/04/18/what-is-the-odebrecht-corruption-scandal-in-latin-america-and-who-is-implicated, 2020

기록으로 알아보는 범죄자

세계에서 가장 불운한 범죄자들

◇◇◇

잘못된 범행 표적에서 시작된
불운의 강도들

범죄자의 가장 큰 불행은 범행에 실패해 체포되는 것이 아닐까 싶다. 모든 일이 그렇듯이 범죄도 항상 계획대로 돌아가지는 않는다. 물론 비정상적인 계획이기 때문에 위험성이 항상 따르겠지만 그것을 세우는 범죄자는 완전범죄를 꿈꾸기에 완벽한 보상을 기대하기 마련이다. 하지만 그런 경우는 흔하지 않다.

범죄자가 붙잡히는 원인은 경찰이나 시민, 목격자 또는 피해자의 빠른 대처가 한몫을 하겠지만 어떤 경우는 범죄자의 불운으로 의외로 쉽게, 또는 전혀 예기치 않게 체포되기도 한다. 범죄자의 불운은 사실 잘못된 범행 표적에서 시작되기도 한다. 즉, 선택해서는 안 될 표적을 노렸기 때문은 아닐까 싶다. 이번 장에선 세계에서 가장 불운한 범죄자들에 대해 다뤄보려 한다.

◇◇◇

가장 인기가 높은 프로레슬링 선수의 집을
침입한 두 명의 남자들

2014년 미국 아리조나 주 피닉스 시의 평범한 어느 날, 두 명의 강도가 대저택에 침입했다. 그들은 대저택을 돌아다니며 고가의 물건을 보면서 신이 났다. 그리고 그것을 얼른 훔쳐 달아나는 것을 꿈꿨다. 하지만 아쉽게도 그 저택의 주인은 WWE 소속 프로레슬러인 대니얼 브라이언Daniel Bryan이었다. 그는 2005년부터 2013년까지 9년 연속 올해의 테크니션 레슬러로 선정됐을 뿐만 아니라 그가 출전한다는 소식이 발표되면 평소보다 많은 팬들이 경기장을 찾는다는 인기가 높은 선수였다.

브라이언 부부가 외출에서 돌아왔을 때 두 명의 강도는 저택 안의 고가의 물건과 귀중품들을 대형 가방에 가득 담아 막 도주하려는 찰나였다. 브라이언은 그들을 쫓았고, 두 명 중 한 명을 경찰이 올 때까지 레슬링 기술의 하나인 목 조르기를 하고 있었다.

그들은 그 저택의 주인이 누구인지 몰랐을까? 두 명의 강도는 스웨덴 출신의 무술인이자 인기 배우인 돌프 룬드그렌Dolph Lundgren의 집을 침입한 강도 이후 가장 불운한 강도로 낙인이 찍혔다.

경찰이 현장 수사 중인
집을 털려고 한 강도

강도를 성공적으로 이끌기 위해선 그에 맞는 표적을 선택하는 것이 중요하다. 또한 시간대도 중요하다. 예를 들면 집 안에 고가품이 가득하거나 아무도 없거나 혹은 한밤중일 때를 골라야 하는 것이다. 즉, 매력적인 범죄 표적의 조건은 범행 보상이 크지만 감시가 허술해야 한다. 만약 반대의 상황이라면 어떨까?

여기 대런 킴프톤Darren Kimpton이라는 한 남자가 있다. 그는 강도를 하기 위해 여러 집을 물색하다가 한 곳을 정했다. 하지만 그가 침입하자 경찰들이 "Don't move!"라고 했을 것이다. 왜냐하면 그곳은 이미 강도의 침입으로 신고가 들어가 경찰이 그곳을 현장 수사하는 중이었기 때문이다. 대런은 재빨리 도주하려 했으나 바로 경찰에 의해 체포되었다.

맥도날드를 털려고 갔더니
테러 진압하는 용병이 저녁 식사를

한국에선 맥도날드나 버거킹 같은 패스트푸드 음식점이 번화가에 위치하고 있기 때문에 그곳에 들어가 강도질을 할 생각을 하지 않는다. 잘못 걸리면 바로 체포될 수 있으니깐 말이다. 하지만 외국에선 그렇지 않는 것 같다. 대상과 표적을 선택하는 측면에서 의외로 패스트푸드 음식점에서의 강도 성공률이 높다고 한다.

강도들은 대부분 패스트푸드 음식점이 나이 어린 아르바이트생과 젊은 매니저 한두 명 그리고 나이 어린 청소년들이 있는 곳이기 때문에 그곳에 침입해도 그들이 크게 저항하지 않고 반격하지 않는다는 점을 잘 알고 있다고 한다. 그런 연유로 패스프푸드 음식점은 강도들의 표적이 되곤 한다. 그러나 모든 패스트푸드 음식점이 다 강도들에게 행운을 가져다주는 곳은 아니다.

2016년 어느 프랑스 마을의 맥도날드에서 무장강도를 하려던 두 명의 남자는 겁에 질린 10대 알바생이나 스파이더맨처럼 테이블에 딱 달라붙어 꼼짝도 하지 않는 손님을 마주하기를 기대했다. 하지만 그들이 맞닥트린 것은 막 저녁 식사를 하려던 프랑스 헌병 GIGN테러 진압 임무를 수행하는 프랑스 특수부대 요원들이었다. 11명의 프랑스판 델타 포스Delta Force, 미국의 대테러 특수부대와 같은 그들이 있었으니, 강도질이 성공하지는 못했을 것이다.

참고 자료

- https://www.cracked.com/blog/5-crimes-that-turned-into-action-movies-out-nowhere
- https://listverse.com/2014/08/09/10-of-the-dumbest-criminals-in-the-world

세계에서 가장 멍청한 범죄자들

◇◇◇
치명적 실수를 저지르고만 멍청한 강도들

앞에선 불운해서 잡힌 범죄자를 살펴봤다면 이번에는 가장 멍청해서 잡힌 범죄자에 대해서 알아보고자 한다. 범죄자가 체포되는 것은 여러 이유가 있겠지만 범죄자 자신이 멍청해서 잡히는 경우도 많다. 사전에 아무리 잘 계획하고 준비하더라도 치명적 실수를 하는 순간, 그의 체포는 당연지사가 될 것이다. 그리고 그 실수의 원인은 범죄자의 멍청함에 기인한 것이다.

◇◇◇
500달러를 훔치고 그 자리에 자신의 초상화를 두고 간 남자

미국 캘리포니아 주, 한 남자가 시내에서 열리던 빛의 축제에 참여한 미술가에게 자신의 초상화를 부탁했다. 그리고 그의 초상화가 다 되기를 기다리던 순간, 그는 강도로 돌변해 약 500달러가 든 예술가의 가방을 낚아채 도주했다. 하지만 그의 치명적인 실수는 그의 초상화를 미처 챙기지 못했다는 점이다. 경찰은 경찰서 페이스북에 체격, 인종, 신체 특성 등과 함께 그의 초상화를 함께 게시했다.

◇◇◇

수배 사진을 자신의 페이스북 프로필 사진으로 사용한 남자

2016년 미국 플로리다 주에서 발생한 한 폭력 사건과 연루되어 경찰에 수배 중이던 맥 이어우드Mack Yearwood는 자신의 지명 수배 사진을 페이스북 프로필 사진으로 올렸다. 그 후 그의 친구 중 한 명이 '훌륭한 머그샷이야!'라는 댓글을 달았고, 그는 '고마워, 친구'라고 답글을 게시했다. 경찰은 바로 페이스북 사용자 위치 추척을 통해 그를 체포했다. 그 후 경찰은 경찰서 페이스북에 이런 글을 게시한다.

페이스북은 오랜 친구나 가족들과 연락하고 소통하는 가장 좋은 통로다. 하지만 만약 당신이 경찰에 지명 수배가 된다면 '지명 수배 사진'을 당신의 페이스북 프로필 사진으로 사용하는 것은 그리 권장하지 않는다.

◇◇◇

수염을 깎지 않은 채 여성으로 변장하고
광대 의상을 입은 은행 강도

「페이스오프」라는 영화에선 정보를 캐내기 위해 얼굴을 통째로 이식하면서까지 위장하는 장면이 나온다. 일본의 한 연쇄살인범은 오랫동안 도피생활을 하면서 경찰의 추적을 피했는데 그 방법은 바로 성형이었다. 변장을 잘하면 자신의 진짜 얼굴을 숨길 수 있다.

피츠버그 주에서 은행 강도를 계획하던 한 남자, 데니스 호킨스Dennis Hawkins는 자신이 완벽하게 변장했다고 착각한 모양이다. 그는 여성으로 보이기 위해 블론드 가발, 한쌍의 가짜 유방 그리고 광대 의상을 입었다. 하지만 그의 첫 번째 치명적 실수는 감시 카메라에 잡힌 그의 얼굴이었다. 그는 온갖 수염을 제거하지 않고 여성으로 분장한 것이다. 그의 두 번째 치명적 실수는 외모가 다른 사람들 눈에 띄지 않아야 하는데 오히려 변장을 하면 할수록 더 눈에 띄었다는 점이다.

경찰이 그의 인상착의를 대중에 공개하자마자 제보가 쏟아들어왔다. 제보에 의해 경찰이 그가 있다는 현장에 도착했을 때 마침 그는 얼굴에 염색약을 쏟아부었는지 온통 붉은색 범벅이었다고 한다. 모름지기 군중 속에 묻히려면 오히려 티가 나지 않게 변장하는 것이 가장 좋다는 것을 그는 몰랐던 모양이다.

절도 후 도주 수단으로 당나귀를 선택한
얼빠진 절도범 패거리

강도를 성공적으로 해내기 위해서 가장 중요한 것은 신속한 도주다. 그리고 그것을 이루기 위해 최상의 도주 수단을 확보해야 한다. 대개 자동차나 오토바이가 가장 적당할 것이다. 하지만 여기 빠른 이동 수단으로 당나귀를 준비한 사람들이 있다.

한 절도범 패거리들은 사비Xavi라고 하는 당나귀를 훔치면서 그들의 자잘한 연속절도가 시작했다. 12시간 동안 계속 절도를 하면서 당나귀를 타고 도주를 했는데 실제로 모든 게 수월하게 잘 풀렸다고 한다. 그러던 중 한 편의점에서 럼과 음식을 훔쳐 당나귀 등에 싣고 도주하려 했는데 훔친 물건이 너무 무거웠는지 아니면 도주하는 게 귀찮았는지 이때만큼은 당나귀 사비가 전혀 협조하지 않았다. 이때까지만 해도 경찰은 강도 사건이 발생했는지조차 알지 못했는데 사비가 너무 시끄럽게 울기 시작하면서 근처에 있는 경찰관의 관심을 끌었다. 그들은 경찰이 다가오자 훔친 물건과 당나귀를 그대로 두고 줄행랑을 쳤다고 한다.

강도질을 하려고 들어간 가게에
이력서를 작성하고 나온 소년

미국의 플로리다 주, 17살의 코디 코너Cody Conner는 성인용품을 파는 가게에 들어가 총을 겨누며 돈을 요구했다. 하지만 가게 주인 세릴 헌터 Cheryl Hunter는 그에게 돈을 주는 대신 대화를 선택했다. 그는 왜 강도를 하려고 하는지 물었고, 코디는 조부모가 각종 공과금을 내는 데 도움을 주고 싶었다고 말했다.

세릴은 그에게 일자리를 제안했고, 소년은 잠시 긴장했지만 총을 호주머니에 다시 집어넣고 이력서를 작성했다. 어린 소년은 가게 주인의 말대로 이력서를 쓰다가 자신의 주소와 실명을 그대로 적었고, 경찰은 이를 근거로 추적해 체포했다.

참고 자료

- https://www.smoothradio.com/features/dumbest-criminals
- https://thegrapevinegossip.com/worlds-dumbest-criminals
- https://listverse.com/2014/08/09/10-of-the-dumbest-criminals-in-the-world
- https://worldwideinterweb.com/the-20-dumbest-criminals-ever

기록으로 알아보는 범죄자

3

세계 최초 타이틀을 가진 연쇄살인범들

◇◇◇

H.H.홈스가 세계 최초의
연쇄살인범이라고?

"어떤 연유로 한 인간이 연쇄살인범이 되는 것일까? 무엇이 그 사람을 그렇게 만들었는가?"

이와 같은 물음은 오랫동안 범죄학자와 심리학자들을 괴롭힌 의구심이다. 그리고 그들은 오랫동안 이 물음을 풀기 위해 노력했지만 아직도 정확하게 결론을 내리지 못하고 있다. 그저 추정과 추측만 가득할 뿐이다. 하지만 그 원인이 우리가 생각했던 것보다 훨씬 더 복잡할지 모른다는 점도 간과해선 안 된다. 연쇄살인범들의 가장 공통적 특성인 '반사회적 인격장애antisocial personality disorder'의 원인이 상당 부분 불가사의로 남아 있기 때문이다.

CHAPTER 2

이런 점에서 최초의 연쇄살인범을 알아보는 것도 큰 의미가 있을 것이다. 영화 「글래디에이터」를 보면 고대 로마는 세계 최초의 연쇄살인범이 탄생하기 좋은 가장 최적의 곳이 아닐까 싶다. 많은 사람들이 헨리 하워드 홈스H. H. Holmes, 1860~1896를 세계 최초의 연쇄살인범으로 알고 있을 것이다. 사실 연쇄살인범의 명칭은 고대 로마시대로 거슬러 올라가야 한다. 하지만 현재 우리가 생각하는 연쇄살인범과 정확하게 일치하지 않을 수 있다.

현재 우리가 규정하고 있는 기본적인 연쇄살인범의 특징은 자신의 어떤 비정상적인 심리적 욕구를 충족시키고, 한 달 이상의 기간에 3명 이상을 살해하는 것을 말한다. 그러나 고대 로마시대의 연쇄살인범은 이런 기본 조건이 확실하지 않다.

◇◇◇
세계 최초의 연쇄살인범은 고대로 올라가야

그리스 신화를 살펴보면 스트레처stretcher, 즉 '잡아 늘이는 자'라는 별명을 가진 프로크루스테스Procrustes가 나온다. 그는 포세이돈의 아들로 알려졌는데 아테네 인근 케피소스 강가에서 살았다. 이곳에 여인숙을 차리고 여행객에게 호의를 베풀어 집으로 유인했는데 손님이 들어오면 따뜻한 식사와 함께 집 안에 있는 특별한 쇠 침대를 제공했다.

쇠 침대는 두 개가 있었는데 키가 큰 사람에겐 작은 침대를 내줘 그 사람이 침대 길이보다 크면 다리를 자르고, 키가 작은 사람에게 큰 침대를 내줘 그 사람이 침대 길이보다 작으면 몸을 잡아 늘였다. 당연히 어떤 경우든 피해자는 죽는다. 하지만 그 또한 아티카의 영웅 테세우스에 의해 자신의 살인 방식 그대로 죽는다. 오늘날까지 회자되고 있는 '프로크루스테스의 침대'는 사람이나 물건을 비정상적인 계획이나 유형 속으로 임의로 또는 강제로 끼워 맞춘다는 의미로 활용되고 있다. 어떻게 보면 그가 최초의 연쇄살인범이 아닐까 싶다. 물론 역사가들은 아직도 프로크루스테스가 실존적 역사 인물이었는지 아닌지 논쟁 중이다.

하지만 유팽리劉彭離를 논할 때 그가 세계 최초로 기록된 연쇄살인범이라는 데에 반대하는 사람은 없을 것이다. 기원전 2세기 전한의 황족이자 제동濟東의 제후왕이었던 그는 자신이 사람을 죽일 수 있는 자격을 가졌다고 생각했다. 사마천의 『사기』에 의하면 그는 20년 이상 수십 명의 노예나 숨어 살던 젊은이들을 약탈하고 살인을 스포츠로 여겨 수백 명을 죽였다고 한다.

그의 수많은 피해자 중 한 사람의 아들이 결국 황제에게 그의 살인 취미를 보고했고, 당연히 법적으로 사형에 처해야 했지만 황제 무제는 그의 직위를 박탈하고 왕실에서 추방했다.

◇◇◇

세계 최초의 여성 연쇄살인범은
로쿠스타?

서구 역사를 연구하는 역사학자들의 주장에 따르면 최초의 여성 연쇄살인범은 1세기 로마제국의 독약전문가 로쿠스타Locusta다. 그녀는 어린 시절부터 식물에 대한 관심이 많아 그 지식을 쌓는 데 열중했다. 그리고 그런 지식은 그녀를 평범한 사람과는 다른 존재로 만들었는데 그 지역 지식인들이 그녀의 지식을 이용해 정적을 조용하게 제거할 수 있었기 때문이다.

네로의 어머니인 아그리피나Agrippina the Younger 또한 그녀의 고객이었다. 아그리피나는 전 남편 사이에서 태어난 네로를 황제로 올리기 위해 황실 가족은 물론이고, 세 번째 남편인 클라우디우스 황제를 독살했다. 아그리피나는 로쿠스타의 특별한 지식을 활용해 황제의 음식을 시식하던 관리에게 뇌물을 주고 황제가 먹을 버섯 요리에 독약을 넣은 것이다.

독이 든 버섯을 먹고 며칠이 지난 후 클라우디우스는 죽었다. 그리고 로마 군대는 로쿠스타를 살인 혐의로 체포했다. 하지만 네로가 황제로 등극하자 로쿠스타에게 새 길이 열렸다. 사람 죽이기를 겁내지 않고 즐겼던 네로는 살인병기였던 로쿠스타를 풀어주었고, 그녀를 다시 연쇄살인의 길로 들어서게 했다.

네로의 비호 아래 그녀의 연쇄살인은 성황을 이뤘고, 그만큼 황제의 호의도 받았다. 그러나 네로의 영광도 평생 지속되지는 못했다. 죄를 지었으면 그에 대한 벌을 받아야 하는 세상의 이치를 몰랐을까? 원로원이 네로에게 사형을 선고하자 그는 사형이 집행되기 전 로쿠스타에게 독약을 받아 스스로 목숨을 끊었다.

하지만 이것은 그저 역사일 뿐 정확한 증거는 없다. 또한 클라우디우스의 죽음에 로쿠스타가 가담했는지 완전하게 확인할 수도 없다. 단지 그녀는 혁신적이고 냉혈적이며 극히 지능적이었다고 한다. 또한 심장마비를 일으킬 수 있는 약재를 사용할 수 있었던, 어떻게 보면 식물학자이기도 했다. 네로 휘하에서 그녀가 몇 명이나 독살했는지 정확하게 알려진 바는 없지만 그녀가 엄청난 포상을 받았다고 하는 점에서 많은 사람들을 독살했을 것으로 추정한다.

참고 자료

- https://www.ancient-origins.net/history-famous-people/10-ancient-serial-killers-foreshadowed-jack-ripper-009095
- https://www.bustle.com/articles/107094-the-first-serial-killer-ever-was-actually-a-woman

4

세계 최악의 연쇄살인범들

◇◇◇

연쇄살인과 다중살인
그리고 연속살인의 차이

연쇄살인은 동일한 사람이 서로 다른 시간에 발생한 개별적 사건으로 적어도 두 사람 이상을 불법적으로 살해한 경우를 말한다. 이런 정의는 보편적 학문 용어로 사용되고 있지만 대부분의 국가에선 법과 관련해 공적으로 인정되지 않는 단어기도 하다.

연쇄살인을 논할 때면 항상 등장하는 유사 용어가 있는데 바로 다중살인mass murder과 연속살인killing spree이다. 다중살인은 다수의 피해자가 같은 시간과 장소에서 살해당하는 경우를, 연속살인은 짧은 시간적 간격을 두고 다른 장소에서 다수의 피해자를 살해하는 경우를 말한다. 연쇄살인과 가장 분명하게 다른 점은 연쇄살인이 휴지 기간이 있는 반면에 연속살인은 그렇지 않다는 점이다.

300명의 여아를 죽였지만
보석으로 풀려난 페드로 알론소 로페즈

"나는 세기의 남자다. 누구도 나를 잊지 않을 것이다"라고 외친 남자가 있다. 바로 페드로 알론소 로페즈Pedro Alonso López, 1948~다. 그는 세계에서 가장 잔인한 최악의 연쇄살인범이라고 할 수 있다. 흔히 '안데스의 괴물The Monster of the Andes'이라는 별칭으로 불리는 그는 소아성애를 가진 연쇄살인범으로, 콜롬비아, 에콰도르, 페루를 돌면서 300명 이상의 여아들을 납치해 강간하고 잔인하게 죽였다. 그가 최악인 이유는 수면 위에 떠오른 희생자가 300명뿐이지 생사를 알지 못한 희생자가 더 있을지도 모른다는 사실 때문이다. 당연히 그는 세계적으로 최다 희생자를 낸 연쇄살인범으로 기네스북에 올라가 있다.

콜롬비아 태생의 페드로 로페즈가 그토록 잔인한 연쇄살인범이 되기까지에는 그의 불우하고 복잡한 가정사와 관련이 있을 것이라고 추정하고 있다. 그의 어머니는 매춘부였고, 아버지는 유부남으로 그가 태어나기 6개월 전에 혁명 폭도에 의해 총살을 당했다. 로페즈의 주장에 따르면 그의 어머니는 매우 잔혹하게 그를 학대했으며, 그는 어머니가 매춘하는 장면을 보아야 했다. 더군다나 어머니의 손님은 그를 폭행까지 했다.

그는 8살 때 여동생을 성적으로 학대하다 어머니에게 들켜 집에서 쫓겨났다. 거리를 헤매던 그는 따뜻한 음식과 잠자리를 주겠다는 한 아동성애자를 따라갔다가 구강성교를 당했다. 그 사건 후에 로페즈는 자신을 보호하고자 한 패거리에 가담하게 되었고, 마약은 물론 음식과 잠자리를 해결하기 위해 폭력 싸움에 길들여졌다. 그렇게 4년을 거리에서 헤매다 어느 미국 부부에게 발견되어 고아원에 들어갔지만 그곳에서 한 교사에게 성적으로 학대를 받자 다시 거리로 뛰쳐나왔다.

청년이 되어선 자동차를 훔쳐 지역 고물상에서 돈으로 바꾸는 생활을 하다가 1969년 보고타에서 자동차 절도 혐의로 체포되어 7년형을 선고받는다. 수감 이틀 만에 그는 3명의 동료 수형자에게 집단강간을 당했는데 이 사건으로 그는 매우 심각한 정신적 상처를 받게 되었다. 수치감으로 힘들어하던 그는 자신을 강간했던 3명을 죽이는데 이 일로 동료 재소자들의 인기를 얻는다. 그 후 교도소에선 그를 방해하는 사람이 없었으며 사법당국에서도 자기방어 행위로 간주해 3명의 살인에 대한 대가가 2년형을 더 추가하는 선에서 끝났다.

그의 연쇄살인이 발각된 것은 1979년으로, 에콰도르에서 큰 홍수가 나자 4명의 실종 어린이의 시신이 발견된다. 그 후 그는 한 시장에서 12살의 어린 여자아이를 납치하려다 주변 사람들의 신고로 체포된다. 당시 에콰도르나 페루에선 다수의 소녀들이 실종되거나 사라졌는데 정부는 그것이 성노예나 매춘에 기인한 것으로 추정했다.

하지만 그를 수상히 여긴 당국은 수사관이 재소자로 변장해 그의 수형 생활을 도와주다 에콰도르에서 200명 이상, 페루에서 수십 명, 콜롬비아에서 더 많은 아이들을 살해했다는 그의 자백을 받아낸다. 이 자백에 에콰도르는 혼란에 빠졌고, 대통령은 모든 피해자의 시신을 찾으라는 명령을 내린다.

이에 페드로 로페즈는 외딴 곳에 만들어진 무덤을 알려주었는데 그 안에서 시신 53구가 발견되었다. 하지만 그는 형량이 높아질 것을 알고 더 이상 당국에 협조하지 않고 자신의 무고함을 주장했다.

하지만 당국은 그에 의해 희생된 어린 여자아이의 수는 300명 전후가 될 것을 확신했다. 그럼에도 그는 단 3건의 살인 혐의로만 기소되고 에콰도르에서의 살인에 대한 최고 형량인 16년형만 선고받아 교도소에 수감됐다. 이후 모범수형자가 되어 1994년 8월 31일 가석방이 되었지만 한 시간 후 그는 불법이민자로 체포되어 콜롬비아로 추방된다.

그에 대한 형량이 지나치게 짧은 것에 분노한 에콰도르 국민들은 국가에 항의했고, 에콰도르 당국은 최장 형량을 25년으로 변경했다. 콜롬비아에선 그를 살인 혐의로 체포하진 못했지만 혹시나 피해자가 그를 알아보고 고소할 수도 있다는 희망으로 그를 어머니와 함께 살았던 고향으로 이송한다.

그리고 운 좋게도 1979년 자신의 어린 딸이 그와 함께 가는 것을 목격하고 이후 살해된 시신을 발견한 어머니가 신고해 그 살인 사건의 진술을 확보했다. 그래서 그는 다시 체포되는데 재판에서 유죄가 확정되었지만 그의 변호인은 그에 대한 정신 감정을 주장했다. 결국 정신이상이라는 결과가 나와 그는 교도소가 아니라 정신병원에 수용되었다.

하지만 1998년 다시 그에게 정신 감정을 해봤더니 정신적으로 이상이 없지만 소시오패스sociopath, 즉 반사회적 인격장애자로 진단되었다. 그는 정기적으로 정신병 치료를 받고 매달 경찰에 보고하는 조건으로 50달러의 보석금을 내고 석방됐다. 하지만 그는 정신병 치료를 받지도 않았고, 경찰에 보고하지도 않았다.

그 후 그의 행적이 알려진 바가 없다. 그가 다시 살인을 시작했는지도 모른다. 그저 어딘가에 생존해 있을 것으로만 추정하고 있다.

그는 8살에서 12살 사이의 어린 여자아이들을 표적으로 삼았으며 그들 대부분 빈민가 출신이었다. 그의 진술에 따르면 특별하게 인종적 선호는 없으나 때로는 관광객들을 포함한 백인 여자아이들을 납치하고 싶다는 유혹을 받았다고 한다. 하지만 부모의 감시가 심하고 체포될 위험성이 높아 그런 유혹을 억제했다고 한다.

또한 그는 자신의 살인 행각이 교도소에서 당한 집단강간에 대한 보복이며, 어머니로부터의 학대 때문이라고 주장했다. 그는 일정 시간 표적을 미행하다 납치해 한적한 곳으로 데려가 강간하고 목을 졸라 살해했다. 그리고 얕은 무덤을 파고 3~4명 단위로 함께 매장했다. 그리고 시신이 완전히 부패되기 전 다시 그 장소로 돌아가 몇 구의 시신과 함께 티파티를 했다. 특히 그는 죽어가는 아이의 얼굴을 자세히 보기 위해 주로 낮에 살해했다고 한다.

그의 살인 행각이 20여 년이란 긴 시간동안 이루어졌음에도 경찰의 특별한 관심을 끌지 않았던 것은 피해 아동들이 인신매매되었거나 가출한 것으로 여겼기 때문이다. 그렇다 하더라도 경찰 또한 어떻게 그의 연쇄살인이 지속됐는지에 대해 의문을 가졌다고 한다.

◇◇◇
2021년 출소를 앞두고 있는
연쇄살인범 루이스 가라비토

그저 '짐승'으로밖에 표현이 안 되는 루이스 알프레도 가라비토Luis Alfredo Garavito, 1957~는 콜롬비아의 연쇄강간범이자 살인범이다. 1999년 그는 138명의 10대 소년에 대한 강간, 고문, 살인을 시인했다. 그가 교도소에서 그린 지도 위에 열거된 해골의 소재를 살펴보면 그에게 살해된 피해자가 300명을 넘어 400명에 이를 수도 있다고 관계자들은 믿고 있다. 그 또한 자신의 살인 행각을 연이어 자백했다. 피해자 수를 보면 기네스북에 오른 페드로 로페즈를 능가하는 것이다. 물론 당국에선 그에게 1853년형을 선고했다.

가라비토의 어린 시절 또한 불우했던 것으로 추정된다. 그의 어머니는 매춘부였다는 소문이 나 있었고, 아버지는 심각한 알코올의존자로, 친부로부터 심한 학대를 당했다. 가라비토의 형제 또한 학대를 당했다. 그의 아버지는 그의 어머니가 매춘하는 장면을 구경하도록 강요했고, 어머니의 손님은 그런 그를 성적으로 조롱했다. 마약에 취한 그의 어머니는 알코올의존자인 남편의 학대와 고문으로 아무것도 할 수가 없었다. 결국 가라비토는 집을 나와 길거리에서 헤매게 되었다.

그는 8살이 되었을 때 따뜻한 음식과 잠자리를 주겠다는 한 아동성애자를 따라갔다 성적으로 폭행을 당했고, 자신을 보호하기 위해 패거리에 가담한 후 구걸이나 절도로 하루하루를 살았다. 성장과정을 보면 눈을 의심할 정도로 페드로 로페즈와 거의 동일하다. 가정폭력, 아동학대, 가출, 성폭력 피해 경험, 패거리 가담 등은 그에게 연쇄살인범의 길로 인도한 전제였을까?

가라비토는 자신을 학대하는 아버지를 떠나 새 삶을 시작하고 싶었지만 생계를 위해 콜롬비아 전역을 돌아다녀야 했다. 그는 가게 점원을 시작으로 노점상 등을 했지만 모든 게 원활하게 돌아가지 않았다. 떠돌이 생활을 하던 중 어린아이가 있는 여자를 만나 평범한 사람처럼 연애도 했다. 그녀의 진술에 따르면 가라비토는 자신의 자식에게도 잘 대해줬지만 다혈질적이었다고 한다. 또한 그의 음주벽은 아버지를 닮았고, 지나치게 과음하고 주정을 부려 주민들의 원성을 샀다. 그는 스스로 생을 마감하는 시도도 했고, 정신과 치료를 5년간 받기도 했다.

가라비토에게 희생당한 피해자들은 그들의 연령, 성별 그리고 사회적 지위로 분명하게 확인할 수 있다. 그의 주요 범행 표적 대상은 6살에서 16살 사이의 노숙자, 고아 혹은 시골뜨기 남자아이들이었다. 시골길에서 혼자 있거나 사람이 많은 곳에서 어린 남자아이에게 접근해 돈이나 사탕, 일시적 일거리 등을 제안해 유인했는데 일단 아이의 신뢰를 얻게 되면 아이들이 지쳐 쓰러질 때까지 오래 걷게 했다. 그러고는 아이들의 손을 묶고 옷을 벗긴 다음 고문하고 강간한 뒤 죽였는데 어떤 경우는 목을 베기도 했다.

그는 아이들의 엉덩이를 칼로 찌르거나 항문에 이물질을 삽입하는 등 고문과 함께 강간했다. 피해 아이들 모두 전라 상태로 발견됐고, 항문 성교의 흔적이 있었으며, 시신 주변에는 빈 술병과 함께 윤활유가 담긴 병도 발견되었다. 가라비토는 아이들을 유인하거나 다른 사람의 의심을 사지 않기 위해 종교인, 농부, 노점상, 마약상, 도박사 등 아이들에게 일자리를 제공할 수 있는 존재로 자주 변장이나 위장을 했다.

1992년부터 콜롬비아의 길거리에서 6살에서 16살 사이의 남자아이들 다수가 갑자기 사라지기 시작했는데 당시 콜롬비아는 수십 년 동안 내전 중이라 대부분 실종 신고가 이뤄지지 않았다. 다수의 시신이 발견됐지만 당국에선 관심을 갖지 않았다. 그러던 1997년 다수의 시체가 매장된 무덤이 발견되면서 그제야 당국에서 신경을 쓰기 시작했다. 더불어 손이 꽁꽁 묶인 소년의 시신이 3구 발견됐고, 그들의 몸에서 성적 학대와 폭력의 흔적이 보였다. 특히 몸 여기저기에 상처가 나 있었고, 시체 주변에 살인 흉기까지 발견되자 경찰은 수사를 시작했다. 그리고 범행 현장에서 발견된 노트에 적혀 있던 가라비토의 여자친구의 주소를 확인하게 된다. 그녀는 지난 수개월 동안 그를 보지 못했다고 진술했다. 그리고 그의 소지품이 든 가방을 경찰에게 건네주었는데 그 속에는 남아들의 사진, 자세한 살인 묘사, 피해자 숫자 표시, 영수증 등이 담겨 있었다.

이를 토대로 경찰이 가라비토의 거주지를 찾았으나 집은 비어 있었다. 그러나 며칠 후 이와는 별개로 그는 청소년 강간미수 혐의로 붙잡힌다. 가라비토와 소년이 옥신각신하는 것을 본 한 노숙인이 소년을 구하기 위해 경찰에 신고함으로써, 그의 체포가 이뤄진 것이다.

가라비토는 처음에 자신의 무고를 주장했다. 하지만 경찰이 추궁하자 그는 눈물을 흘리며 자백했다고 한다. 그러나 콜롬비아 법무부에선 자백만으로 체포하기엔 불충분하다고 판단했는데 다행히도 그는 특수한 안경을 써야 시야를 볼 수 있는 희귀병을 가지고 있었고, 다수의 시체가 묻혀 있던 곳에서 그 안경이 발견됐던 것이다. 이뿐만 아니라 범행 현장에 남은 술병, 속옷, 신발 등에서 DNA를 채취해 검사했고, 안경이 그의 것이라는 것을 입증하기 위해 교도소 수형자 전원에게 안과 검사를 시행했다.

그 결과 범죄 현장에 남은 DNA는 그의 DNA와 일치했다. 그 후 140명을 살해했다는 그의 자백이 이어졌다. 그는 콜롬비아 전역에서 172명을 살해한 혐의로 기소되어 138건에 대한 유죄가 확정되어 1853년형을 선고받았다. 이는 콜롬비아 역사상 최장기 형량이라고 한다. 그러나 콜롬비아 법에 따르면 최장 수형 기간을 40년으로 제한하고 있고, 그가 경찰에 협조했기 때문에 실제 그의 형량은 22년으로 단축되었다.

아이들을 대상으로 한 범행을 한 범죄자에겐 어떠한 사법적 혜택을 받을 수 없고, 최소한 60년형을 선고하도록 규정해야 하지만 아쉽게도 그는 22년의 형량을 마치고 2021년 출소한다는 소식이 들리고 있다.

참고 자료

- https://www.britanica.com/topic/serial-murder#ref919641
- https://criminalminds.fandom.com/wiki/Pedro_Lopez
- https://www.9news.com.au/world/pedro-lopez-worlds-second-worst-serial-killer-walked-free-from-prison/2be19c5c-95c5-44e2-8dd1-3253319a34e5
- https://www.thoughtco.com/pedro-alonso-lopez-the-monster-of-the-andes-973173
- https://murderpedia.org/male.L/l/lopez-pedro.htm
- https://en.wikipedia.org/wiki/Luis_Garavito
- https://en.wikipedia.org/wiki/Pedro_Lopez
- https://www.biography.com/crime-figure/pedro-alonso-lopez
- https://vocal.media/criminal/why-did-they-free-pedro-lopez-the-monster-of-the-andes
- https://historycollection.co/luis-beast-garavito-worst-serial-killer-history
- https://healthpsychologyconsultancy.wordpress.com/2012/08/17/making-of-a-monster-luis-garavito-the-beast
- https://medium.com/the-full-time-writer/famous-derial-killers-la-bestia-luis-garavito-532a6acac3df
- https://www.rheguardian.com/world/1999/theobserver2

5

세계에서 가장 잔혹한 여자 연쇄살인범

◇◇◇

흡혈귀의 원조 '피의 백작부인'
바토리 에르제베트◆

'피의 백작부인The Blood Countess'이라고 불린 여인을 아는가? 여러 애니메이션 등에서 모티브로 많이 사용하기 때문에 어느 정도는 알 것이다. 하지만 그녀가 세계에서 가장 잔혹한 여자 연쇄살인범이라는 사실을 아는 사람은 별로 없을 것이다.

바토리 에르제베트Báthory Erzsébet는 1560년 헝가리 바토리라는 귀족 가문에서 태어나 최상의 특권을 누리며 성장했다. 바토리 가문은 동유럽권에서 세력을 가진 명문가인데 당시 유럽의 명문가는 재산과 영지를 잃지 않기 위해 근친혼을 선호했다고 한다. 그 결과 자손들이 기형아로

◆ 헝가리는 성을 앞에, 이름을 뒤에 표기한다. 이 단락에서만 영어식이 아니라 헝가리식으로 표기했다.

태어나거나 성장하면서 정신이상자가 될 확률이 높았다. 야만과 혼란을 겪은 가문의 역사는 그녀에게도 영향을 미쳤는데 바토리 에르제베트는 자신의 감정을 다스리지 못하고 격분과 폭발을 일삼으며 비정상적인 분노로 고통을 받았다고 한다.

바토리는 어린 시절부터 아버지가 자신의 영지에서 생활하는 농민들을 고문하거나 도둑을 죽어가는 말의 뱃속에 넣고 꿰매 그 안에서 썩어 죽게 만드는 모습을 목격했다. 그리고 주술을 할 수 있는 고모와 연금술사이자 악마 숭배자였던 고모부 그리고 아동성애자인 오빠와 함께 살았다.

이런 환경에서 그녀는 자신만의 잔혹성, 이기적 인성, 성적 일탈 같은 행위를 일삼았고, 간질과 같은 질환을 통해 더욱 피폐해져갔다. 이는 오랫동안 이어온 근친혼의 결과로 인한 유전적 장애의 산물로 추정할 수 있다.

바토리는 어릴 적부터 자주 분노를 폭발시키면서 고집스럽고 공격적인 아이로 인식됐다. 그녀는 남자아이처럼 옷을 입고 남자들이 하는 스포츠를 즐겼는데 실제 그녀가 가장 좋아했던 운동은 펜싱이었다. 또한 그녀는 자신을 남성과 동등하게 대해달라고 요구했고, 자신에 대한 자존감과 주체 의식을 가진 독립적인 소녀였다. 그리고 14살에는 하인의 아이를 임신하기도 했다.

그녀는 겨우 15살이 된 1575년 나더슈디 페렌츠^{Nádasdy Ferenc} 백작과 결혼했으나 나더슈디 백작은 오스만제국과의 전쟁에서 헝가리 군을 지휘했기 때문에 그녀는 홀로 집에 남겨지곤 했다. 나더슈디 백작은 용맹한 남자였지만 잔혹함에 있어서도 누구보다 뒤지지 않았다.

하지만 1602년 나더슈디 백작은 전사했고, 그와 그녀 사이엔 5명의 아이가 있었다. 그녀의 이상행동이 언제부터 시작됐는지는 정확하게 알려져 있지는 않지만 남편의 사후 가학적인 살인 행각이 심해졌다고 전해진다.

특히 바토리는 젊은 여성을 고문하는 성향을 가졌다고 하는데, 역사학자들은 그녀가 양성애자bisexual였을 것으로 추정하고 있다. 그녀는 하인들의 입술과 손톱 사이를 바늘로 찔렀고, 발가벗긴 채로 눈 속에 버리고 물을 끼얹어 얼어죽게 만들었다. 한 하녀에겐 배를 훔쳤다고 그녀의 공범 하인과 함께 구타를 했는데 상의에 피가 흠뻑 튀어 옷을 갈아입어야 할 정도로 구타를 하다가 마지막으로 가위로 찔러 죽였다고 한다.

하지만 그녀에 대한 이런 이야기들은 진실과 전설을 넘나든다. 그녀에 대한 가장 잔혹한 전설은 처녀나 어린 여성을 죽이고 그 사람들의 피로 목욕을 했다는 것이다.

그녀가 이런 만행을 저지른 계기는 어느 날 하녀가 그녀의 머리를 빗질하고 있었는데 실수로 머리카락 하나가 뽑히게 되었다. 그녀는 분노에 차 하녀에게서 빗을 빼앗아 그것으로 하녀의 얼굴을 내려쳤다. 그때 하녀의 얼굴에서 나온 피가 자신의 손에 닿자 자신의 피부가 더 젊게 보인다고 느끼게 되었다. 그래서 그 하녀의 목을 베어 피가 흐르는 것을 받아 목욕을 했다. 그 후 수백 명의 어린 여성을 죽이고 그들의 피로 목욕을 하기 시작했다. 그녀는 직접 팔이나 가슴, 목을 물어뜯어 생피를 빨고, 살점도 먹었다고 전해진다. 특히 그녀가 행한 고문은 극악하기 이를 데 없는데 처녀의 피를 쏟게 만드는 기계나 피를 짜내는 기계 등도 만들었다. 특히 그녀에겐 마을의 처녀를 수집하는 하인과 자신의 잔혹한 취미를 거들어준 하녀가 곁에 있었다. 특히 그녀의 보모는 나중에 공범이 될 정도로 그녀의 악취미를 거들었다. 바토리는 자신의 뼈를 건강하게 만들고 피를 맑게 하기 위해 아이들을 제물로 삼는 악의적인 검은 마술Black Magic을 행하기도 했다.

점점 나이가 든 바토리는 자신의 젊음을 유지하기 위해서 신선한 피가 더 필요했는데 특히 귀족 처녀의 피가 좋다는 이야기를 들은 그녀는 다른 귀족 가문의 여자아이들까지 선택하기 시작했다. 이를 위해 귀족 여학교를 설립했다.

그녀의 이상한 행동에 대한 수년간의 소문과 감금당했던 소녀 한 명이 극적으로 탈출해 당국에 신고하면서 마티아스Mattias, 1557~1619는 수사를 명령했다. 1610년에 수사관들이 신부, 귀족 그리고 평민은 물론 그녀의 성에 근무하는 하인 등을 포함한 300명 이상의 증인으로부터 증언을 확보하고, 성 안에 들어갔을 때 소수의 생존자와 다수의 시체를 발견했다. 이뿐만 아니라 온갖 종류의 고문 도구와 성 주변에 매장된 여자 시체 50구도 발견되었다. 이후 그녀에 대한 재판이 열렸지만 그녀는 출석하지 않고 시녀나 하인들이 수많은 범죄 행위를 인정했다. 가문 구성원의 탄원서 덕택인지 그녀는 사형을 면하고 종신금고형이 선고됐으며, 그녀의 시녀와 하인들은 목이 잘린 후 화형에 처해졌다. 희생자 수에 대해선 논란이 있었지만 1585년에서 1610년 사이에 약 650여 명의 피해자가 발생했다고 한다.

이로 인해 '피의 백작부인'이라는 말이 나돌았고, 영화 「드라큘라」는 그녀를 모티브로 삼았을 정도로 뱀파이어나 흡혈귀였다는 소문이 생기기도 했다. 진실인지 혹은 거짓인지는 모르겠지만 아마도 이런 그녀의 잔혹한 범행이 어느 정도 사실로 간주되기에 기네스북에도 세계에서 가장 잔혹한 여성 연쇄살인마로 기록됐다.

참고 자료

- https://history.howstuffworks.com/history-vs-myth/hungarian-countess-serial-killer1.html
- https://www.mnn.com/lifestyle/arts-culture/stories/the-blood-countess-historys-most-prolific-female-serial-killer
- https://spectator.sme.sk/c/20051845/commemorating-the-death-of-the-blood-countess.html
- https://en.wikipedia.org/wiki/Elizabeth_Bathory
- https://www.guinnessworldrecords.com/world-records/most-prolific-female-murderer?fb_comment_id=820074291399531_862368627170097
- https://loudwire.com/songs-inspired-by-elizabeth-bathory
- https://www.carolinafearfest.com/the-blood-countess-inspiration-for-dracula

6

역대 최악의 사이코패스들

◇◇◇

돈벌이에 혈안이 된 연쇄살인범,
헨리 하워드 홈스

헨리 하워드 홈스는 미국에서 기록된 최초의 연쇄살인범이다. 그의 유년 시절은 그다지 아름답지 않았는데 아버지는 사랑을 매질로 표현했고, 학교에선 친구들에게 괴롭힘을 당했다. 특히 친구의 괴롭힘으로 인체 해골을 뒤집어쓰면서 역설적이게도 해부학에 관심을 갖게 되었다. 그의 실명은 허먼 웹스터 머제트Herman Webster Mudgett이지만 시카고로 이사하면서 가명인 헨리 하워드 홈스를 사용했다. 그가 시카고로 이사하기 전 보험사기를 치는데 우선 가공의 인물을 만들어 생명보험을 들고 시체 하나를 구해 그가 피보험자라고 속이고 보험금을 받았다.

시카고로 옮긴 뒤에는 밝고 쾌활한 성격으로 사람들의 호감을 샀고, 사기로 약국을 인수하면서 돈을 벌었다. 그리고 나중에 '살인자의 성'이라고 불린 캐슬 호텔을 지었다. 그는 호텔 투숙객에게 접근해 밀실로 데려가 온갖 보험 서류에 서명하게 한 뒤 가스실에서 살해하고, 시체는 해부용으로 팔았다. 하지만 호텔 투숙객이 계속해서 실종되자 경찰이 이를 이상하게 여겨 감시하기 시작하면서 그의 범죄가 탄로났다. 그 결과 그는 27건의 살인과 9건의 살인미수를 자백했지만 경찰은 최소 50명은 될 것이라고 추정했다. 1896년 그는 교수형에 처해졌다.

◇◇◇
공포영화의 단골 모티브, 에드 게인

영화 「사이코」에서 모텔을 운영하며 아름다운 여성이 방문하면 여장한 뒤 식칼을 들고 살인하는 노먼 베이츠Norman Bates, 「텍사스 전기톱 학살」 시리즈에서 인간의 얼굴 가죽으로 만든 가면을 쓰고 전기톱으로 사람을 죽이는 레더페이스Leatherface, 「양들의 침묵」에서 성 정체성으로 인해 7명의 여성을 죽이고 그들의 가죽을 벗겨 장식했던 버팔로 빌Buffalo Bill은 모두 에드 게인Edward Theodore Gein, 1906~1984이라는 연쇄살인범에게 힌트를 얻어 만든 가상의 캐릭터였다.

에드 게인은 시체 애호가로 무덤에서 시체를 파내 엽기 행각을 벌이다가 나중에 연쇄살인까지 저질렀던 살인범이었다. 또한 1945년부터 체포된 해인 1957년까지 여성들의 시신을 수집했다. 에드 게인은 여성의 가죽과 뼈, 신체 부위를 가지고 옷이나 장신구 같은 것을 만들었다고 한다. 경찰이 수사하러 그의 농장에 들어갔을 때 침실에는 사람 머리가 놓여 있었고, 벽에는 여러 얼굴 가죽들이 걸려 있었으며 해골로 만든 컵도 있었다. 특히 그의 엽기적인 행동의 원인은 여성이 되고 싶었기 때문이라고 한다. 이런 관점에서 보면「양들의 침묵」의 버팔로 빌의 캐릭터가 에드 게인의 실제 모습과 가장 근접했다고 할 수 있다. 결국 그는 정신이상 판정을 받아 정신병원에 갇혀 지내다 1984년 암으로 사망했다.

◇◇◇

잡범에서 히피들의 교주가 된
찰스 맨슨

역사상 가장 수치스러운 범죄 집단인 맨슨 패밀리의 주동자인 찰스 맨슨Charles Milles Manson, 1934~2017은 매춘 생활을 하던 어머니에게 완전히 방치된 채 살았다. 어머니가 무장 강도를 시도하다 체포되자 외삼촌과 함께 살았는데 그 또한 찰스에게 여자 옷을 입히고 구타하면서 성적 괴롭힘을 가했다. 이후 이런저런 자잘한 범죄로 교도소를 수시로 드나들었다. 그러던 중 그는『성경』의「요한계시록」을 비틀스 음악에 맞춰 자신만의 교리를 만들어 히피들을 장악했다. 히피들은 점점 찰스 맨슨을 숭배하기 시작했다. 맨슨 패밀리는 난교, 마약,『성경』, 비틀스의 앨범「The White Album」을 통해 그룹 활동까지 했다. 맨슨 패밀리는 찰스 맨슨이 시키면 무조건 복종했다.

찰스 맨슨은 자신의 음반을 발매하고자 레코드 프로듀서에게 찾아갔지만 거절당하자 이에 앙갚음을 하기 위해 저택을 침입했지만 그곳은 영화감독 로만 폴란스키 Roman Raymond Polanski, 1933~의 저택이었다. 그날은 로만 폴란스키가 영화 촬영차 외출한 상태였고 아내인 샤론 테이트 Sharon Tate, 1943~1969는 친구들을 초대한 상태였다. 맨슨의 열렬한 추종자 수전 앳킨스 Susan Denise Atkins, 1948~2009가 주동이 된 맨슨 패밀리는 임신 8개월의 샤론 테이트는 물론 현장에 있던 사람들을 다 죽이고 그 시체를 발가벗겼다. 피해자 중에는 커피회사 상속자 아비게일 폴거 Abigail Folger도 포함됐다. 이후 여러 차례의 연쇄살인 혐의로 수전 앳킨슨을 포함한 맨슨패밀리가 체포됐고, 배후에서 이를 조종한 혐의로 찰스 맨슨이 검거됐다.

찰스 맨슨과 수전 앳킨스는 사형을 선고받았으나 캘리포니아 주에서 사형제도를 폐지한 결과 무기징역으로 감형되었다. 수전 앳킨스는 암에 걸려 2009년 사망했고, 찰스 맨슨은 2017년 자연사했다.

◇◇◇
심장이 없는 악마,
테드 번디

시오도어 로버트 번디 Theodore Robert Bundy, 1946~1989, 즉 테드 번디는 다수의 여성을 폭행하고 살인한 연쇄살인범이자 반사회적 인격장애 조건을 갖춘 사람 중 한 명이다. 그는 매우 교활하고 음흉하지만 매력적인 외모로 다수의 피해자를 유인하고 유혹했다. 테드 번디는 미국 전역에서

30명 이상을 살해해왔지만 그 누구도 그가 살인범이라고 생각하지 않았다. 설마 저렇게 매력적인 남자가 살인과 같은 끔찍한 일을 저질렀을 것이라고 누구도 믿지 않았기에 수사진들은 그를 붙잡기까지 수년이 걸렸다. 그는 또한 시간자necrophile, 시신을 간음하는 자 성향을 가진 것으로 유명한데 그의 변호인은 그를 '심장이 없는 악마heartless evil' 라고 묘사하기도 했다. 그는 재판 도중 스스로 자신을 변호하고자 했고, 이후 사형이 선고되자 자신이 누명을 썼다며 자신의 책을 출간하려고 했다. 이 내용을 기반으로 「살인을 말하다: 테드 번디 테이프」가 만들어지기도 했다. 2018년 개봉한 「나는 악마를 사랑했다」는 그의 이야기를 다룬 영화다.

◇◇◇

악마를 숭배한 연쇄살인범, 리처드 라미레스

리처드 라미레스Richard Ramirez, 1960~2013는 누군가를 죽이는 데 매혹을 느껴, 9세에서 83세까지의 모든 연령층의 사람들을 죽인 미국의 연쇄살인범이다. 연쇄살인범의 주요 특징은 취향이라는 게 분명 존재하는데 그는 특별한 기호가 없이 남녀노소 가리지 않고 살해했다. 1984년부터 1985년에 걸쳐 로스앤젤레스 교외를 중심으로 무차별적으로 민가를 습격하고, 폭행이나 강간, 강도 등을 저지르면서 13명을 살해했다.

그의 가족은 엄격한 가톨릭교도였지만 리처드 라미레스가 11살 때 사촌형이 부인을 죽이는 현장을 목격했으며 함께 범행 흔적을 지워달라고 요청을 받기도 했다고 한다. 그 후 청소년 시절 헤비메탈 음악에 심취하면서 악마학에 매료되어 그와 관련된 서적을 읽으면서 고등학교를 자퇴하고 마약에 의지했다. 그가 체포된 후 여러 난항과 에피소드를 만들었지만 결국 사형을 선고받고 수형 생활을 하다가 사망했다.

◇◇◇

영원히 미궁 속으로 빠진 잭 더 리퍼의 실체

잭 더 리퍼Jack the Ripper는 아직도 잡히지 않은 영국의 연쇄살인범이다. 또 우리는 그가 어떤 사람인지 알지 못한다. 그저 영화나 연극, 뮤지컬에서 자주 인용하는 연쇄살인범이라는 사실만 알고 있다. 하지만 그의 살인 행각은 현실로 남아 있다.

1888년 8월 7일부터 11월 10일까지 영국 런던 화이트채플에서 최소 다섯 명이 넘는 매춘 여성들이 잔인하게 죽임을 당했다. 피해자들은 하나같이 목이 반쯤 해부되고 복부가 절개되어 장기가 파헤쳐지고 성기가 축출되었다. 그리고 경찰과 시민들이 잘 볼 수 있도록 도로에 그대로 전시됐다.

이런 단서로 추론한 결과 범인은 남성이고, 매춘 여성을 심하게 증오하는 마음이 표출된 것으로 보아 그의 어머니 또한 매춘 여성일 것이라는 추측도 제기됐다. 다만 단서가 남겨지긴 했는데 '유태인들은 아무 책임이 없다The Jewes are The men That Will not be Blamed For nothing'라는 문장이었다.

◇◇◇

점잖고 겸손한 사람이라고 여겨졌던 연쇄살인범, 제프리 다머

제프리 다머Jeffrey Lionel Dahmer, 1960~1994는 연쇄살인범이자 반사회적 인격장애자로서, 1978년부터 1991년에 걸쳐 미국의 밀워키 주나 위스콘신 주에서 10대를 포함한 17명을 살해하고 그 후 시간을 하거나 시체를 절단했다고 알려져 있다. 그의 살인 행각 기간은 매우 긴 편인데 그토록 오랫동안 경찰에 발각되지 않을 수 있었던 이유는 그가 매우 점잖고 겸손해 보였기 때문이다.

경찰은 그가 하는 변명에 대해선 의심의 눈초리를 보내지 않고 믿었다고 한다. 그는 단순한 연쇄살인범이 아니라 소위 사람 고기를 먹는 식인자cannibal로서도 유명했다. 1991년 마지막 피해자인 트레이시 에드워즈가 그의 집에서 가까스로 탈출해 신고를 함으로써 경찰은 수사를 시작했고, 그의 집을 급습했을 때 냉장고 안에서 사람의 머리들이 있었다고 한다.

1992년 미국 법원은 그에게 징역 937년형을 선고했는데 위스콘신 주가 사형을 폐지한 상태였기 때문에 이렇게 형을 매겼다고 한다. 937년형은 종신형과도 같다. 그는 수형 생활 중 다른 수감자와 시비가 붙어 쇠막대기로 머리를 맞고 병원으로 이송됐으나 사망했다.

경찰과 언론을 맘껏 조롱하다 사라진
조디악

잭 더 리퍼는 그의 실체조차 알지 못했지만 조디악 킬러The Zodiac Killer
는 몽타주를 그릴 만큼 조금은 알려진 인물이다. 그의 살인 행위가 세상
을 놀라게 했던 이유는 그가 다양한 언론매체에 빈번하게 접근하여 암
호와 수수께끼로 가득한 편지를 보내 자신을 잡아보라고 언론과 경찰을
조롱했기 때문이다. 그는 1960년에서 1970년대까지 살인 행각을 이어
왔지만 1974년 마지막 편지가 언론에 실린 이후 자취를 감췄다.

그는 스스로 범행을 자백하면서도 교묘하게 경찰과 언론의 추적을
따돌렸다. 조디악이라는 이름조차도 그의 편지에서 '조디악이 말하는데
This is the Zodiac speaking'라는 문장으로 시작했기 때문에 붙여진 것이다.

2020년 아마추어 수학자와 소프트웨어 코드브레이커가 51년 만에
그의 암호를 풀었는데 미군 암호 해독 매뉴얼을 활용했다고 한다. FBI
뿐만 아니라 중앙정보국Central Intelligence Agency, CIA, 해군 정보부까지도 해
독에 실패한 이유는 복호 암호문에 전치가 추가되어 십수 개의 단어들
이 꼬였기 때문이다.

심리학자들은 그의 범행을 통해 사이코패스의 전형적인 특성인 공감
능력이 부족한 사람이라고 전한 바 있다. 조디악 사건은 2004년 4월 종
결했지만 2017년 3월 수사를 재개했다. 조디악 사건에는 몇 명의 유력
용의자가 있었지만 확실한 증거를 잡을 수 없어 체포하지 못했다. 「르로

니클」지의 삽화가였던 로버트 그레이스미스가 13년간 독자적으로 조사한 결과 아서 리 앨런을 조디악이라고 결론을 내렸다. 그리고 이에 관한 책을 두 권이나 출간했는데, 이 책을 기반으로 만들어진 영화가 「조디악」이다.

◇◇◇

루마니아를 사랑한 군주인가, 피에 집착한 흡혈귀인가? 블라드 체페쉬

블라드 체페쉬Vlad Tepeş라고 불린 블라드 3세 드라큘라는 왈라키아 Walachia, 발라키아 공국의 영주로 브램 스토커Bram Stoker, 1847~1912의 소설 『드라큘라』의 모델이 되었다. 그의 아버지 블라드 2세는 왕으로부터 용의 기사 작위를 받은 뒤 왈라키아 공국의 왕위에 올랐다. 이후 용의 문양은 왈라키아 공국의 상징이 되었고, 루마니아 국민들은 그를 '블라드 드라큘라'라고 불렀다.

블라드 체페쉬가 유명해진 원인은 독일계 작센 상인들과의 충돌 때문이었다. 작센 상인들은 밀거래와 무관세 무역을 하며 막대한 부를 축적했는데 상대적으로 루마니아 인들의 삶은 점점 피폐해졌다. 이에 블라드 3세는 작센 상인들에게 적정한 세금을 부과했는데 이에 작센 상인들이 반발하자 그들을 잡아 죄의 경중을 따져 혀, 코, 귀 그리고 성기 등을 자르거나 장대에 꽂아 처형했다. 또한 4,000여 명의 작센 인 가톨릭 도제들을 산 채로 화형시켰다고 한다. 이에 게르만 연대기 저술작들은 그를 사악한 악마로 묘사했다. 체페쉬에 대한 소문을 들은 영국 소설가 브램 스토커는 1897년 블라드 3세에 대한 이야기를 『드라큘라』에 담았고, 1931년 이 소설을 바탕으로 영화로 제작되면서 흡혈귀 드라큘라가 전 세계적으로 알려지게 되었다.

참고 자료

- https://www.rd.com/culture/most-famous-psychopaths-in-history
- https://en.wikipedia.org/wiki/H._H._Holmes
- https://en.wikipedia.org/wiki/Ed_Gein
- https://en.wikipedia.org/wiki/Charles_Manson
- https://en.wikipedia.org/wiki/Ted_Bundy
- https://en.wikipedia.org/wiki/Richard_Ramirez
- https://en.wikipedia.org/wiki/Jeffrey_Dahmer
- https://en.wikipedia.org/wiki/Jack_the_Ripper
- https://en.wikipedia.org/wiki/Vlad_the_Impaler

7

세계 최초의 사이코패스

◇◇◇
정신질환과 사이코패시는 다르다,
그리고 사이코패시와 소시오패시의 차이

이미 대중에게 너무나 흔한 단어가 되어버린 사이코패시Psychopathy
는 1920년대 독일의 쿠르트 슈나이더Kurt Schneider가 처음 소개한 개념으
로, 정신이나 혼soul or mind을 뜻하는 'psych'와 '고통이나 질병suffering or
disease'을 말하는 'pathy'의 합성어다.

흔히 정신장애mental disorder는 정신적인 면의 이상성을 말하는 것으로
포괄적인 개념이다. 정신장애는 정신질환과 지적장애로 나뉘는데 정신
질환에 신경증, 정신병, 인격장애가 포함된다. 인격장애 안에 반사회적
행동을 하거나 공감 능력과 죄책감이 결여되거나 극단적인 자기중심성
을 가진 사람들을 함축하기 위해 사이코패시를 포괄적으로 사용하기 시
작했다. 이와 유사한 개념으로 소시오패시sociopathy가 있는데, 이 용어는

1930년대 미국의 심리학자 조지 패트리지George E. Partridge, 1870~1953가 사이코패시의 사회적 괴리 현상을 설명하기 위해 별도로 만들어낸 용어로, 정식 명칭으로 규정된 것은 아니다. 처음에는 사회규범을 전혀 따르지 못하고 다른 사람에게 해를 끼칠 수 있는 결정적 특징을 기술하려는 대안적 용어로 만들어진 것이었다고 한다. 현재 소시오패시는 사이코패시의 하위나 동등 개념으로 인식하고 있으며 아울러 '반사회적 인격장애'로 명칭하고 있다.

흔히 반사회적 인격장애는 정신질환과 혼돈하기 쉬운데, 정신질환은 뇌의 직접적 손상으로 인해 사고 장애, 혼돈 등으로 경계성 장애, 망상, 우울증 등과 같은 증상이 나타난다. 하지만 반사회적 인격장애를 가진 사람에게는 이런 증상들이 잘 나타나지 않는다고 한다.

사실 반사회적 인격장애를 가진 사람과 일반 정신질환을 가진 사람을 구분하는 기준은 이런 증상의 여부였다. 특히 사이코패시에서 파생한 소시오패시는 선천적 결함보다는 후천적 결함, 즉 사회적 영향력으로 작동하는 경우가 많다고 할 수 있다. 둘 다 동일한 증상을 내보이긴 하지만 사이코패시가 병리학적 측면을 내포하고 있다면 소시오패시는 사회적 근원을 내포하고 있다고 볼 수 있다. 즉 사이코패시는 유전적, 선천적, 환경적 요인에 의해 발생한다면 소시오패시는 환경적 요인이 강하게 작용하는 것이다.

◇◇◇

인류 최초의 사이코패스

일루미나티Illuminati의 창시자로 유명한 독일의 철학자 아담 바이스하우프트Johann Adam Weishaupt, 1748~1830는 자신의 저서『아브라함 : 세계 최초의 사이코패스』에서『성경』속 인물 아브라함을 두고 인류 최초의 사이코패스라고 주장했다. 아브라함은 유대교, 그리스도교, 이슬람교 등 유일신의 공통 조상이라고 할 수 있다.『성경』에 따르면 아브라함은 86세에 애굽인 여종 하갈에게서 이스마엘을 낳았고, 100세에 아내 사라에게서 이삭을 얻었다.

하지만 사라는 이스마엘이 싫어 하갈과 함께 광야죽음에 내쫓으라고 권한다. 하나님 또한 그리하라고 말한다. 결국 아브라함은 이스마엘과 하갈을 광야로 보낸다. 그리고 하나님은 그에게 이삭을 제물로 바치라고 한다. 그는 하나님의 말을 따른다. 하지만 결과적으로 이스마엘과 이삭은 죽지 않았다. 그저 하나님의 시험이었던 것이다. 아브라함은 하나님이 그들을 죽지 않게 돌봐주실 것을 알았기 때문에 그의 말대로 했고, 이를 통해 믿음의 조상이라고 불리운다.

하지만 저자는 아브라함을 절대적인 존재에게 충성을 맹세한 독일의 나치처럼 자신의 아들을 죽음으로 내몰게 하는 유일신에게 복종을 하는 것을 중시한 사람이었다고 말한다. 또 이슬람의 이야기에 따르면 신이 무고한 사람을 죽이라고 명하자 '사탄Satan, 돈과 권력, 성욕을 이용해 인간을 나쁜 길로 유혹한다는 악마'이 그 목숨을 살려줄 것을 간청했다고 한다. 이게 바로 진정한 신이라고도 말한다.

또한 아담은 자신의 저서에서 도덕적으로 완전무결한 신God이 절대적이고 분별없고 어리석은 복종을 보여주기 위함으로 아버지에게 무고한 아들의 인명을 희생시킬 것을 명령한다면, 아브라함이 믿는 신은 신이 될 수 없다고 설파하기도 했다. 초기 기독교 시대에서 신비주의적 이단 기독교인 고대 그노시스교Gnostics는 아브라함을 사탄이라고 규정했다. 아브라함이 믿는 신은 도덕과 상치될 때에도 흔들리지 않는 복종을 요구하는 테러리스트의 종교와도 같다고 주장하기도 했다.

그렇기에 아담은 아브라함을 역사상 가장 악마적인 존재요, 세계 최초의 사이코패스라고 했다. 비윤리적인 신의 계시를 받고 이를 행하는 모습이 사이코패스라고 보기에 충분하다는 것이다. 만약 우리가 이 이야기를 현재에 적용한다면, 아브라함의 행동을 어떻게 이해해야 할까? 그리고 이 이야기는 아담 바이스하우프트의 주장일 뿐이다.

◇◇◇

프로그램의 오류가 발생하면, 사람도 죽일 수 있는 AI

인공지능, AIArtificial Intelligence에도 사이코패스가 있다고 한다. 사이코패스가 반사회적 인격장애를 겪는 사람을 뜻하는데 무슨 인공지능에 사이코패스가 있냐고 반문하는 사람도 있을 것이다. 하지만 인공지능이 사람과 같은 행동과 역할을 한다는 전제하에 인공지능도 잘못 프로그램이 되어버리면 연쇄살인과 같은 반사회적 행동을 할 수 있다고 한다.

바로 미국 매사추세츠 공과대학 MIT 미디어랩에서 개발하고 시연한 노먼Norman이라는 인공지능에 관한 이야기다. 과연 인공지능AI도 악마가 될 수 있을까? 연구진은 AI 노먼이 잘못된 데이터를 공급받거나 훈련을 받으면 머신러닝Machine Learning♦ 알고리즘에서 어떤 반응이 나올지 실험하고자 노먼을 개발했다고 한다. 노먼이라는 이름은 「사이코」의 주인공 노먼 베이츠에서 따온 것이라고 한다.

MIT 연구진은 표준 AI에게는 표준 이미지만을 가진 표제들로 훈련을 시켰고, 노먼에게는 가장 어둡고 폭력적인 이미지를 가진 표제로 훈련을 시켰다. 그리고 로르샤흐 잉크 얼룩 검사Rorschach Inkblots Test를 시행했다. 이 검사는 스위스 정신의학자 헤르만 로르샤흐Hermann Rorschach, 1884~1922가 개발한 것으로, 정상 청소년과 환자들이 잉크 반점 카드를 다르게 반응하는 것을 알게 되면서 정신분열증 진단으로 많이 사용한다.

검사 결과, 노먼은 표준보다 부정적인 성향을 보였으며 오로지 살인만을 반복적으로 표출했다고 한다. 예를 들어 첫 번째 검사에서 표준 로봇은 한 집단의 새들이 나무 꼭대기에 앉아 있는 것을 인지한 반면에 노먼은 어떤 사람이 전기의자에서 처형되어 죽는다고 기록했다. 두 번째 검사에서도 표준 로봇이 꽃이 담긴 꽃병을 기록한 반면에 노먼은 어떤

♦ 인공지능 연구 분야 중 하나로, 경험적 데이터를 기반으로 학습하고 예측을 수행하고 스스로의 성능을 향상시키는 시스템과 이를 위한 알고리즘을 연구하고 구축하는 기술이다.

사람이 총에 맞아 죽는 것으로 기록했다.

MIT 연구소는 홍보자료에서 '노먼은 머신러닝 알고리즘을 가르치는데 사용된 데이터가 그 행동에 큰 영향을 미칠 수 있다는 사실에 영감을 받고 있다'고 밝히며, '사람들이 AI 알고리즘이 편향되고 불공정할 수 있다고 한다면 그 주범은 알고리즘 자체가 아니라 편향된 데이터인 것'이라고 지적했다.

우리는 현 상황에서 인공지능이 살인 등 치명적인 결과를 낳을 수 있도록 프로그래밍이 될 수 있다는 점을 시사하고 있다는 점에서 주목할 필요가 있다.

참고 자료

- www.scholarpedia.org/article/Psychopathy
- https://www.ncbi.nlm.nih.gov/pmc/articles/PMC4059069
- https://medium.com/interfaith-now/abraham-the-holy-psychopath-bec3dfbb539c
- https://www.zdnet.com/article/meet-norman-the-worlds-first-psychopathic-ai
- https://time.com/5304762/psychopath-robot-reactions
- https://indianexpress.com/article/technology/science/mit-norman-ai-psychopath-artificial-intelligence-5212810

8

세계적으로 악명을 떨친 두목들

◇◇◇

알 카포네와 존 고티 이후
두목 중 두목은 누굴까?

2002년 뉴욕 교도소 병동에서 미국 뉴욕 시의 5대 마피아 중 하나인 감비노Gambino 패밀리의 두목 존 고티John Joseph Gotti, 1940~2002가 사망했다.

존 고티는 대중들에게 많이 알려진 시카고의 알폰소 카포네Alphonse Gabriel Capone, 1899~1947 이후 가장 유명한 마피아 두목이기도 하다. 알 카포네로 불린 그의 이야기는 영화 「언터처블」이나 「폰조」로 만들어졌다.

여하튼 존 고티의 사망으로 범죄조직의 두목들의 명성은 예전과는 달라졌다. 물론 범죄조직이 사라졌다는 의미는 아니다. 대중의 인식에 깊이 각인될 두목이 없다는 것이 더 정확할 것이다. 아니 현재와 같은 디지털 시대에서 당국의 감시에서 자신들을 감추는 것이 더 나을지도 모르겠다는 판단에서 꽁꽁 숨어버렸는지도 모르겠다. 이 장에선 세상 사람들에게 많이 알려진 두목들의 이야기를 다루고자 한다.

◇◇◇
러시아 범죄조직의 두목 중 두목
세묜 모길레비치

세묜 모길레비치Semion Mogilevich는 러시아 범죄조직의 대부 격으로 1946년 6월 30일 우크라이나에서 태어났다. 미국과 유럽연합의 법집행 기관들은 그를 세계에서 활동 중인 범죄조직의 '두목 중 두목'으로 평가하고 있다. 미국 FBI에서는 그를 세계에서 가장 위험하고 막강한 범죄자 중 한 명으로 지목하고, 그가 국제적으로 무기와 마약 밀거래, 계약 살인, 강탈 그리고 매춘 등의 범죄를 행하고 있다고 비난하며 공개적으로 수배했다. 그런 명성에 걸맞게 그는 석유회사와 은행을 지배하거나 운영을 통제하는 등 깊숙하게 관여하고 있으며, 러시아 범죄조직 솔른체프스카야 브라트바의 돈세탁을 담당했다. 막대한 자금을 기반으로 우크라이나의 권력자와 러시아의 푸틴과도 '좋은 관계'를 유지하고 있다고 한다.

다만 모호한 것은 모길레비치가 러시아 범죄조직의 대부로 평가받고 있지만 그는 이스라엘 국적을 가졌다는 사실이다.

1997년과 1998년 모길레비치와 솔른체프스카야 브라트바의 두목 미하일로프 등은 YBM 마그넥스라는 산업자철제조사와 관련된 주식 사기에도 관여했는데 이는 캐나다 언론인에 의해 폭로되었다. 이 회사는 토론토 증권거래소에서 주당 20달러에 팔렸는데 수사 결과 YBM 마그

넥스는 자철을 제조하지 않으며 오로지 주식 사기만을 목적으로 세워진 페이퍼컴퍼니였다고 한다. 이런 수법은 지능적인 사기에 속하지만 전례가 없었던 것은 아니다.

이 사기는 그의 범죄 행각에선 빙산의 일각에 불과하다. 그는 무기 밀매, 마약 거래, 계약 살인, 매춘 등 전형적 범죄 활동을 이어가면서 1990년대 말에는 모스크바 국제공항을 이착륙하는 모든 항공기를 통제할 정도로 권력을 가졌다.

FBI에 따르면 모길레비치는 국제적 네트워크를 통해 동유럽의 천연가스 파이프라인을 통제하고 있으며, 이를 통해 얻는 수익은 각국 정부와 경제까지 영향을 미치고 있다고 한다. 2008년 그는 세금 탈세 혐의로 모스크바에서 체포됐지만 다음해 '중대한 성질의 것이 아니라는 이유'로 석방됐다. 2009년 이후 세묜 모길레비치는 FBI의 '주요 지명수배자' 상위 10명에 올라가 있다.

◇◇◇
특이한 문신과 절단된 손가락으로 체포된
야마구치구미의 두목 시라이 시게하루

이탈리아에 마피아가 있다면 일본에는 야쿠자가 있다. 오랜 역사를 가지고 있고 국가에 상당한 영향력을 미치고 있다는 사실에서 공통점을 가지고 있다. 하지만 최근 들어 일본 정부의 강력한 규제와 폭력에 대한 거부 인식이 높아지면서 야쿠자의 세력은 점점 약화되고 있다고 한다.

특히 일본 최대 야쿠자 조직인 야마구치구미는 현재 3개의 조직으로 분열되었음에도 세계적으로 최대 규모의 범죄조직에 속한다. 이런 측면에서 야마구치구미의 두목을 빼놓을 수가 없을 것이다. 그렇게 따진다면 현재의 야마구치구미의 두목을 언급해야겠지만 가장 악명이 높은 것으로 본다면 아마 시라이 시게하루白井繁治일 것이다.

2003년 그는 경쟁 야쿠자 조직의 두목을 살인한 혐의로 지명 수배되었다. 이 사건은 그의 부하 조직원 7명이 12~17년형을 선고받고 복역 중이었다. 그는 태국으로 도피하여 현지 여성과 결혼도 하면서 무려 15년 동안이나 은퇴한 노인 행세를 하며 현지인들과 어울리며 일상적인 생활을 영위했다.

어느 날 그는 노상에서 지인들과 체커 게임을 하던 중 날씨가 더워 상의를 벗었고, 온몸에 화려하고 기이한 문신이 새겨져 있는 것을 본 어떤 사람이 사진을 찍어 페이스북에 게시하자 그게 널리 퍼지면서 일본 경찰까지 알게 되었다. 경찰은 특이한 문신과 절단된 손가락을 발견하고 그가 수배 중인 시라이 시게하루라는 것을 직감하면서 태국 당국에 수배 중인 사실을 통지했고, 태국에는 그에 대한 수배 전단이 배포되어 목격자의 제보로 체포되었다.

과거 야쿠자의 오랜 전통이었던 문신과 손가락 절단의 관행이 그의 발목을 잡았던 것이다. 시라이 시게하루는 체포되면서 자신이 야마구치구미의 두목이라고 시인했지만 살인 혐의에 대해선 자백하지 않았다고 한다.

지금도 수배 중인 이탈리아의 코사 노스트라 두목
마테오 메시나 데나로

이탈리아에선 여전히 마피아의 영향력이 강하긴 하지만 정부의 강력한 대응과 함께 시민 의식의 변화로 마피아 두목의 피살과 투옥 등으로 그 세력이 예전만큼 강하지 않다고 한다. 그렇다면 이탈리아 마피아 두목 중 누가 가장 유명할까?

물론 여러 의견이 있겠지만 수배령이 내려진 후 행방이 묘연한 마테오 메시나 데나로Matteo Messina Denaro가 아닐까 싶다.

그는 경쟁 마피아 두목인 빈센조 밀라조Vincenzo Millazo를 살해하고, 그의 임신한 여자친구를 교살한 사건이 포함된 50건 이상의 살인을 배후에서 조종했다고 알려져 있다. 살인과 살인 교사 혐의로 수배 중인 그는 현재 도피 중이지만 이탈리아 당국은 계속 그를 추적하고 있다고 한다. 그를 체포하기 위해 2014년 데나로의 여동생이 체포되었고, 데나로가 실질적으로 소유하고 있는 2,000만약 270억 원 이상 상당의 올리브 농장을 압류하는 등 그의 자산을 압류했다. 또한 시실리에서 2개의 범죄조직을 운영하고 있는 처남과 19명의 조직원들을 체포했다.

데나로는 1962년 유명한 마피아 가문인 데나로 가문에서 태어났다. 그의 아버지 프란체스코Francesco는 시실리의 트라파니 지역 마피아위원회의 회장이었기 때문에 그는 14살 때부터 총기 사용법을 배웠다. 데나로는 18세에 첫 살인을 저질렀다. 자신의 아버지가 사망하자 그는 더욱 세력을 확장하여 트라파니 지역 전체를 장악했고, 조직원 900명 이상을 이끌며 당시 20여 개의 마피아 조직을 통합했다. 그가 전국적으로 유명해진 것은 2001년 이탈리아의 유명 잡지 표지에 실리면서부터였는데 기사 제목은 '여기 새로운 마피아 지도자가 있다'였다. 그는 포르쉐를 끌며 롤렉스 시계를 차는 등 상당히 멋에 관심이 많았다고 한다.

데나로는 세계에서 가장 위험한 인물 5인 중 한 사람으로 꼽히며 다큐멘터리 「원티드: 세계 최악의 수배자들」에 그의 이야기가 나온다. 2016년 베르나르도 프로벤자노Bernardo Provenzano, 1933~2016*와 2017년 살바토레 리이나Salvatore Riina, 1930~2017**의 사망 이후 도전을 받지 않는 두목 중 두목으로 평가받고 있다.

◇◇◇

빈민층에게 선물을 나눠주는 멕시코 마약 카르텔 두목
네메시오 오세게라 세르반테스

카르텔은 일반적으로 동종 또는 유사 산업 분야의 기업 간 결성되는

◆ 이탈리아 마피아 거물로 43년간 사법당국의 추적을 피하면서 조직을 이끌어 얼굴 없는 보스로 불린다. 그는 영화 「대부」의 모델인 마피아 가문 콜레오네 패밀리의 일원으로 알려져 있다. 2006년 시칠리아에서 경찰에 체포되었지만 건강 상태가 악화돼 민간 병원에 입원해 있다가 사망했다.

◆◆ 시칠리아 마피아 콜레오네 패밀리의 두목으로, 베르나르도 프로벤자노와 함께 선임 루이치아노 레지오(Luciano Reggio, 1925~1993)의 오른팔이 되어 폭탄테러와 암살을 일삼았다. 1974년 레지오가 체포되자 그의 뒤를 이어 두목이 되었다. 1993년 52명의 살해를 조종한 혐의로 26건에서 종신형을 선고받고 복역하다 2017년 수형자 병원에서 사망했다.

기업 담합 형태를 말한다. 흔히 중남미의 범죄조직은 카르텔이라고 하는데 마피아와 비슷한 수직형 조직이다. 주로 마약을 생산하고 밀매하지만 다른 나라의 범죄조직과 같은 범죄 활동을 한다. 남미 카르텔은 코카인을 주로 생산하며 지역적으로 가까운 북미에 공급하고, 중동권 카르텔은 헤로인을 주로 생산하며 지역적으로 가까운 유럽 지역에 많이 공급한다고 한다.

멕시코의 마약 카르텔은 지난 10여 년 동안 마약 거래와 인신매매, 강탈과 착취에서 납치, 원유 절도와 불법 채광을 행하면서 수억 달러 상당의 범죄 수익을 벌어들이고 있다. 멕시코 정부는 마약 카르텔의 세력을 약화시키기 위해 범죄와의 전쟁을 벌였지만 멕시코 정치권 전체에 광범위한 부패와 뇌물로 매번 실패로 끝났다. 물론 마약 카르텔의 발 빠른 대처도 한몫을 했다고 할 수 있다.

멕시코 마약 카르텔에서도 현재 가장 강력한 두목은 멕시코 서부 할리스코Jalisco, 멕시코 서부에 위치한 주 이름이기도 함에서 유명한 두목인 네메시오 오세게라 세르반테스Nemesio Oseguera-Cervantes일 것이다. 그는 엘 멘초티 Mencho라는 별명으로 더 유명하기도 하다.

네메시오 오세게라 세르반테스는 1994년 미국 캘리포니아에서 헤로인을 공급하고 판매한 혐의로 유죄가 확정되어 3년의 수형 생활을 한 후 석방되어 멕시코로 돌아가 다시 마약 거래를 시작했다. 미국 마약단속청DEA, Drug Enforcement Agency은 그를 가장 중대한 국제 마약 거래자로 지명하기도 했다.

멕시코에서 가장 규모가 크고 영향력이 강한 마약 카르텔 시날로아 Sinaloa, 멕시코 북서부에 있는 주 이름이기도 함의 두목인 구즈만Guzman이 2016년 미국에서 체포되어 수감되자 이를 틈타 카르텔 분열이 일어났다. 그렇기에 멕시코 최고 마약 카르텔의 두목으로서 네메시오 오세게라 세르반테스의 입지는 더욱 강화되었다고 할 수 있다.

네메시오 오세게라 세르반테스는 1966년 7월 17일 멕시코의 빈민가에서 태어나 초등학교를 중퇴하고 아보카도 농장에서 일하다가 1980년대 미국으로 불법 이민을 간다. 그는 불법 이민으로 수차례에 걸쳐 체포됐다가 1990년대 초 멕시코로 추방된다. 이후 밀레니오Milenio 카르텔로 들어가 조직원으로 일하다 몇몇 두목이 체포되거나 사망하자 두목이 되었다. 이후 할리스코 뉴 제네레이션 카르텔Jalisco New Generation Cartel, CJNG을 조직한다. 그의 지휘 아래 CJNG는 멕시코의 최대 범죄조직이 되었다.

미국과 멕시코 정부는 전 세계적으로 마약을 거래하고, 불법 무기 소지 및 폭력 등으로 그에 대한 현상금을 걸고 수배령을 내렸으며 추적을 이어가고 있다.

세르반테스가 악명이 높아진 이유는 그의 지위뿐만이 아니라 그의 공격적인 리더십 때문이었다. 그가 이끄는 CJNG는 경쟁 마약 카르텔은 물론이고 군과 경찰 등 공권력을 겨냥한 공격을 일삼았다. 신장질환을 앓고 있다고 알려진 그는 개인 전용병원까지 설립하면서 도주 생활을 이어가고 있다.

또한 그는 지역 빈민층에게 크리스마스나 어린이날 선물과 재난 구호품을 나눠주고 그 선물을 받은 어린이들이 고맙다는 인사를 전하는 영상이 소셜 미디어에 퍼지기도 했다.

◇◇◇

구시대 리더십으로 조직원까지 살해한 스티븐 크레아와 매튜 마돈나

2017년 FBI는 뉴욕과 뉴저지에서 유명 마피아 조직원 19명을 체포했다. 미국에서 마피아의 영향력은 예전 같지는 않지만 아직도 뉴욕과 같은 대도시 중심으로 활동하고 있다는 점을 입증한 셈이다.

그렇다면 현재도 알 카포네, 찰스 러키 루치아노Charles 'Lucky' Luciano, 1897~1962◆, 프랭크 코스텔로Frank Costello, 1891~1973◆◆, 비토 제노비스Vito Genovese, 1897~1969◆◆◆ 등과 같은 악명을 떨치는 두목이 있을까?

현재는 이미 이민 1세대의 시절도 아니고 총을 들고 거리를 무법지대로 만

◆ 미국 뉴욕 시의 5대 마피아 조직 중 하나인 루치아노 패밀리(현재는 제노비스 패밀리)의 두목이었다가 1936년 체포되었다가 그 후에 이탈리아로 추방되었다. 미국에서 최초로 혈통이나 인종을 초월한 기업형 범죄조직을 만든 인물이라는 평가를 받고 있다.

◆◆ 1936년 러키 루치아노가 체포되고 이탈리아로 추방되자 그 뒤를 이어 루치아노 패밀리의 두목이 되었다. 유명한 일화로는 말론 브란도가 「대부」를 촬영할 때 그의 육성을 들으며 연기에 참고했다고 한다.

◆◆◆ 러키 루치아노의 오랜 동료로 미국에서 마피아를 조직하는 데 기여를 많이 했다. 루치아노와 함께 국제적으로 마약 거래를 하다 루치아노는 체포되고 그는 이탈리아로 도망쳤다. 그때 베니토 무솔리니의 정권을 지지하다 1945년 미국으로 돌아왔지만 1957년 마약 거래로 체포되어 1969년 교도소에서 사망했다.

들 수 있는 사회도 아니다. 모든 것이 투명한 시대인 만큼 과거처럼 어둠의 경로를 통해 범죄조직을 운영하기란 쉽지 않다. 하지만 어둠은 늘 존재하고 그들을 이끄는 수장 또한 건재하다. 뉴욕의 마피아 라 코사 노스트라의 두목 매튜 마돈나Matthew Madonna가 그중 한 사람이다.

매튜 마돈나가 라 코사 노스트라의 두목이 된 것은 1959년이다. 그는 뉴욕의 한 교도소에서 수형 생활을 하다 할렘에서 온 젊은 마약상과 친해진다. 두 사람은 출소 후 대규모 마약 거래를 하다가 1976년 체포되어 30년형을 선고받고 연방교도소에 수감됐다. 1995년 출소한 그는 법정증언 거부에 대한 보상으로 루체스 패밀리에 영입되어 지부의 두목이 되었지만 얼마 지나지 않아 다시 교도소에 수감되었다가 2003년 석방된다. 2000년부터 2017년까지 루체스 패밀리의 두목 스티브 크레아Steven Crea 등 임원들이 대거 체포되자 매튜 마돈나는 다른 사람과 함께 3인 지배체제를 구축한다. 하지만 스티브 크레아가 석방되자 3인 지배체제가 무너지고 그가 다시 루체스 패밀리를 다스렸다.

2019년 스티브 크레아와 매튜 마돈나는 퍼플 갱Purple Gang의 두목 마이클 멜디시Michael Meldish를 살해 교사한 혐의로 체포되었다. 이뿐만 아니라 2000년부터 2017년까지 각종 암거래, 살인, 살인미수, 폭행치상, 증인 협박, 마약 암거래, 강도, 전송 및 우편 사기, 불법 도박과 자금 세탁 및 밀수담배 판매 등의 혐의가 있다. 그들은 조직 관리를 위해 적어도 10명 이상의 조직원을 살해하는 데 상당한 책임이 있는 것으로 알려져 있다. 2020년 그 둘은 종신형을 선고받았다.

참고 자료

- https://themobmuseum.org/blog/worlds-top-five-mob-bosses
- https://en.wikipedia.org/wiki/Semion_Mogilevich
- https://turcopolier.typepad.com/sic_semper_tyrannis/2019/01/
  the-russian-myth-of-semion-mogilevich-hes-israeli-by-larry-
  johnson.html
- https://en.wikipedia.org/wiki/Matteo_Messina_Denaro
- https://en.wikipedia.org/wiki/Nemesico_Oseguera_Cervantes
- https://www.state.gov/narcotics-rewards-program-target-
  information-wanted/nemesio-ruben-oseguera-cervantes
- https://www.ibtimes.co.uk/who-are-yakiza-gang-boss-shigeharu-
  shirai-arrested-after-tattoo-photo-goes-viral-japan-1654784
- https://www.bbc.com/news/world-asia-42646381
- https://en.wikipedia.org/wiki/Matthew_Madonna
- https://www.insightcrime.org/mexico-organized-crime-news/
  nemesio-oseguera-ramos-alias-el-mencho
- https://punchng.com/fleeing-mafia-boss-arrested-after-posting-
  unusually-tattooed-body-online

기록으로 알아보는 경찰

세계 최초의 경찰

◇◇◇
현대 경찰의 기원은 영국

공공정책, 국가, 공공질서 등을 내포하는 느낌의 범주에서 현대 경찰의 시작은 19세기 초 영국이라고 할 수 있다. 물론 그 전에 경찰이라는 형태의 집단이 없었던 것은 아니다. 고대로 올라가면 아테네에서 스키타이족Scythian◆ 출신의 정부 소속 노예로 이뤄진 경찰대가 있었고, 로마에도 치안을 담하는 경찰 군단이 있었다. 물론 우리나라에서도 고려의 금오위金吾衛와 조선의 포도청이 있었다. 중세 시대로 넘어오면서 치안을 담당하는 별도의 기관보다 군대의 활약이 컸다. 이후 1829년 런던에 런던경찰청이 창설되면서 현재 경찰의 모습을 갖추게 되었다.

경찰이라는 단어는 공공정책, 행정 등을 의미하는 프랑스의 '폴리스

◆ 기원전 8세기부터 기원전 2세기까지 러시아와 카자흐스탄 등 아시아 북서부 일대의 스텝 지역에서 살았던 인도-유럽어족 계통의 유목민족이다.

Police'에서 파생되었는데 이 단어 또한 시민정신, 시민정치, 행정 등을 함축하고 있는 그리스어 폴리테이아Politeia에서 전해졌다고 한다.

경찰은 질서 유지, 범죄 예방, 법의 집행 등 매우 다양한 활동을 하지만 가장 핵심은 질서 유지일 것이다. 물론 질서 유지라는 개념과 활동도 시대와 사회, 상황에 따라 달라질 수 있다. 예를 들어 18세기 말에서 19세기 초 일부 사회에서는 경찰 활동이 계급제도의 유지와 사유재산의 보호라는 범위 안에 있었다.

◇◇◇
법집행의 측면에서 본다면 그 시작은 고대로 올라가야

아마도 법집행의 측면으로 본다면 그 시작은 고대 중국의 진나라와 주나라의 '대장prefect'에 의해 수행되었다고 할 수 있다. 고대 그리스에선 공적 소유의 노예들이 치안판사에 의해 경찰이라는 이름 아래 법을 집행했고, 아테네에선 300여 명의 스키타이 노예 집단이 군중 통제와 질서 유지를 위해 일했다. 이들은 범죄자와 재소자 처리, 범인 체포 등에도 조력했다. 그러나 범죄 수사와 같은 현대 경찰과 관련된 업무들은 시민 스스로에게 맡겨졌다.

로마제국에선 치안판사가 범죄를 수사하고 군대가 보안을 담당했으며, 시에서 고용한 지역의 지방 순찰꾼들이 그 업무를 도왔다. 또한 당시에는 검찰의 개념이 없어 피해자나 그들의 가족이 검찰의 업무를 했다.

로마제국의 초대 황제 아우구스투스Augustus, BC 63~AD 14 시대에는 야경꾼과 소방수로 활동하던 자경대가 구역별로 시민을 보호했다. 이들의 임무는 도둑과 강도를 검거하고, 도주한 노예를 붙잡는 것이었다.

중세 스페인에서는 산타 헤르만다드Santa Hermandad 또는 '성스런 기사단'이 도시를 지키는 역할을 담당했다. 이들은 국가의 차원이 아니라 시민 스스로 설립된 도시보호단체라고 할 수 있다.

◇◇◇
세계 최초의 형사는?
보우 스트리트 러너스

영국에서는 1252년 헨리 3세가 무장 허용 규정Assize of Arms을 공표했는데 이 안에는 평화 위반을 진압하는 경찰관의 임명에 대한 것이 포함되어 있었다. 그러던 중 1748년 치안판사 헨리 필딩Henry Fielding이 최초의 경찰 조직인 보우 스트리트 러너스Bow Street Runners를 도입했다. 이들은 세계 최초의 형사라고 할 수 있다. 소수의 러너들이 범죄를 수사하는 것만으로도 시간이 부족하자 1805년 보우 스트리트 기마순찰대가 창설되었다. 이들이 최초의 기동대 겸 생활안전경찰인 셈이다. 1837년 광역경찰법에 따라 런던 경찰청Metropolitan Police Service에 합병되었다.

파리는 1667년 루이 14세에 의해서 경찰 기관이 창설되었다. 왕실 칙령으로 파리경찰대가 창설되었고, 도시의 평화와 안정과 시민들이 각자 임무에 맞춰 생활할 수 있도록 도와주는 역할을 맡았다. 첫 경찰서장은 가브리엘 니콜라스 드 라 레니 Gabriel Nicolas de la Reynie였으며, 그는 44명의 경찰관을 두었다. 파리경찰대는 1699년 왕실 칙령으로 프랑스 전역으로 확대되었다.

◇◇◇
경찰이라는 단어는
압제의 상징이기도 했다

영국에서 경찰이라는 단어가 처음 사용된 것은 1642년에 발간된 『영국법학연구소 제2부The Second Part of Institutes of the Laws of England』가 출간된 후다. 그러나 경찰이라는 단어는 영국과 프랑스에서만 적용됐다. 그 이유는 경찰이라는 단어와 개념이 압제의 상징이 되어 미움을 받았기 때문이다. 영국은 이런 이미지에서 탈피하고 템스 강 일대 항만의 범죄를 뿌리 뽑기 위해 해상경찰대를 창설해 범죄율을 낮추고 경제적 이익을 거두었다. 해상경찰대는 세계 최초 근대적인 경찰로 인정받고 있다. 영국은 해상경찰대의 활약으로 1800년 7월 28일 해상경찰법marine Police Act을 입법하고 사설경찰을 공공경찰로 전환했다.

영국에서 산업혁명이 발발하자 런던은 대도시로 발전했다. 또한 범죄율도 높아졌다. 이를 막기 위해 당시의 시스템으로는 범죄를 예방할 수 없다고 느껴 경찰 제도를 조사하기 위한 의회위원회가 구성되었다. 그 결과 1829년 광역경찰법이 제정되고 세계 최초로 현대적이고 전문적인 경찰인 런던 경찰청이 창설됐다.

제레미 벤담의 철학에 기초해
경찰 제도를 정립한 로버트 필

당시 영국 내무장관이었던 로버트 필Robert Peel, 1788~1850은 사회 질서의 유지와 도시의 질서를 재정립하고 범죄를 억제하기 위해 강력하고 중앙 집권적인 경찰이 필요하다고 주장한 제레미 벤담Jeremy Bentham, 1748~1832의 철학에 기초하여 공식적으로 임금이 지급되는 전문 직업으로 경찰을 표준화하고, 군이 아닌 민간 형태로 조직했다. 또 그는 시민의 신뢰를 얻기 위해 윤리적 경찰 활동을 위한 기본 지침인 '필의 원칙Peelian principles'을 제안했다. 그 결과 1829년 광역경찰법이 제정되고, 그에 따라 런던 경찰청이 창설되면서 미국을 비롯한 다른 국가의 경찰 모형이 되었다.

참고 자료

- https://en.wikipedia.org/wiki/Police
- https://www.thebalancecareers.com/the-history-of-modern-policing-974587

세계 최초의 로봇 경찰과 AI 경찰

◇◇◇
디지털 도구로 범인을 잡다

AI 사이코패스도 발생할 수 있는 이 시대에 로봇이나 AI 경찰이 나오지 않으리라는 법은 없다. 특히 아마존 에코 닷Amazon Echo Dot이나 핏빗Fitbit과 같은 디지털 도구에 수집된 증거로 범인을 체포하는 일은 흔하다. 어쩌면 우리는 인간이 아니라 로봇이 법을 집행하는 시대를 준비하는 과도기에 있는지도 모른다. 대부분의 법집행기관에선 경제적 효율성과 범죄 예방 중시라는 관점에서 과학적 데이터를 기반으로 한 '예측적 경찰 활동predictive policing'을 도입하고 있다. 하지만 개인의 사생활이나 인권 그리고 보안의 침해 등과 같은 문제도 부각되기도 한다.

예를 들어 영국 더럼Durham의 경찰서는 미래 재범 가능성으로 순위를 매겨 개인을 분류하는 프로그램을 활용하고 있다. 이와 같은 예측 프로그램들은 종종 인종적 편견에 기인한 판단의 오류를 범할 수 있어 인종적 프로파일링racial profiling 측면에서 인종차별이라는 비난을 받고 있다.

하지만 세계 거의 모든 법집행기관들은 디지털 도구들이 범죄를 해결하는 업무를 가속화시키고, 사람이 수사하면 장기간 이어질 수 있는 미제 사건을 줄일 수 있다는 측면에서 과학적 데이터에 기반한 접근을 시도하고 있다. 특히 머신러닝은 범죄자의 범행 수법을 분별하려고 할 때 매우 유용한 것으로 인정받고 있다.

◇◇◇

시민과 대화를 나눌 수 있는, 세계 최초의 로봇 경찰

2017년 두바이에서 새롭게 투입된 신임 경찰관들이 있었다. 그들은 경찰 제모를 쓰고 있었지만 몸은 쇳덩어리였다. 100% 로봇이었기 때문이다.

키가 170cm이고 무게가 100kg에 달하며, 최대 1.5m 거리를 두고도 사람의 몸짓을 인식할 수 있는 감정 탐지기emotion detector가 장착되어 있다. 사람의 표정을 통해 감정을 인식할 수 있으며, 6개 국어에 능통해 사람과 상황에 따라 표현을 달리할 수 있는 능력도 구비되었다. 이 로봇 경찰은 인공지능, 사물인터넷, 최신 스마트 기술을 기반으로 얼굴 인식 소프트웨어를 활용해 범인을 파악하고 확인하고 검거할 수 있도록 도움을 주고 실시간 동영상을 제공한다.

그렇다고 지금까지 경찰 활동에 있어 로봇을 활용하지 않은 것은 아니었다. 2007년 러시아 펌Perm에 'R Bot 001'이라는 이름의 경찰 활동을 하는 로봇이 배치되었다. 180m의 키에 무려 550파운드 정도의 무게를 가진 이 로봇은 5대의 비디오카메라를 이용하여 노상범죄를 모니터링 했다. 그리고 로봇에 장착되어 있는 비상 버튼을 누르면 실제 경찰과 연결할 수 있었으며, 술 취한 사람에게 귀가하라는 등 단순한 지시나 명령을 전달하는 능력도 구비되어 있었다. 물론 'R Bot 001'이 경찰 활동을 하는 첫 번째 로봇은 아니다. 이 로봇만큼 활동성이 넓은 것은 아니지만 대규모의 경찰기관에서는 폭발물 탐지와 해체, 인질 상황에서의 정찰 활동을 수행하는 데 로봇을 활용하고 있다.

미국 캘리포니아에서는 경찰 순찰차에 고비트윈GoBetween이라는 로봇을 부착해 경찰관이 순찰차에서 내려 단속 차량으로 접근하는 대신 고비트윈을 통해 불법정차 딱지나 신호 위반 벌금 등을 부과하도록 했다. 고비트윈은 태블릿 스크린, 웹캠, 서명 패드, 소형 프린터, 마이크 등이 탑재됐다.

그럼에도 두바이의 로봇 경찰이 세계 최초로 평가되는 것은 이것이 휴먼노이드 로봇humanoid robot과 가장 근접하며 스스로 의지를 갖고 순찰하며 활동한다는 점에 있다. 또한 시민들은 로봇 경찰 가슴에 달린 터치 스크린을 이용하여 범죄 신고, 벌금 납부, 정보 취득 등을 해결할 수 있다. 두바이의 로봇 경찰은 어떠한 환경이나 상황에서도 움직이고 활동할 수 있으며 시속 5km 속도로 사람의 개입 없이도 8시간을 자율로 돌아다닐 수 있다고 한다.

두바이의 로봇 경찰들은 주로 관광지에 배치되어 수배된 용의자를 확인할 수 있도록 실시간으로 영상을 경찰본부에 보낸다. 로봇 경찰이 인간 경찰관의 업무를 돕긴 하지만 범죄자나 용의자를 체포하는 것은 인간 경찰관이다. 다만 두바이에선 2030년까지 무인 로봇 경찰서를 만들 것이라는 계획을 밝혔다.

과학기술자들은 미래의 로봇 경찰이 지금보다 훨씬 확대된 기능과 역할을 하고, 인간 경찰에 버금가는 활동성으로 직접 범인을 검거하고 스스로 경찰 장비를 활용하고, 심지어 총격을 가할 수도 있을 것이라고 확신한다. 가끔은 영화 속 이야기가 구체화가 될 수 있다는 점에서 소름 끼치게 무서워지기도 한다.

◇◇◇
세계 최초의 AI 경찰, 엘라

최근 인공지능 기술이 경찰 업무의 중요한 부분이 되고 있다. AI에 기반한 경찰 기술이 점점 법집행에 핵심 역할을 맡고 있어 범죄 예방과 예측에서 엄청난 변화를 겪고 있다. 인공지능이 이처럼 경찰 업무에 핵심적 역할을 하는 데는 그만한 이유가 있다.

먼저 AI 영상 자료를 이용하여 수배 중이거나 도주 중인 범인은 물론이고 안면인식기술로 실종자를 찾는 데도 탁월한 능력을 발휘하고 있다. 모든 범죄자와 실종자를 파악하고 해결하기 위해선 수많은 인력을 투입해야 하는데 AI는 방대한 자료를 수집하고 분석해야 하는 일에 인간과는 비교도 안 되게 빠른 시간 안에 해결한다. 또한 현재는 AI로 군중 속의 특정인물도 찾아낼 수 있기 때문에 중국에선 이를 통해 군중 속에 숨은 범인을 검거하기도 했다.

AI는 사람뿐만 아니라 사물이나 자동차 사고와 같은 복잡한 활동에 대한 인식 기능도 있어서 음악축제나 마라톤과 같은 대규모 행사를 모니터하는 데 매우 유용하다. 특히 한 사람의 경찰관은 복수나 다수 지역에 동시에 위치할 수 없으나 AI는 여러 곳에 두어도 같은 성능으로 일을 처리할 수 있다. 현재는 드론을 활용해 더 넓은 지역에서 빠른 대처를 할 수 있게 되었다.

AI가 경찰에 기여하는 가장 큰 분야는 예측 능력이라고 할 수 있다. 언제, 어디서, 누가, 어떻게 범죄를 저지를 수 있는지 예측하면 훨씬 더 효율적인 경찰 서비스를 제공할 수 있기 때문이다.

그렇다면 세계 최초의 AI 경찰은 누굴까? 뉴질랜드에서 '엘라Ella, Electronic Life-Like Assistant'라고 불린 AI 경찰이 임용됐다. 엘라의 주 업무는 경찰서에 방문하는 시민들을 안내하고 수집된 자료를 경찰서로 보내고, 긴급 신고 전화를 받아 대응하기도 한다. 엘라는 사실적 소통을 위해 웃기도 하고 윙크를 보내는 등 디지털 스크린상에서 사람들을 만나 대화를 나눌 수 있다.

현재 세계 거의 모든 나라에서 AI를 기반으로 경찰 업무를 하고 있고, 그것을 통해 현대화를 이루려는 시도를 지속하고 있다.

참고 자료

- https://bernardmarr.com/default.asp?contentID=1170
- https://science.howstuffworks.com/police-robot.htm
- https://bernardmarr.com/default.asp?contentID=1170
- https://www.nbcnews.com/mach/science/police-robot-could-make-traffic-stops-safer-ncna1002501
- https://www.khaleejtimes.com/nation/dubai/dubai-police-gets-first-robot-policeman
- https://www.entrepreneur.com/article/294725
- https://interestingengineering.com/worlds-first-robot-police-officer-begins-patrolling-dubai
- https://appen.com/blog/ai-in-police-work
- https://www.somagnews.com/worlds-first-artificial-intelligence-police-started
- https://thenextweb.com/neural/2020/02/12/new-zealands-first-ai-police-officer-reports-for-duty
- https://thehauterfly.com/lifestyle/new-zealand-just-recruited-an-ai-police-officer-into-their-force-and-she-is-so-cool
- https://edition.cnn.com/2017/05/22/tech/robot-police-officer-future-dubai/index.html

기록으로 알아보는 경찰

세계 최초의 경찰견

◇◇◇
네 발로 활동하는
충직한 경찰

충성스럽고 강직한 경찰이 있다. 그들은 두 발로 활동하는 것이 아니라 네 발로 활동한다. 바로 경찰견이다. 경찰견이 되기 위해선 고도의 훈련을 받아야 한다. 하지만 그들은 인간 경찰에게 사랑을 받는 귀여운 존재기도 하다. 경찰견은 주로 실종아동을 찾거나 의심스러운 물건들의 냄새를 맡는 등 대체적으로 인간의 능력으론 해내지 못하는 일들을 해낸다.

개의 조상은 늑대고 품종에 따라 어느 지역의 늑대인지 달라진다. 인간은 상이한 목적들을 가지고 개를 가축화했다. 로마인들은 갯과의 동물을 보안과 사냥에 활용했는데 그때도 개들은 전쟁터에서 냄새 탐지나 순찰, 메신저 역할을 했다고 한다.

◇◇◇
세계 최초의 경찰견은?
잭 더 리퍼 사건에 투입된 블러드하운드

인간이 개와 함께 생활하기 시작한 것은 가축화된 이래 족히 1,500여 년쯤 되었다고 한다. 경찰 업무에서 개를 활용한 최초는 14세기 초 프랑스 서북부 생 말로Saint-Malo에서 당시 부두나 선착장 시설을 지켰다는 기록에서 나온다. 중세에는 법을 집행하는 데 개를 활용하기도 했다. 당시 경제적 풍요를 이룬 부류가 많아지면서 동적 자산을 지키기 위해 개들에게 보안을 맡겼던 것이다.

영국은 런던의 급격한 도시화로 범죄율이 높아지면서 기존의 법집행으론 통제하기가 어렵게 되자 이를 보완하기 위해 민간경찰이라고 하는 야경꾼을 허용했고, 이들을 보조할 목적으로 개가 활용되기 시작했다. 그 후 1888년이 되어서야 겨우 현대적 경찰견이 처음으로 출현하게 되었다.

당시 영국에선 잭 더 리퍼*가 런던을 뒤흔들 때였고, 런던 경찰청은 그의 종적과 흔적을 찾기 위해 두 마리의 블러드하운드Bloodhound를 투입했다. 물론 잭 더 리퍼는 잡지 못했고 장기 미제 사건으로 남았다. 하지만

◆ 1888년 8월 31일부터 런던의 윤락가에서 최소한 5명을 갈기갈기 찢어 살해한 연쇄살인범으로 그의 유명세를 모방한 유사, 모방범죄도 많았기 때문에 피해자 수를 정확하게 확인할 수 없다. 아직도 해결되지 않은 가장 오래되고 유명한 영구미제 사건으로, 영화와 뮤지컬 등으로 제작되기도 하였다. 잭 더 리퍼에 대한 자세한 내용은 『연쇄살인범, 그들은 누구인가』를 참조하기 바란다.

경찰청은 이후에도 수사하는 데 개의 도움을 받았다.

유럽 대륙에서도 점차적으로 보안을 유지하기 위해 개들을 활용했다. 파리에선 범죄 조직원에 대항하기 위해 개를 활용했고, 1889년 벨기에의 헨트에서는 처음으로 조직적으로 경찰견을 활용하는 프로그램을 도입했다.

곧 이어 오스트리아, 헝가리, 독일 등으로 퍼졌고, 경찰견에 대한 연구가 시작되어 1920년 독일에서는 경찰견 훈련소를 개소하여 저먼 셰퍼드German Shepherd를 훈련시켰고, 이후 벨지안 말리노이즈Belgian Malinois까지 범위를 넓혔다.

1920년대부터 1930년대까지 유럽에서 경찰견의 활약이 두드러지자 영국의 내무성에서도 관심을 갖게 되어 경찰견으로서 가장 좋은 견종을 찾기 시작했다. 그래서 1934년 내무성 경찰견 훈련학교를 열고 실험한 결과, 여러 가지 임무를 동시에 수행할 수 있는 경찰견은 찾기 어렵고, 견종에 따라 상이한 임무로 훈련을 시켜야 한다는 결론을 내렸다.

1937년 실험 결과 냄새를 추적하는 데는 블러드하운드가 가장 좋고, 순찰을 목적으로 하는 데는 래브라도 레트리버Labrador Retriever가 가장 좋은 견종이라고 결론을 내렸다. 1938년 런던 경찰청은 두 마리의 잘 훈련된 래브라도 레트리버를 배치하여 순찰경찰관과 동행하게 했다. 제2차 세계대전이 발발하자 경찰보다 군대에서 경찰견에게 많은 도움을 받았지만 전쟁이 끝나자 다시 경찰의 업무를 맡았다.

1946년 런던 경찰청에는 작지만 경찰견 부서가 조직되었다. 6마리의 래브라도 레트리버가 소속되었는데 첫날부터 순찰 중 노상 강도범을 검거하여 그 가치를 증명했다. 초기 성공에 힘입어 작은 조직이 점점 확대되면서 중앙경찰견훈련소가 개소되었다. 1950년에는 무려 90마리의 경찰견이 활동했다.

미국에선 경찰견이 공격견attack dog으로 명성이 자자하다. 주로 폭동을 진압하거나 통제하는 상황에서 활용됐기 때문이다. 그렇다고 경찰견이 늘 공격적인 임무를 수행하는 것은 아니다. 그들의 주 업무는 마약이나 폭발물, 무기 등을 찾는 것이다. 일부 경찰견은 뛰어난 후각을 발휘해 방화 수사에서 발화 물질을 찾기도 하며, 또 다른 일부 경찰견은 시신을 찾기도 한다. 특히 살인 사건이 발생했을 때 피해자의 유해나 흔적을 찾는 데 능력을 발휘한다.

역사를 거슬러 올라가다 보니 서술이 길어졌지만 요약하자면 세계 최초의 경찰견은 1888년 잭 더 리퍼 사건에 투입된 블러드하운드라고 할 수 있다.

◇◇◇

일반 경찰관보다 더 엄격한 교육을 받는
세계 최초의 공식적 경찰견 훈련

경찰들은 하루하루 눈에 보이지 않는 줄다리기를 타는 상황에 익숙해져야 한다. 그렇기 때문에 엄청난 훈련을 받는다. 그렇다면 경찰견은 어떨까? 그들 또한 점점 더 정교하고 섬세한 역할과 임무들을 수행해야 하기 때문에 일반 경찰관들보다 더 엄격하고 집중적인 훈련을 받는다.

사실 경찰견의 훈련은 조련사의 훈련부터 시작되어야 하기에 긴 시간이 필요하다. 한 마리의 개가 경찰견이 되기까지는 조련사의 역할이 매우 중요하다. 그렇기에 조련사는 경찰 업무와 함께 경찰견을 조련할 수 있는 지식과 기술과 경험이 필요하며, 경찰견이 자신의 능력을 최대로 발휘할 수 있도록 이끌어야 하기 때문에 그 또한 장기간의 훈련 과정을 거쳐야 한다. 이런 훈련 과정을 거쳐 완벽한 조련사가 태어나면 그의 밑에서 개가 경찰견이 되기 위해 훈련을 받는다.

대부분의 경찰견들은 젖을 뗀 후 바로 훈련을 시작한다. 더불어 모든 경찰견은 자신을 훈육하는 경찰관과 팀을 이루어 활동하기 때문에 경찰관과 경찰견 사이의 유대를 강화하기 위하여 통상적으로 경찰관의 가족과 함께 생활하는 경우가 많다고 하는데 이는 충성심을 높일 뿐만 아니라 개의 사회성을 높이고 친절성을 기르는 데 도움이 된다고 한다.

먼저 경찰견은 기초 복종 훈련 과정을 통과해야 한다. 어떤 상황에서도 자신의 상사인 조련사의 명령에 절대적으로 복종하도록 만들어야 하기 때문이다. 이는 조련사가 용의자에 대한 경찰견의 무력 사용 정도에 대한 완벽한 통제를 해야 하기 때문에 매우 중요하다.

이렇게 기초 복종 훈련을 통과하면, 경찰견은 다시 '단일 목적'이거나 '이중 목적'을 수행하도록 훈련된다. '단일 목적'을 가진 경찰견은 주로 사람을 보호하거나 추적, 경찰 업무 보조 등의 역할을 맡고, '이중 목적'을 가진 경찰견은 보다 보편적으로 훈련되어 '단일 목적'을 가진 경찰견이 하는 모든 임무는 물론이고 폭발물이나 마약 탐지 같은 특수한 임무도 동시에 수행할 수 있도록 훈련된다.

그러나 재미있는 점은 마약탐지견은 폭발물을, 폭발물 탐지견은 마약을 동시에 탐지하지 못한다는 사실이다. 이는 동물과 사람의 소통 언어가 다르기 때문에 경찰견이 자신이 탐지한 것이 마약인지 폭발물인지 경찰관에게 말할 수 없기 때문에 오로지 한 가지 탐지 능력만 가르치는 것이다.

그렇다고 하더라도 '단일 목적'을 가진 경찰견 중 어느 한 능력이 뛰어나면 특수훈련을 통해 특수한 역할을 하는 경찰견으로 만들기도 한다. 예를 들어 공격성과 민첩성이 뛰어나면 공격과 검거를 목적으로 용의자나 적을 찾아서 제압하기 위하여 활용되며, 탐색이 뛰어나면 수색구조견으로 발탁되어 용의자를 찾거나 실종자나 목표물을 발견하는 데 이용되기도 한다.

후각 능력이 뛰어나면 마약이나 폭발물과 같은 불법 물품이나 물질을 찾는 데 활용된다. 물론 대부분의 경찰견은 마리화나, 헤로인, 코카인, 메스암페타민 등을 탐지할 수 있도록 훈련된다고 한다. '이중 목적'의 경찰견은 순찰견patrol dog으로도 활동하는데 이들은 추적, 경관 보호, 탐지, 범인 검거, 복종 등을 할 수 있도록 완벽하게 훈련되고 기술을 연마한다.

즉, 경찰견은 경찰관이나 기타 법집행기관원을 돕기 위하여 특별하게 훈련된 개로서, 그들의 주요 임무는 대체로 마약과 폭발물의 탐지, 실종자 수색, 범죄 현장에서의 증거 수집 그리고 경찰관이 표적으로 하는 사람의 공격 등이라고 할 수 있다. 경찰견으로 가장 많이 활용되고 있는 견종은 저먼 셰퍼드, 벨지안 말리노이즈, 블러드하운드, 더치 셰퍼드 그리고 레트리버다.

다만 최근 들어 벨지안 말리노이즈가 경찰견으로서 가장 많이 선택되는 견종이 되었다는데, 이는 그들이 집중적으로 적을 추격하면서도 초점을 잃지 않고, 저먼 셰퍼드보다 체구가 작지만 더 민첩하고 건강 문제도 적기 때문이라고 한다.

그리고 우리가 확실하게 인지해야 할 것은, 경찰견은 실제로 임관한 경찰관으로 간주되기 때문에 그들을 때리거나 부상을 입히거나 죽이면 경찰관에게 행한 동일한 범죄로 간주해 법률에 의거해 동일한 처벌을 받는다는 점이다. 즉, 경찰견의 업무를 방해하면 공무 집행 방해 혐의를 받을 수 있는 것이다.

실제 외국의 일부 경찰기관에선 경찰관이나 경찰견을 살해하기 위해 의도적으로 상해를 가하는 용의자에게 경찰관이 총격을 가하는 것도 허용하고 있다. 당연히 직무상 순직하는 경찰견에게는 일반 경찰관의 직무상 순직할 때와 동일한 장례 절차를 치른다.

그렇다면 기네스북에 오른 공식적 기록을 알아보자. 최초 공식적인 경찰견 훈련은 1899년 벨기에에서 시행된 K9 훈련이다. 이 훈련을 통해 보안 업무가 성공적으로 진행되어 경찰견의 역할에 대한 관심이 커지기 시작했다. 1910년대에 들어서면서 독일은 전국에 걸쳐 K9 부대를 설치하고, 저먼 셰퍼드를 견종으로 선정하고, 1920년 첫 경찰견훈련소를 그린하이더에 개소한다. 1938년에는 래브라도 레트리버 두 마리가 영국 런던 경찰청에서 순찰하는 경찰관과 동행하도록 특수 훈련을 받았다. 1970년대 들어 미국도 법집행에 있어서 K9 부대를 정규적으로 활용하기 시작했다.

경찰견이 세계 최초로 공식 업무를 맡은 것은 위에서 설명한 것처럼 연쇄살인범 잭 더 리퍼 사건이다. 개의 뛰어난 후각 능력을 통해 그의 흔적을 찾기 위해 블러드하운드를 활용한 것이다.

참고 자료

- https://en.wikipedia.org/wiki/Police_dog
- https://www.oldpolicecellsmuseum.org.uk/content/learning/educational-programmes-and-tours/police-dogs/the-rise-of-the-police-dog
- https://www.animalbehaviorcollege.com/blog/may-15th-national-police-dog-day-a-history-of-police-dogs
- https://customcanineunlimited.com/the-history-of-police-k9-dogs

4

경찰견과 관련된 재미있는 기록들

◇◇◇

최대 미제사건에 투입된
영국 최초의 경찰견

1888년 영국 런던 이스트엔드 지역의 윤락가 화이트채플에서 매춘부 5명이 칼로 난도질을 당한 채 살해되었다. 살해 시각은 새벽 무렵이었고, 범인의 흔적은 오리무중이었다.

당시 이 사건은 영국을 뒤흔들었고, 연쇄살인범을 잡지 못하는 런던 경찰청에 대해 언론은 매우 비판적이었다. 더불어 시민들의 반응도 그리 좋지 못했다. 여론과 언론의 비판적 관심이 폭발하자, 런던 경찰청은 아주 비관습적인 수사 실험을 제안한다.

그중 한 가지 실험이 바로 부르호Burgho와 바너비Barnaby라는 이름을 가진 한쌍의 블러드하운드를 고용하는 것이었다. 블러드하운드는 후각 능력이 뛰어나 범인의 냄새를 탐지할 수 있다는 유명 조련사의 편지가 「런던 타임스」에 기고되면서 런던 경찰청은 그들을 고용해 연쇄살인범을 잡기로 한 것이다. 당시 런던 경찰청의 총 책임자는 찰스 워런Charles Warren이었는데 그는 경찰 업무에 있어 무능력을 입증하는 사람이었다. 그는 처음 이 실험에 대해 회의적이었다고 한다. 블러드하운드가 용의자의 혈흔이나 옷가지 조각 등을 맡아보지 못하고 용의자를 추적하지 못할 것이라고 생각했던 것이다. 더군다나 용의자의 혈흔이나 옷가지 등이 존재한다고 하더라도 수백 혹은 수천 명이 오가는 대로에서 개의 후각 능력이 얼마나 효과를 보일 수 있겠냐고 의심한 것이다.

그러나 워런은 다른 대안이 없는 상황에서 개의 효과성을 검증하기 위한 실험에 동의했다. 그리고 블러드하운드가 살인 현장에 도착하기 전 시신에 손을 대지 못하도록 했다. 그렇게 블러드하운드 품종의 두 마리의 경찰견 부르호, 바너비가 최초의 경찰견으로서 업무를 시작하게 된 것이다. 일부에선 잭 더 리퍼의 수사에 블러드하운드를 활용한 것이 워런이 아니라 영국 내무성의 제안이라는 주장이 제기되기도 했다.

◇◇◇
경찰 제복을 입은
스코틀랜드의 첫 공식 경찰견

기록으로 보면, 영국에서 경찰 제복을 입은 첫 경찰견은 에어데일 테리어Airedale Terriers 품종이라고 한다. 1910년 영국 경찰기관 중 첫 경찰견을 채용한 도시는 글래스고 경찰청이다. 당시 그들은 저먼 셰퍼드가 아니라

카누스티에서 훈련된 에어데일 테리어를 경찰견으로 임명했다. 1900년대 초기 글래스고에서 일어난 범죄는 거의 통제 불능 상태일 정도록 악화되었는데 그중 주거침입절도와 강도가 심했다.

그러던 중 1908년 한 지역 부호의 아들인 제임스 플레밍James Fleming이라는 사람이 무장 강도와 총격을 벌이다 강도에게 치명상을 입혔다. 하지만 이 사건을 조사한 보안관은 플레밍의 행위가 자기방어였다고 선언했다. 이 사건은 시 전체에 충격을 주었고, 강력 범죄가 증가함에 따라 공중과 경찰 모두가 어떤 조치가 필요하다는 것을 각성하게 되었다.

1910년 2월, 카누스티에서 군견훈련소를 설치했던 리처드슨Richardson 중령은 글래스고 경찰청으로부터 편지 한 통을 받게 된다. 사실 이 군견훈련소에서 훈련된 군견들은 제1차 세계대전 최전선에서 활약하였으나, 사실 그들의 진짜 활약은 글래스고의 경찰과 함께 경찰 보조를 맡을 때부터라고 할 수 있다.

리처드슨 중령은 경찰 업무에 활용될 수 있도록 '행정부The Executive'라고 별명이 붙은 특별한 견종을 길렀다. 이들은 에어데일 테리어를 바탕으로 좋은 두뇌를 위해 콜리*, 뛰어난 후각을 위해 레트리버와의 교배를 통해 탄생한 품종이었다.

이 견종은 덩치가 크면서도 매우 운동신경이 우수했으며, 성실했다. 그리고 가장 중요한 것은 자신의 장점을 최대한 활용할 줄 알았다는 점

◆ Collie, 영국에서 목양견으로 개량한 품종으로, 주인에 대한 충성심이 높고 어린이와의 친화성도 좋다.

이다. 더불어 그들의 후각 능력은 매우 높아서 무엇이든 냄새로 찾아낼 수 있었다. 특별하게 훈련된 이들은 야간 근무를 하는 경찰관을 보조하도록 훈련되었고, 경찰관과 함께 순찰을 돌면서 기회를 엿보는 강도를 찾아냈다.

6월 28일 '행정부'라 불린 한쌍의 개가 글래스고 시에 도착해 메리힐의 켈빈사이드 구역에 배치되었다. 그리고 다음날 다른 한쌍의 개가 도착해 퀸스 공원의 폴록쉴즈 지역에 배치되었다. 경찰견이 배치되자 지역 언론에선 일제히 보도하기 바빴고, 「글래스고헤럴드」는 '경찰 보조로 경찰견이 활용된 첫 번째 사례'라고 선언했다.

하지만 경찰 내부에선 무슨 이유인지 잘 모르겠지만 매우 조용했으며 경찰견이 성공적으로 업무를 마쳤음에도 연례 보고서에 언급되지 않았다. 이후 이들에 대한 기록은 1913년 경찰견이 동료 경찰관을 무는 사건이 생기기까지는 없었다. 이후 경찰견의 활용은 점점 줄어들었고, 제2차 세계대전이 훨씬 지날 때까지 스코틀랜드 경찰청에선 경찰견을 찾을 수 없었다.

1950년대가 되어서야 다시 경찰견이 활용된 기록이 나오는데, 두 명의 경찰관이 런던 경찰청으로 이동한 후, 저먼 셰퍼드와 함께 돌아오면서 다시 경찰견 부서가 시작되었다.

버려진 개가 화재를 진압하다,
뉴욕 최초의 공식 경찰견 범

1900년대 미국 리틀이탈리아는 조직폭력의 온상이었고, 이 동네의 중심부에는 악명이 높은 멀버리가가 있었다. 당구장, 살롱, 도박장이 즐비하던 이 대로는 가장 유명하고 영향력 있는 이탈리안계 미국인 갱단의 본거지였다. 이곳은 1800년대 말에서 1900년대 초까지 이탈리안 이민자들이 뿌리를 내렸다. 이들은 거의 공기도 통하지 않고 비상구도 없는 낡은 건물에 생활하면서 화재에 대해선 거의 무방비 상태였다.

그러던 1908년 7월 어느 날, 코르넬리우스 오닐Cornelius O'Neil 순경은 리틀이탈리아의 거리를 순찰하던 중 굶주리고 너저분한 유기견 한 마리를 발견했다. 그는 그 개를 구조해 뉴욕시경에 신설된 12지구대 마스코트로 삼았다. 그 유기견의 이름은 범Bum이다. 12지구대의 마스코트가 된 범은 화재가 났다는 신고가 들어오면 소방관보다 더 열심히 출동했다. 종종 경찰과 소방관을 대신해 매연을 뚫고 달려가 밖으로 탈출하지 못하고 공포에 질린 아이와 부모들을 찾아 소방관이 구출할 수 있도록 도움을 주었다.

1912년 어느 봄날, 범은 자신의 파트너인 오닐 순경과 함께 멀버리가를 순찰하던 중 고양이 한 마리가 건물로 들어가는 것을 목격했다. 범은 자신의 본능에 따라 그 고양이를 추격하고자 건물로 진입했는데 금세 다시 나와 오닐 순경의 코트를 잡고 그를 건물 복도로 끌고 들어갔다.

그리고 범을 쫓아간 오닐 순경은 지하로부터 새어나오는 연기를 발견했다. 긴급히 화재 신고가 이뤄졌고, 많은 경찰과 소방관이 재빠르게 화재를 진압하기 위해 이동할 때 범도 쉬지 않고 무섭게 짖어대면서 다른 사람들에게 위험 신호를 알려 그들을 안전하게 대피시켰다.

범의 영웅과 같은 행동은 유기 동물을 구조해 돌보던 비영리단체의 관심을 끌었고, 그 단체는 범에게 '12지구대, 범'이라고 새겨진 메달을 수여했다. 이후에도 범은 12지구대의 마스코트로 화재 현장에서 수많은 사람들을 구조했다.

◇◇◇

세계에서 가장 작은 경찰견,
2.8kg의 미지

세계에서 가장 작은 경찰견으로 기네스북에 등재된 미지Midge는 몸무게가 약 3.6kg 정도에 지나지 않지만 약물 탐지에 관해서는 엄청난 능력을 선보였다. 미지는 치와와와 랫 테리어가 섞인 강아지로, 생후 3개월 반에 마약 탐지 훈련을 시작하여, 법무성에서 실시하는 자격시험을 통과했다. 그리고 자신의 생일 다음날, 정식으로 마약탐지견으로 임명되었다.

미지는 미국을 비롯한 세계 여러 나라의 텔레비전에 출연해 유명세를 날렸으며, 그의 팬들은 미지에게 수많은 메일을 보낸다고 한다. 물론 이 메일을 읽는 사람은 미지의 파트너인 댄 매클랜드Dan McClelland 보안관일 것이다. 미지는 그의 업무를 도우면서 함께 생활하고 있다. 미지는 체구가 작지만 여느 보안관처럼 뛰어난 후각으로 많은 범죄자를 잡은 경력을 갖고 있다.

흔히 경찰견이라면 대형견을 상상하기 마련이다. 그런데 불과 4kg도 안 되는 아주 작은 강아지가 어떻게 경찰견이 되었으며 사람들의 관심을 한몸에 받는 것일까? 미지의 파트너인 맥클랜드 보안관은 어느 날, 50~60kg 이상 나가는 대형 저먼 셰퍼드가 마약을 찾기 위해 자동차 내부를 구석구석 탐지하는 것을 보다가 그것이 얼마나 어렵고 힘든 일인지를 알게 되었다고 한다. 그래서 마약탐지견으로 소형견을 훈련시키는 아이디어를 내놓았다. 그리고 그는 미지를 선택하고 생후 3개월 때부터 마리화나 냄새를 맡는 훈련을 시작했다. 사실 미지는 마약탐지견으로 훈련을 시킨 단일 목적을 가진 견종이다. 특히 마리화나 탐지견으로 전문화시켰다.

미지의 첫 임무는 생후 6개월 때였다. 한 학교에서 학생들이 숨긴 마리화나를 찾는 일이었는데 라커를 탐지하다 순간 한 라커 앞에서 멈춰 짖기 시작했다. 바로 그 라커를 열어보니 한 학생의 셔츠 안에 마리화나가 있었던 것이다. 이후 미지는 마리화나, 해시시, 코카인, 크랙, 헤로인, 메스암페타민, 기타 불법 약물은 물론이고, 아편과 일부 남용되기 쉬운 처방의약품들도 냄새로 탐지했고, 그 덕에 몇 명을 검거하기도 했다.

이뿐만 아니라 미지는 맥클랜드 보안관과 함께 학교를 방문해 약물남용 방지에 대한 교육을 하고, 낯선 사람을 주의하라는 어린이 교육에도 참여한다고 한다. 예를 들어 낯선 사람이 미지를 만지려고 하면 미지는 바로 도망을 가는데 어린이에게 낯선 사람이 접근할 때 어떻게 행동해야 하는지를 보여주는 가장 좋은 교육 시범인 것이다.

◇◇◇

자신의 경호견을 둘 정도로 세계에서 가장 성공한 경찰견 트레퍼

미국 경찰청 소속의 마약탐지견인 트레퍼Trepper는 24인치의 키에 약 30kg의 몸무게를 가진 골드 레트리버 견종이다. 트레퍼가 활동한 지난 6년 동안 14개국의 마약거래상들에겐 암흑과도 같은 기간이었다고 한다. 트레퍼는 무려 100건의 마약을 탐지하고, 6,300만 달러약 715억 원 이상 이상의 불법 약물을 압수했기 때문이다.

트레퍼는 그의 파트너인 톰 카조Tom Kazo가 플로리다 주 데이드 카운티 조직범죄국에 배속됐을 때 경찰견으로 선발되었다. 카조에게 트레퍼는 첫 파트너가 아니었다. 처음 맞은 견종은 포인터Pointer였지만 공공기관에 깔린 카펫 알레르기가 있어 활동하지 못했고, 두 번째 견종은 체사피크 베이 레트리버Chesapeake Bay Retriever였지만 군중 속에서 흥분하고, 아이들에게도 달려들었다고 한다. 트레퍼가 세 번째였던 것이다.

1974년 트레퍼가 훈련을 받은 지 겨우 두 달 정도 되었을 때 첫 임무를 맡았는데 포트로더데일에 정박한 범선 격벽에 숨겨져 있는 엄청난 양의 마리화나를 탐지해내는 성과를 올렸다. 그로부터 얼마 지나지 않아 트레퍼는 카조와 함께 길을 걷다 우연히 어느 집의 마약 냄새를 맡게 되었고, 카조는 바로 영장을 발부받아 대량의 마리화나와 코카인을 찾아냈다. 또 어느 날은 카조가 트레퍼를 데리고 미용실을 찾았는데 트레퍼가 어느 고객의 지갑으로 돌진해 마리화나를 찾아내기도 했다.

트레퍼는 마약탐지견으로서 활동만 한 것이 아니다. 그랜드캐년을 측량하던 한 기사가 실종되자 그는 실종자의 목욕 가운에서 냄새를 맡은 후 단 41분 만에 실종자를 구조하기도 했다. 카조와 트레퍼는 미국 모든 주의 133개 경찰서를 돌며 특수임무와 시범을 보였다. 트레퍼는 자신만의 여권도 만들었고, 위험한 일을 할 때 그를 경호하는 배런Barron이라는 경호견까지 둘 정도로 유명세를 날렸다. 그 결과 트레퍼는 세계에서 가장 성공한 경찰견으로 기네스북에 이름을 올렸다.

◇◇◇

선배의 실적을 단번에 갈아치운
영국 최고의 마약탐지견 메건

영국에서 마약탐지견으로 활동한 메건Megan은 7년 동안 3,000만 유로약 406억 원 이상에 해당하는 코카인을 탐지했으며, 그가 탐지한 마약 건수만도 100건이 넘었다. 메건은 스프링거 스패니얼Springer Spaniel이라는 견종으로서 개트윅 국제공항에 배치되어 무려 220kg의 코카인을 냄새로 탐지한 덕에 지금까지 영국에서 가장 성공적인 마약탐지견으로 기록되었다.

그녀의 성공에는 외모에 비밀이 숨겨져 있다고 한다. 그것은 바로 비정상적으로 크고 긴 주둥이에 있다. 또한 갈색 빛을 띠는 큰 눈, 날카로운 코, 탄력 있는 꼬리로 마약거래상들에게 큰 두려움을 주기에 안성맞춤이다.

메건은 매우 감수성이 풍부하고 성품도 좋지만 일단 마약탐지견의 장비를 착용하면 그 어떤 것도 그녀를 가로막지 못할 정도로 돌변하는 카리스마를 가진 여왕의 면모를 보인다. 그녀의 후각은 너무나 예민하여, 다른 음료와 섞인 코카인을 찾아낼 정도며, 마약거래상의 몸 속 깊이 숨긴 마약까지 냄새로 탐지할 수 있다고 한다.

하지만 그녀의 출신에 대해선 런던 경찰청에서 보내진 것 외에는 알려진 바가 없다. 보통 마약탐지견은 임무을 맡은 그 첫 해에 1건의 실적을 내기도 힘든데 메건은 무려 10건의 마약 사건을 해결했다. 사실 메건은 같은 종의 배저Badger의 부하였지만 그가 은퇴하자마자 그가 세운 82건의 마약 탐지 실적을 앞질렀다. 메건은 개트윅 국제공항의 유명견으로 활동하면서 공항과 관련된 다큐멘터리에서도 빠지지 않고 출연했다. 하지만 많은 사람들이 메건을 알아보지만 그의 파트너인 경찰관은 그저 그녀의 운전사로 알고 있을 정도라고 한다.

◇◇◇

견종의 능력에 따라
임무가 달라지는 경찰견의 특징

경찰견은 구조와 수색, 보호 그리고 마약 탐지 등과 같은 일들을 한다. 이런 일들은 아무 견종이나 할 수 있는 것이 아니라서 경찰견으로 가장 적합한 품종이 있다.

물론 경찰견이라고 모든 일을 다 잘할 수 있는 것은 아니며, 견종에 따라 능력의 차이가 나타난다. 이는 견종의 능력에 따라 그들의 임무 분배가 고려되어야 한다는 뜻이기도 하다. 마약을 탐지하거나 수색 혹은 구조 임무를 해야 한다면 우선 후각 능력이 뛰어나고 고도의 집중력을 발휘해야 한다. 이런 특징들을 고려해 현재 경찰견으로 가장 많이 활용되고 있는 견종을 알아보자.

• 저먼 셰퍼드

독일의 군견으로, 초기 목양견으로 개량되었으나 이후 개량을 계속해 군견이나 경찰견으로 가장 많이 활용되고 있는 견종이다. 매우 충성스럽고, 총명하고 영리하며 책임감이 강해 경찰견이 되기 위한 훈련을 쉽게 진행할 수 있다. 호기심이 많아 수색 임무에 적합하지만 다양한 능력으로 경찰의 각종 역할을 수행할 수 있다.

• 비글

저먼 셰퍼드 다음으로 경찰견으로 가장 많이 활용되고 있는 견종이며 가장 뛰어난 후각 능력을 가진 것으로 유명하다. 몸집이 작아 얼핏 보기에 경찰견으로 적합하지 않은 것처럼 보일 수 있지만 비글Beagle의 후각 능력이 다른 단점을 덮어버린다. 이들은 대부분 마약탐지견으로 활동한다.

• 벨지안 말리노이즈

저먼 셰퍼드의 사촌이라고 할 수 있는 견종이며 군견으로 유명하고 저먼 셰퍼드의 특징을 보유하고 있다. 벨기에에서 목축견으로 개량한 품종으로 민첩한 기동력과 총명함으로 여러 나라에서 군견, 경찰견, 구조견으로 활약하고 있다. 지적이고 활발하며 헌신적인 성격으로 보호견이나 다른 경찰 업무에서도 활용될 수 있으며 때론 치유견therapy dog으로도 활약하기도 한다.

• 블러드하운드

영국 최초의 경찰견이 되었던 블러드하운드는 뛰어난 후각 능력으로 건초더미 속에서 바늘을 찾아낼 정도며, 무언가를 추적하는 데 제격이다. 벨기에의 수도원에서 많이 기르고, 프랑스 왕실에서 사랑한 품종으로, '블러드'는 피를 흘리는 사냥감의 냄새를 잘 맡는다는 의미로 지어졌다. 원래 이 견종은 사냥과 추적용으로 개량되었기 때문에 이런 측면의 경찰 업무에 적합하다고 할 수 있다.

• 로트바일러

우수한 지능과 단단한 체격을 가진 로트바일러Rottweiler의 조상을 찾자면 로마시대까지 거슬러 올라갈 정도로 역사가 깊은 견종이다. 가축을 모는 능력이 뛰어나 수레를 끄는 일에 활용됐지만 경찰 업무를 수행하는 데도 적합하다는 사실이 입증되면서 경찰견으로 활약하고 있다. 이들은 체구가 크지만 익숙한 사람에게 매우 친근하다. 반면 낯선 사람들 앞에선 매우 수줍어한다. 매우 헌신적이고 온순해서 경찰관의 든든한 동반자가 될 수 있다고 한다.

• 래브라도 레트리버

정확한 명칭은 아메리칸 래브라도 레트리버American Labrador retriever로, 모든 사람들이 스위티Sweetie라고 부를 정도로 귀여운 견종이다. 뉴질랜드에서 물새를 사냥하는 목적으로 교배되었지만 다양한 능력을 가지고 있어 경찰견으로 적합하다. 특히 후각 능력이 좋아 훈련만 제대로 받는다면 우수한 마약탐지견이 될 수 있다. 한국에선 시각장애인 안내견으로 유일한 종이기도 하다. 이들은 사교성이 뛰어나 가정견으로도 인기가 많다.

참고 자료

- https://whitechapeljack.com/the-debacle-of-burgho-and-barnaby
- https://www.jack-the-ripper-tour.com/generalnews/detective-bloodhounds,2019
- https://www.casebook.org/dissertations/rip-chasblood.html
- https://www.bbc.com/news/uk-scotland-tayside-central-30503804
- http://hatchingcatnyc.com/2013/09/28/bum-the-police-dog-of-mulberry-street/
- https://www.fugitive.com/2013/05/03/meet-midge-the-worlds-smallest-police-k9-do
- https://www.cbsnews.com/news/meet-midge-a-7-pound-police-dog
- https://www.cleveland.com/our-town/2013/03/midge_is_catching_criminals_across-geauga_county_and_making_friends_around_the_world.html
- https://www.dailymail.co.uk/news/article-2541587/A-sniff-away-retirement-Megan-successful-drugs-dog-detected-30million-cocaine-seven-year-career

5

세계 최초의 경찰차

◇◇◇

경찰차의 목적과 다양성
그리고 숨은 의미들

경찰차Police car는 우리에겐 대체로 순찰차patrol car의 의미로 많이 각인된 차량으로, 주로 경찰관의 이동 업무를 맡고 있다. 사건사고가 일어나면 출동하거나 차량이나 사람을 추격하는 데 쓰이기도 하고, 도로의 교통 통제를 위한 목적으로도 활용된다. 즉, 경찰차는 다양한 목적을 가지고 광범위하게 경찰 업무를 돕는 도구인 것이다.

전형적으로 경찰차는 사건 현장에 재빨리 출동하기 위해 경찰관을 이동시키는 수단으로 활용된다. 물론 용의자를 검거하면 그들의 이동 업무를 맡기도 한다. 이때 경찰차는 그저 차량의 의미만 가진 것이 아니다. 용의자를 뒷좌석에 태운 순간, 그곳은 용의자를 구금하는 장소가 되기도 한다. 그리고 담당 구역을 순찰하기 위해 활용되기도 하는데 이때 경찰차는 이동 수단뿐만 아니라 통신 기지로도 활용된다. 또한 순찰을 통해 범죄에 대한 가시적 억제 효과도 가지고 있다.

사실 경찰차의 등장은 잠재적 범죄자의 범행 동기를 억제할 수 있다는 가능성이 있다. 경찰차가 사람들의 눈에 잘 띄도록 경찰 이미지를 도색하고, 경광등을 다는 것은 경찰의 존재를 가시적으로 보여주기 위함이다.

결과적으로 경찰차는 예방 차원에서 지역사회를 순찰하는 목적 외에도 응급 대응용, 교통 통제용이라는 목적을 가진 차량이다. 이뿐만 아니라 이동용 카메라를 달아 전방위적으로 감시 업무를 하는 감시용 차량이나 잠복 등 비밀 업무를 하는 미표시 차량도 경찰차에 포함된다.

반면 경찰관이 자신의 업무를 효과적으로 수행하기 위해선 시민들과 최대한 가까이 있어야 한다. 그러기 위해선 가장 최선의 수단은 도보 순찰, 즉 지역을 순찰하면서 시민들과 직접 접촉하는 것이 가장 효과적이다. 예전 도시가 팽창하기 전에 도보 순찰이 긍정적인 효과가 일어났겠지만 어느 순간 도시가 급속도로 팽창하면서 순찰 구역 또한 확장되었다. 그래서 더 이상 걸어서 순찰하는 것이 불가능해지자 기마 순찰이 등장했다. 하지만 이것도 여의치 않게 되자 자전거와 모터사이클이 추가되었고, 20세기에 접어들면서 차량이 배치되었다.

차량이 배치되면서 경찰관은 더 넓은 지역을 순찰하게 되었고 시간도 절약되었다. 더불어 순찰에 필요한 많은 장비를 구비하고 다니면서 사건

사고가 발생하면 재빨리 달려가 용의자를 검거할 수 있었다.

하지만 이런 장점은 지역사회와 시민과의 격리를 불러왔다. 현재 경찰에서 지역사회 경찰 활동community policing이 강조되는 것은 이런 아쉬움에 대한 보완이라고 할 수 있다.

◇◇◇

시 당국에서 경찰차를 사주지 않자
자신의 돈으로 경찰차를 사버린 디트로이트 경찰청장

17세기 후반 최초의 자동차는 플랑드르의 성직자였던 페르디낭드 베르비스가 개발한 작은 증기 자동차다. 이후 1885년 칼 벤츠가 휘발유 내연기관 자동차를 선보였다. 미국에서 자동차가 도로를 누비기 시작한 것은 1890년대부터다.

미국 최초의 자동차 제조사는 듀리에 모터 왜건 컴퍼니Duryea Motor Wagon Company로 알려져 있다. 1893년 찰스와 프랭크 듀리에Charles & Frank Duryea 형제가 설립한 이 회사는 미국 최초로 휘발유로 움직이는 자동차를 생산했다. 하지만 자동차 생산을 주도한 회사는 올즈모빌Oldsmobile이었고, 이어 캐딜락, 윈턴, 포드가 자동차를 생산했다. 1900년대에 들어서면서 포드, 제너럴 모터스, 크라이슬러 등 자동차 회사들이 생산에 박차를 가하면서 도로에 자동차가 달리게 되었다.

한편 경찰 업무의 차량이라는 도구는 매우 중요했기에 미국 미시간 주 디트로이트 시 경찰청장이었던 프랭크 크라울Frank Croul은 시 당국에 경찰용 차량을 요청했다. 하지만 거절당하자 자신의 돈으로 당시 5,000 달러라는 거액을 투자해 패커드Packard◆를 구입했다. 그가 차량을 구입하고 경찰 업무에 활용한 지 불과 몇 달도 되지 않아 시 당국은 그에게 차량 구입 대금을 되갚아줬을 뿐만 아니라 추가로 6대의 차량을 더 구입해주었다고 한다.

그렇다고 선견지명이 있었던 프랭크가 최초로 경찰 차량을 구입한 사람은 아니다. 1899년 오하이오 주의 애크런 경찰서의 한 경찰관이 최초로 구입했다고 한다.

◇◇◇

세계 최초로 기네스북에 오른 경찰차는?

세계 최초의 경찰차는 1899년 미국 오하이오 주 애크런 시의 도로를 달렸던 전기 왜건 자동차라고 알려져 있다. 그리고 그 차를 운전한 사람은 애크런 경찰서의 루이스 뮬러Louis Mueller라고 하는 경관이다. 이 왜건형 경찰차는 콜리스 버디 회사The Collins Buddy Company에서 제조한 12인승으로, 시속 약 26km 정도로 달릴 수 있었으며, 한 번 배터리 충전을 통해 약 48km를 운행할 수 있었다고 한다. 경찰차의 설계는 시청의 기계공이

◆ 1899년 제임스 W. 패커드(James W. Packard)와 윌리엄 D. 패커드(William D. ackard)가 윈턴자동차(Winton Cars)와 협력해 세운 자동차 브랜드로, 20세기 전반에 고급차로 명성을 날렸다. 하지만 1958년 생산을 멈췄다.

었던 프랭크 루미스Frank Loomis가 했으며, 전기 조명과 벨, 부상자를 나를 수 있는 들것 등을 갖추고 있었다. 당시 이 차량의 가격은 2,400달러였다. 그리고 경찰차의 첫 임무는 차량에 구비된 장비에 걸맞게 교차로에 누워 있는 술에 취한 사람을 구조하는 것이었다.

이처럼 19세기의 경찰차는 그저 이동을 목적으로 운행되었다. 그리고 자동차가 고가의 장비로 분류되기 때문에 모터사이클을 더 많이 이용했다. 하지만 점점 순찰 구역의 광역화가 이뤄지면서 차량 의존도가 급증했다. 더불어 신속한 대응과 출동을 해결하기 위해선 경찰차를 이용할 수밖에 없었다.

하지만 앞에서도 언급했듯 경찰차는 일반 자동차와 달리 매우 목적이 강한 차량으로, 경찰 업무를 원활하게 하기 위해 개조를 해야만 한다. 경찰기관에선 제2차 세계대전 전에는 차량을 소매로 구입해 개조했지만 매우 한계적이라 경찰차임을 알리는 표식과 경광등을 다는 선에서 그쳤다. 그러다가 제2차 세계대전이 끝나면서 미국 자동차 회사에서 경찰만을 위한 패키지 차량을 제작하기 시작했다. 1950년에는 포드가, 1955년에는 쉐보레, 1956년에는 닷지가 제작하여 공급했다.

참고 자료

- https://en.wikipedia.org/wiki/Police_car
- https://www.britanica.com/topic/police/Mobility
- https://www.thevintagenews.com/2017/12/04/first-police-car
- https://auto.howstuffworks.com/police-car5.htm

기록으로 알아보는 과학수사

세계 최초의 거짓말 탐지기

◇◇◇
**진실과 거짓의 잣대 속에
숨은 의미**

요즘 예능 프로그램에서도 자주 활용하고 있는 거짓말 탐지기는 영어로 '폴리그래프Polygraph' 또는 '라이 디텍터Lie Detector'라고 하며, 피검사자가 일련의 질문을 받고 대답하는 동안 혈압, 맥박, 호흡 그리고 피부전도와 같은 몇 가지 생리적 지표를 측정하고 기록하는 도구다. 또는 그 일련의 절차라고 할 수 있다.

거짓말 탐지기는 진실과 거짓의 생리적 반응이 다르다는 믿음을 바탕으로 결과를 받아들인다. 하지만 잘 생각해보면 우리는 거짓과 관련된 구체적인 생리적 지표가 어떤지를 정확히 알지 못하기 때문에 구별이나 구분 요소에 대한 진위 파악이 어렵다. 사람의 홍채와 지문이 다 다르듯 생리적 지표도 다 다를 것이라는 전제가 붙는다면 표준화된 측정 방식이

한 사람을 평가하는 데 큰 오류를 범할 수도 있다는 사실을 간과해선 안 된다. 또한 검사자 또한 거짓말을 탐지하는 부분에 대해 자의적 해석과 평가를 내릴 수 있다. 따라서 검사자의 성향에 따라 결과가 달라질 수 있음을 인식하고 있어야 한다.

그렇기에 정부기관이나 과학단체의 거짓말 탐지기에 대한 평가는 일반적으로 정확하지 않을 수 있다는 인식을 가지고 있다. 특히 피검사자가 조사에 잘 대응하면 쉽게 통과할 수 있기 때문에 진실을 판별하는 데는 적절치 못한 또는 불완전한 수단이라고 지적한다.

물론 거짓말 탐지기 옹호론자들은 그 정확도가 90%을 상회한다고 주장하지만 미국의 경우, 국가연구위원회National Research Council를 비롯한 과학자 단체에서는 그 효과성에 대한 확실한 증거를 찾지 못했으며, 미국심리학회에서는 거짓말 탐지기가 거짓말을 정확하게 탐지할 수 있다는 증거로 채택할 수 없다는 데 동의하는 의견이 지배적이다.

실제로 과학자 단체의 다수는 거짓말 탐지기를 이론적 또는 과학적 근거가 없는 일종의 사이비 과학pseudoscience이라고 간주하기도 한다. 법원에서도 지문, 탄알, DNA 분석과 같은 사실적 문제에 대해서 전문가 증언을 하는 것과는 달리 거짓말 탐지기 전문가는 단지 또 다른 의견으로써 법원에 제공할 뿐이다.

현재 대부분의 나라에선 거짓말 탐지기 검사 결과가 법정 증거로 효력을 갖지는 못하고 있다. 그럼에도 다수의 국가에서는 재판에서 증거의 보충이나 참고 자료로 활용되고 있으며, 수사 단계에서 자백을 얻어내는 데 유용하게 활용되고 있다. 특히 법집행이나 정보기관을 중심으로 많은 국가기관이나 일부 민간 분야에서는 직원을 신규 채용하는 데 필요한 진실성, 진정성 평가를 위한 수단으로 크게 활용하고 있다.

◇◇◇

혈압과 맥박, 호흡의 연관성을 밝힌 거짓말 탐지기의 역사

그렇다면 거짓말 탐지기는 언제, 누가, 어떻게 사용하기 시작했을까? 사실상 범죄는 인류의 태생과 함께 시작했다고 해도 과언이 아니다. '솔로몬의 재판'에서 솔로몬 또한 거짓을 확인하기 위해 묘안을 짜내기도 한 것처럼 인류는 거짓을 판별하기 위해 다양하고 정교한 방법들을 활용해왔다. 대표적인 방법이 고문이다. 중세에는 거짓말을 하는 사람보다 진실을 말하는 사람이 더 인내심이 강하다는 믿음을 가지고 뜨거운 물을 이용하기도 했다.

이후 사회가 진보함에 따라 거짓을 분별하는 방법 또한 진화하면서 현재의 거짓말 탐지기로 이어졌다. 물론 지금의 상황 또한 언제 어떻게 바뀔지 모른다. 홍채의 미묘한 변화로 거짓말을 탐지할 수 있는 시대가 올 수도 있다. 아니 이미 코앞으로 와 있는지도 모른다.

거짓말을 탐지하는 방법과 기록에 대한 역사는 깊지만 사실 지금의 거짓말 탐지기를 사용한 예는 불과 100년 전이다. 1895년 이탈리아의 범죄학자 체사레 롬브로소Cesare Lombroso, 1835~1909가 거짓말을 할 때 혈관에 흐르는 혈액의 양에 변화가 있을 것이라고 추정하고, 용의자의 맥박을 측정하니 거짓 증언을 한 경우 맥박이 빨라진다는 것을 확인했다. 롬브르소는 세계 최초로 범죄자의 성격을 연구한 학자이기도 하다.

1914년 비토리오 베누시Vittorio Benussi, 1878~1927가 흡식과 흉식의 비율에 의해 진실과 거짓을 구분할 수 있다고 주장하며 호흡에 심장박동률, 혈압을 동시에 측정해 최초로 한 가지 이상의 생리현상을 측정하여 거짓말 탐지기에 적용했다.

1915년 미국의 심리학자 윌리엄 몰턴 마스턴William Moulton Marston이 혈압 변화를 이용해 처음으로 거짓말 탐지기를 고안했다. 그는 이 기기를 독일군 포로를 조사하기 위해 사용했다. 이때 마스턴이 사용한 혈압측정기는 최고 혈압과 거짓말 사이에 강력한 상관관계를 보였다.

1918년 하버드대학교 법학전문대학원을 졸업한 마스턴은 스스로 '거짓말 탐지기의 아버지the father of polygraph'라고 칭하며 거짓말 탐지기의 옹호가로서 책을 집필하고 광고에서 거짓말 탐지기의 효능을 부각시키며 활발하게 활동했다. 그는 아내가 화가 나거나 흥분하면 혈압이 상승한다는 말에 영감을 받고 혈압과 거짓말의 상관관계를 연구했다.

1921년 미국의 법의학자인 캘리포니아대학교의 존 라슨John Augustus Larson, 1892~1965이 호흡, 맥박, 혈압 등을 동시에 연속으로 측정해 거짓말을 판별하는 지금의 거짓말 탐지기와 비슷한 장치를 개발하고, 전설적인 경찰관이자 학자였던 오거투스 볼머Augustus Volmer의 지휘 아래 버클리 경찰국에서 처음으로 응용했다. 이 기기의 도입 이유는 더 이상 고문이나 폭력, 협박 등을 통해 정보나 자백을 받지 않고 과학적 심문으로 준법정신을 기르고 싶었기 때문이라고 한다.

라슨이 개발한 기기는 그의 기계에 반한 레너드 킬러Leonard Keeler의 도움으로 더욱 개선되어 기능도 보완하고 휴대가 가능할 정도였다. 두 사람이 함께 만든 거짓말 탐지기는 FBI에서도 구매를 할 정도로, 현대 거짓말 탐지기의 하나의 표준이 되었다.

이후 이와 유사한 다수의 거짓말 탐지기가 만들어졌다. 그중에서 1936년 C. D. 리C. D. Lee가 개발한 혈압, 맥박, 호흡을 기록하는 버클리 거짓말 탐지기가 있다. 그리고 1945년 존 리드John E. Reid가 기존의 표준 혈압, 맥박, 호흡과 동시에 혈압 변화에 동반되는 근육 활동을 기록하면 정확성이 더욱 증대될 수 있다고 주장하며 표준 혈압, 맥박, 호흡에 근육 활동도 동시에 기록하는 기구를 개발했다.

◇◇◇

잡아야 할 사람은 못 잡고
잡지 말아야 할 사람은 잡는

사실 거짓말 탐지기는 냉전시대 스파이를 잡기 위해 많이 활용됐지만 그들을 정확하게 가리는 데 큰 도움이 되지 못했다. 특히 이중첩자였던 올드리치 에임스Aldrich Ames, 1941~를 잡아내지 못했다. 그는 미국 중앙정보국CIA 장교였지만 소련과 러시아를 위해 스파이 활동을 하다 1994년 간첩 혐의로 유죄 판결을 받았다.

또 '그린 강의 살인자Green River Killer'라고 불린 게리 리지웨이◆도 거짓말 탐지기를 통과해 결국 그를 체포하지 못해 수십 명의 목숨을 잃기도 했다. 그는 20년이 지난 후 DNA 증거로 발목이 잡혀 자백했다.

이와는 반대로 미국의 캔자스 주의 한 시민은 거짓말 탐지기를 통과하지 못해 아내를 살해했다는 의심을 받아야 했다. 20년이 지난 후 DNA 분석을 통해 아내를 살해한 혐의에서 벗어날 수 있었다. 그의 20년은 누가 보상해줄 수 있을까?

물론 거짓말 탐지기가 모든 스파이의 거짓말을 탐지하는 데 실패한 것은 아니며 일부 유명한 스파이는 거짓말 탐지기로 정체가 밝혀지기도 했다. 하지만 거짓말 탐지기에 대한 논란으로 인해 기술적 발전을 이뤘음에도 법원에서 명백한 증거로 인정을 받지 못하고 있다. 미국 대법원은 거짓말 탐지기 기술의 신뢰성에 대해서 과학계가 극단적으로 양분되어 있다면서, 범죄 피의자가 자신의 방어에 거짓말 탐지 증거를 인용할 수 없다고 판시하였다.

이런 논란을 극복하기 위해 일부에선 기술 개발에 더욱 박차를 가해 뇌파를 추적해 거짓말을 판별하는 등의 새로운 시도를 계속하고 있다. 1980년대에 미국 노스웨스턴대학교의 심리학자인 피터 로센펠트J. Peter Rosenfeld가 거짓말 탐지에 뇌 활동의 형태를 영상으로 촬영해 활용하고

◆ Gary Ridgway, 1949~. 미국의 연쇄살인범으로, 1982년부터 1988년까지 48명이 넘는 매춘부를 살해했다. 피해자의 시신을 그린 강에 유기해서 '그린 강의 살인자'라는 별명을 얻었다. 검찰은 모든 사실을 완전히 자백하면 사형 대신 종신형을 선고하겠다고 제안했고 그는 그 제안을 받아들여 현재 복역 중이다.

있다.

2002년에는 미국 펜실베니아대학교의 정신의학과 교수인 다니엘 랭글벤Daniel Langleben은 기능적 자기영상촬영, 즉 fMRIfunctional Magnetic Resonance Imaging를 활용하여 피검사자가 거짓과 진실을 말하는 동안 뇌의 실시간 영상을 촬영하자 사람들이 거짓을 말할 때 뇌가 더 활성화된다는 것을 발견하였다. 그에 따르면 이 자기공명영상촬영으로 개인의 거짓과 진실을 78% 구분할 수 있었다고 한다.

참고 자료

- https://spectrum.ieee.org/tech-history/heroic-failures/a-brief-history-of-the-lie-detector
- https://en.wikipedia.org/wiki/John_Augustus_Larson
- https://www.edn.com/polygraph-first-used-to-get-a-conviction-february-2-1935
- https://www.bbc.com/news/magazine-22467640,
- https://www.tandfonline.com/doi/full/10.1080/23744006.2015.1060080
- https://spectrum.ieee.org/tech-history/heroic-failures/a-brief-history-of-the-lie-detector
- https://en.wikipedia.org/wiki/Polygraph

세계 최초의 감시 카메라

◇◇◇
양날의 칼날과도 같은
감시의 이중성

'감시surveillance'는 무언가를 단속하기 위해 주의 깊게 살핀다는 의미를 가지고 있다. 즉, 관리를 목적으로 정보를 모으고 행위를 관찰하고 추적하는 것이라고 할 수 있다. 특히 감시는 범죄를 예방하기 위한 목적으로 활용되나 사물이나 집단, 어떤 과정을 보호하기 위해서도 이용된다. 그래서 우리는 감시 카메라를 설치한다.

그것을 통해 어떤 정보를 모으고, 누군가나 집단을 보호하고, 범죄를 예방하고, 범죄가 일어났다면 어떻게 일어났는지를 알고자 한다. 반면 감시는 사생활이나 인권 침해라는 영역에 깊이 들어갈 수 있다. 그래서 인권운동가들로부터의 반대에 부딪히기도 한다. 더불어 기술의 발전은 이런 우려를 더욱 가중시킬 것이라는 두려움도 함께 극대화된다.

감시에 대한 효과성과 경제적 차원에서의 효율성 그리고 인권과 사생활 침해에 대한 우려 속에서 논쟁이 이어지고 있지만 세계는 온통 감시 카메라로 뒤덮이고 있다. 2016년에 이미 3억 5,000만 대의 감시 카메라가 세계 도처에 깔렸으며, 특히 그중 65% 정도가 아시아 지역에 설치되어 있다. 물론 여기에 그치지 않는다는 점을 들어 감시 카메라의 설치는 더욱 증가할 것으로 보인다. 현재 세계에서 가장 많은 감시 카메라가 설치된 것으로 알려진 중국은 2018년에 이미 1억 7,000만 대가 설치되었다. 중국뿐만이 아니다. 한국에서도 학교나 유치원은 말할 필요 없이 좁은 골목길에도 여지없이 감시 카메라가 설치되어 있다.

현재 감시 카메라의 기술은 날로 발전해 그저 어느 한곳을 감시하는 것이 아니라 얼굴 인식 기술을 통해 그 사람을 추적할 수 있는 기술까지 가지게 되었다. 물론 골목길의 감시 카메라는 아직까지 그 정도의 수준은 아니다. 그렇다 하더라도 이미 세계는 '빅 브라더Big Brother'의 시대가 된 것이다.

◇◇◇
전쟁이 선사하는 혁명 기술, 감시 카메라의 역사

현재 우리 생활의 일부가 된 감시 카메라는 언제 도입됐을까?

아마 그 시작은 제2차 세계대전일 것이다. 혹자는 이보다 더 앞선 1927년으로 거슬러 올라가야 한다고 주장하기도 한다. 1927년 6월 초 당시 소련의 물리학자 레오 테레민Leo Theremin, 1896~1993이 감시 카메라 시스템을 개발했다. 그는 세계 최초로 전자 악기 테레민을 발명한 사람으로 유명한데 텔레비전 연구에도 참여했다. 레오 테레민은 소련의 노동 국방성의 요청으로 초기 감시 카메라를 개발했는데 목적은 국가 보안 수단으로 크렐린 궁의 방문객을 감시하기 위해서였다.

한편 일부에선 1933년 양돈업자이자 사진사였던 노보리Norbury가 달걀을 훔쳐가는 도둑을 잡기 위해 상자 구멍을 뚫고 렌즈를 꽂아 닭장 밖에 놓아두었던 것이 감시 카메라의 효시라고 주장하기도 한다. 실제로 이 장치는 법원에서 판사가 도둑의 유죄를 인정하고, 노보리를 높이 평가하면서 기능성을 인정받았다.

그러나 감시 카메라의 역사는 독일에서 시작됐다. 독일의 전기 기술자였던 발터 브러치Walter Bruch, 1908~1990는 독일 텔레비전의 선구자로, 무기를 관찰하기 위해 감시 카메라를 개발했다. 실제로 감시 카메라의 첫 번째 사용 기록에는 독일 군대가 벙크 안에서 로켓 발사를 관측하기 위하여 개발, 사용하는 영상물이 나온다. 물론 당시는 실시간으로 발생하는 상황을 그대로만 관찰할 수 있었으며, 녹화는 그로부터 한참 뒤인 비디오카메라와 VHS 기술이 결합된 이후부터 가능해졌다.

제2차 세계대전 중인 1942년 독일은 무기를 관찰하고 추적하려는 목적으로 독일회사 지멘스가 이 감시 카메라를 생산하고, 나치가 활용하면서 널리 알려졌다. 곧바로 미국에서도 이 기술을 받아들여 감시 카메라를 설치했다. 그리고 과학자는 감시 카메라를 통해 위험 상황에 직접 대

면하지 않고 안전하게 핵실험 등을 관찰하고 관측할 수 있게 되었다.

◇◇◇
범죄 수사에 빠져서는 안 될 정도로
널리 퍼진 감시 카메라의 공헌

공공안전이라는 목적을 두고 감시 카메라가 활용되기 시작한 것은 1949년부터라고 할 수 있다. 미국에선 안전이라는 이용 목적으로 감시 카메라를 판매하기 시작했다. 그로부터 10여 년이 지난 후, 감시 카메라의 기술은 공공장소와 가정의 보안 역할을 톡톡히 해낸다. 1960년 영국 경찰은 태국 왕실의 방문을 맞이하기 위해 이 기술을 활용했고, 그 효과를 인정한 영국 교통당국은 그로부터 일 년 후, 공공의 안전을 높이기 위하여 런던 전역에 걸쳐 기차역에 감시 카메라를 설치했다.

1951년 비디오카세트 테이프가 개발됐지만 상업화된 것은 1969년이다. 이후 영상 녹화가 가능해졌고, 1970년대에는 VCR의 등장으로 영상 감시를 녹화하고 돌려보기를 할 정도로 기능이 보강되었다. 뉴욕 시에서도 이런 기술 발전을 이용해 범죄를 기록하고 예방하는 데 적극 활용하기 시작했다.

1968년 뉴욕의 올리앤에서 범죄와의 전쟁을 위한 노력의 일환으로 시내 주요 상가 거리에 감시 카메라를 설치했고, 1973년에는 뉴욕의 번화가 타임스퀘어에도 감시 카메라를 달았다.

1970년대 초기 뉴욕은 범죄 지역 전역에 감시 카메라를 설치했으며,

1980년대 이르러 공공지역을 중심으로 전국으로 확산되었다. 현재 감시 카메라는 세계적으로 법집행기관이 범죄를 예방하는 도구로 활용되고 있으며, 특히 안면 인식 기술의 향상으로 강도, 폭행, 자동차 사고나 도주, 주거침입 등 거의 모든 범죄를 수사하는 데 핵심적인 역할을 하고 있다.

◇◇◇

나라마다 목적이 다른
감시 카메라의 역할

세계 각국은 마치 경쟁이라도 하듯 감시 카메라를 설치하고 있다. 그중 미국은 인구 100명당 15.28의 카메라를 설치하고 있어, 시민 한 사람당 카메라 수에 있어서는 세계 최고라고 한다. 반면 전체 카메라 대수는 중국이 3억 대를 능가해 세계 최고다. 한국은 7위 정도의 위치에 있다. 지금도 감시 카메라의 설치는 증가 추세를 보이기 때문에 여기서 순위는 중요치 않다.

흥미로운 사실은 감시 카메라의 설치 목적이 나라마다 확연히 다르다는 점이다. 중국의 경우 감시 카메라는 말 그대로 도시에 대한 광범위한 감시를 목적으로 하는 반면 미국은 주로 상업적 목적으로 활용된다는 점이다. 중국은 신장 위구르 구성원들을 추적하기 위해 안면 인식 기능을 가진 감시 카메라를 활용하고 있는데 이로 인해 100만 명 이상이 수용된 것으로 알려져 있다. 현재 신장 위구르 인권 탄압에 대해선 국제적으로 많은 갈등을 양산하고 있다.

반면 한국에선 감시 카메라가 대체로 2가지 주요 용도로 활용되고 있다. 하나는 교통 통제를 위한 것이고, 다른 하나는 방범용이다. 실제로 한국에선 뺑소니 사건이나 강력 사건 등 주요 범죄 사건이 감시 카메라를 통해 해결되고 있다. 최근 범죄 예방의 핵심이 되고 있는 '환경설계를 통한 범죄 예방crime prevention through environmental design, CPTED'의 측면에서 본다면 감시 카메라의 순기능은 매우 중요 부분을 차지한다고 할 수 있다.

참고 자료

- https://en.wikipedia.org/wiki/Surveillance
- https://en.wikipedia.org/wiki/Closed-circuit_television
- https://www.surveillance-video.com/blog/a-history-of-cctv-technology-how-video-surveillance-technology-has-evolved.html
- https://alarm.org/the-history-of-home-security
- https://kintronics.com/the-history-of-video-surveillance
- https://www.pcr-online.biz/2014/09/02/the-history-of-cctv-from-1942-to-present
- https://www.business2community.com/tech-gadgets/from-edison-to-internet-a-hidtory-of-video-surveillance-0578308
- https://asiatimes.com/2019/12/guess-who-has-more-cctv-cameras-per-capita/
- https://www.theverge.com/2019/12/9/21002515/surveillance-cameras-globally-us-china-amount-citizens

3

세계 최초의 지문 감식

◇◇◇
이 세상에 같은 지문은 존재하지 않는다,
과학수사에서 빠뜨려선 안 되는 지문 감식

지문은 개인적 신원을 확인하는 데 가장 믿을 만한 수단이다. 물론 기술의 발전으로 안면 인식도 가능하지만 지문은 오래전부터 신원을 확인하는 데 필수였다. 특히 과학수사에서 지문 감식은 다양한 이유로 매우 중요하다고 할 수 있는데 수십억 명의 사람들의 지문을 감식한 결과 한 번도 같은 지문을 발견한 적이 없었기 때문이다.

그렇기에 지문은 세계 각국의 경찰기관에서 전과 기록 조회를 위한 기초가 되고 있으며, 수 세기 동안 전 세계 거의 모든 국가에서 개인에 대한 가장 정확한 신원 확인의 수단으로 폭넓게 사용되고 있다.

특히 지문은 가장 보편적으로 활용되는 수사 증거가 되고 있다. 범죄 현장에서 수거된 지문은 다른 과학수사의 기술을 합친 것보다 더 많은 용의자를 가릴 수 있으며, 법적 증거로도 활용이 가능하다. 그러면서도 지문은 다른 과학수사보다 상대적으로 비용이 저렴할 뿐만 아니라 정확하다. 정확성 면에서 가장 확실하다고 알려진 DNA 검사는 지문 감식보다 적게는 100배, 높게는 400배 이상 비용이 들며, 그 기간도 수개월에서 수년이 걸리기도 한다.

◇◇◇

고대까지 올라가야 할 정도로
역사가 깊은 지문의 활용

지문은 개인적 정체성이나 신분을 확립할 목적으로 그 사람의 손가락을 각인하는 것이다. 우리나라에서 주민등록증을 받기 위해선 지문을 채취해 공공기관에 남겨야 한다. 실제로 과학수사 또는 수사학에서는 두 사람이 동일한 지문을 가질 확률은 무한소로 거의 불가능하다는 것이 입증되었기 때문에 개인의 신원을 확인하는 수단으로써 지문 채취와 감식이 의심할 여지가 없는 가장 확실한 방법이라고 할 수 있다. 당연히 지문은 사람의 신원을 긍정적으로 확인하는 수단으로, 수 세기 동안 활용되고 있다.

그래서일까? 역사가들은 지문 감식이 언제 어떻게 시작됐는지 확인할 수 없다는 입장을 고수한다. 사실 고대, 특히 기원전 200년 이집트에서 피라미드를 건축하는 동안에도 지문을 활용한 사례의 증거가 있으며, 기원전 3세기에는 중국에서 공식 서류를 입증하기 위해 지문을 활용했다.

세계 최초로 지문의 가치에
주목한 사람은?

이 부분에서 윌리엄 허셜William J. Hershel, 1833~1917이 이의를 제기한다. 윌리엄 허셜은 인도에서 영국 장교로 일하면서 식별을 위해 지문의 가치를 주목하고 실용적인 방법으로 사용한 최초의 사람이다. 그는 고대 중국에서 지문을 개인의 신원을 확인하기 위한 수단이 아니라 일종의 영적, 정신적 관행의 하나로 활용했다고 주장했다. 그는 지문이 손가락 표시fingermarks이지 각인fingerprints이 아니라고 했다.

1350년 무렵 페르시아에서 정부 서류에 공식문건에 대한 지문으로 보이는 것들이 있었으나 어디에서도 지문이 신원을 확인하는 목적으로 활용되었다는 문서를 찾을 수 없었다고 한다.

윌리엄 허셜은 1858년 인도의 캘커타 근처 후글리Hooghly라고 하는 도시에 파견된 영국 장교로, 그곳에서 주민들의 연금 수령과 정부와의 사업이나 거래와 관련된 일을 했다. 하지만 개인의 신원을 확인할 수 없어 난감해하던 차였다. 그러던 1858년 그는 글을 쓸 줄 모르는 한 건설업자에게 공식 거래계약서에 그의 손바닥과 손가락을 인쇄하도록 했다. 바로 이것이 지문이 활용된 첫 번째 문서라고 평가되고 있다.

한편 윌리엄 허셜은 구치소 관리 권한도 가지고 있어서 수용자들의 지문을 체계적으로 채취하여 모든 지문을 파일로 기록하고 보관했다. 이런 점에서 허셜의 이런 시도가 지문이 사법행정에 활용된 첫 번째 사례라고도 할 수 있을 것이다.

◇◇◇
세계 최초로 지문을 감식하고, 감정하고, 확인한 사람은?

윌리엄 허셜이 '지문의 아버지'라고 하는데 여기에 한 명을 더 추가해야 할 것 같다. 영국의 의사이자 과학자였던 헨리 폴즈Henry Faulds, 1843~1930를 빼놓을 수 없다. 그는 지문이 범죄자의 신원을 파악할 수 있는 과학적인 수단이라고 주장했기 때문이다. 그는 윌리엄 허셜과 동시대의 사람으로, 1874년 일본 도쿄의 한 병원에서 의사로 일하면서 환자들의 지문을 기록하고 보관했다. 그는 지문의 형태를 바꿀 수 없으며, 최상의 지문을 채취하는 가장 좋은 방법은 손가락의 평평하고 부드러운 면에 인쇄잉크로 찍는 것이라고 했다. 헨리 폴즈는 최초로 지문을 감식하고, 감정하고, 확인한 사람으로 평가받고 있다.

또한 헨리 폴즈는 지문이 사람마다 다른지, 세월이 지나도 변하지 않는지를 확인했는데, 사포로 손가락의 지문을 없애더라도 다시 돋아나는 지문의 융선 자리는 이전과 똑같았다고 한다. 그는 이 연구 결과를 「네이처nature」에 발표했다. 헨리 폴즈의 논문이 실리고 한 달 뒤 윌리엄 허셜도 서명의 지문 방법에 대한 논문을 게재했다.

◇◇◇

세계 최초로 범죄 수사에
지문 감식을 활용한 사람은?

범죄 수사에 있어 공식적으로 지문을 활용한 최초의 사례는 1892년으로 거슬러 올라간다. 아르헨티나 부에노스아이레스의 한 가정집에서 살인 사건이 일어났다. 잠을 자던 6살과 4살의 남매는 칼로 무참히 살해당했고, 남매의 어머니 또한 칼에 찔려 중상을 입었다. 이 사건을 해결하고자 부에노스아이레스 경찰청은 인류학자이자 경찰 관리였던 후안 부체티크Juan Vucetich, 1858~1925가 포함된 특별팀을 파견했다. 그리고 사건 현장에서 범인의 것으로 추정되는 피와 함께 굳은 엄지손가락의 지문을 발견했다.

부체티크는 이것을 활용해 용의자들의 지문과 비교 분석하다가 범인을 찾아낼 수 있었다. 범인은 죽은 남매의 어머니였다. 불륜 상대가 아이를 포기하면 결혼하겠다는 말에 아이들을 죽이고, 자신에게 상처를 입힌 것이다. 이 사건은 지문을 통해 유죄 판결이 내려진 최초의 사건으로 기록되어 있다.

20세기에 접어들면서 영국과 미국에서는 범죄 사건을 해결하기 위한 수단으로 본격적으로 지문을 활용하기 시작했다. 그리고 결과적으로 급격한 진전을 이루는데 미국에서 지문에 대한 표준화된 운용 절차가 생겼다. 1924년에는 의회에서 연방수사국FBI에 신원확인국Identification Division을 둘 수 있는 권한을 부여했다. 이로 인해 모든 지문을 한군데로 모을 수 있게 되었고, 그 결과 누범자와 실종자들을 파악하기가 훨씬 쉬워졌다고 한다.

그렇다면 지문의 발전과 관련된 연대기별 최초의 사례들을 좀더 살펴보자. 영국의 생물학자인 찰스 다윈Charles darwin, 1809~1882의 사촌이었던 프랜시스 골턴Francis Galtong은 지문의 개별성을 이용해 범죄자를 식별하는 방법을 개발하는 데 많은 관심을 가져 1892년 『지문Finger Prints』이라는 서적을 출간했다.

1901년에는 인도 벵골의 경찰국장이었던 에드워드 헨리Edward Henry, 1850~1931는 처음으로 지문 분류 체계를 확립해 영국은 물론 다른 나라에서도 이를 지문 공식 체계로 채택했다. 1903년에는 미국 캔자스 주 연방교도소에서 '윌리엄 웨스트-윌 웨스트The William West – Will West' 사건으로 신원을 확인하는 방식에 대변화를 가져왔다

윌 웨스트라는 이름의 재소자가 입소한 뒤 그의 얼굴을 촬영하고 인체 식별을 위한 측정이 끝남과 동시에 윌리엄 웨스트라는 사람이 입소했는데 그는 윌 웨스트와 이름이 비슷하고 신체와 얼굴이 매우 흡사했다.

이 사건으로 그때까지의 인체 식별법의 신뢰성에 의문이 생기기 시작한 것이다. 그래서 보다 확실하게 신원을 확인하는 방법이 필요해졌고, 교정당국은 그 대안으로 지문을 활용하기 시작했다. 1911년에는 미국 법원에서 지문이 가장 신뢰할 수 있는 신원 확인법이라고 결론을 지었다.

참고 자료

- https://www.fingerprintzone.com/history-of-fingerprinting.php
- www.onin.com/fp/fphistory.html
- www.crimescene-forensics.com/History_of_Fingerprints.html
- https://science.howstuffworks.com/fingerprinting3.htm
- https://en.wikipedia.org/wiki/Fingerprint

세계 최초의 범죄 프로파일링

◇◇◇

다양한 용도로 활용되고 있는,
프로파일링

프로파일링Profiling이라는 단어는 이젠 너무 흔해진 명칭이다. 더불어 우리나라에선 프로파일러의 활동도 활발하다. 프로파일링은 윤곽이나 개요를 말하는 '프로필 Profile'에서 파생된 용어로, 이를 과학수사와 결부하면 범인의 윤곽을 알기 위해 범죄 현장을 분석해서 범인의 습관, 나이, 성격, 직업, 범행 수법을 추론한 뒤 그것을 바탕으로 범인을 탐색하는 수사 기법이다. 프로파일링은 동일 수법의 사건이 연달아 일어날 경우 유용하게 활용할 수 있다. 더불어 이를 통해 범죄자의 미래 행동을 예측하기도 한다.

1980년대까지만 해도 대부분의 연구자들은 범인 프로파일링을 오직 연쇄강간이나 강간살인과 같은 성범죄에만 적용할 수 있을 것이라고 믿었으나 1990년대 말부터는 방화부터 테러에 이르기까지 각종 사건에 활용하게 되면서 그에 따른 연구 결과들을 내놓고 있다.

현재 프로파일링은 여러 용도로 활용되고 있으며, 그 이론적 근거와 배경도 가지각색이다. 물론 그에 따라 방법도 다양해지고 있다. 그중에서 가장 보편적이고 빈번하게 활용되고 있는 것이 심리적 프로파일링 psychological profiling이다. 이것은 범죄 현장에 남겨진 흔적을 바탕으로 범인의 정신적, 감정적 그리고 인성에 대한 특성을 파악하는 방법이다.

심리적 프로파일링의 기본 전제는 사람의 행동이 그 사람의 인성을 반영한다는 것이다. 그런데 범죄 프로파일링은 행동의 일관성Consistency과 상동관계성homology이라는 2가지 가정을 전제로 한다. 행동의 일관성은 범법자의 범행들이 상호 유사한 경향이 있다는 것이고, 상동관계성은 유사한 범행이 유사한 범법자의 소행일 것이라는 가정이다. 하지만 상동관계성이라는 가정은 행동과학과 심리학의 진전으로 약간 진부하다는 느낌을 지울 수 없다. 1960년대 심리학계에서는 인간의 행위가 상황적 요소로 결정되는 가정에서 출발했지만 많은 과오가 있었다. 그래서 요즘은 인간의 행위가 상황이 아니라 인성으로 결정되는 쪽이 강한 편이다.

◇◇◇

세계 최초로 범죄 프로파일링을 진행한 '잭 더 리퍼 사건'

프로파일링의 시작은 1880년대로 거슬러 올라갈 정도로 유서가 깊다. 지금까지 알려지기론 세계 최초의 프로파일링은 이 책에서 많이 언급된 '잭 더 리퍼 사건'이다. 사실 이 사건은 범죄학 측면에서 역사적 의의가 깊다. 런던 경찰청은 이 사건을 해결하기 위해 다양한 노력을 기울였는데 프로파일링도 그중 하나다. 우리가 알고 있는 모든 이야기는 그때의 프로파일링 덕택이지 않을까 싶다.

당시 의사인 조지 필립스George Phillips와 의사였지만 경사로 변신한 토마스 본드Thomas Bond는 난도질을 당한 피해자들의 시체를 통해 프로파일링을 진행했다. 이를 바탕으로 1888년 11월 10일 프로파일링 보고서에선 범인이 분명하고 강력한 여성혐오와 분노를 함께 가지고 있으며 그의 성적 특성을 언급했다. 또한 그들은 살인 사건을 재구성해보면서 범인의 행위 형태를 해석했다.

범인은 신체적으로 강인하고 매우 냉정하고 용감하며, 간헐적으로 살인과 호색이 우려되는 남자라고 결론을 내린 것이다. 또한 범인이 장기를 적출하는 행위를 통해 범인이 의사거나 의학적 훈련을 받은 사람이라고 주장하는 것에 반대했다.

그 외에도 1912년 미국 뉴욕의 한 심리학자는 지역 소년을 살해한 소위 '우편엽서 살인마'에 대해 분석하는 강연을 하기도 했다. 1932년에는 더들리 숀필드Dudlley Schoenfield 의사가 린드버그에서 일어난 어린이 납치범에 대한 인성을 예측했다. 1943년에는 미국의 정신분석가 월터 C. 랑헤르Walter C. Langer가 아돌프 히틀러에 대한 프로파일링을 보고서로 작성하고, 『아돌프 히틀러의 마음 : 비밀 전쟁 보고서The Mind of Adolf Hitler: A

Secret Wartime Report』를 출간했다. 그는 1944년 그의 암살 시도 이전에 히틀러에 대한 군사 쿠데타의 가능성을 예측하기도 했다.

◇◇◇

프로파일링에 선구적 공헌을 한 사람들

프로파일링이 세상에 많이 알려지게 된 계기는 1956년 뉴욕의 심리학자 제임스 아놀드 브루셀James Arnold Brussel, 1905~1982이 「뉴욕타임스」에 당시 뉴욕의 '미친 폭파범Mad Bombers'에 대한 프로파일링을 게재하고부터라고 한다. 언론은 그를 "침상의 셜록 홈즈The Sherlock Holmes of the Couch"라고 칭송했다. 1972년 심리학에 대하여 회의적이었던 존 에드거 후버J. Edgar Hoover, 1895~1972 연방수사국 국장이 사망한 후에 FBI 특수요원인 패트릭 물라니Patrick MUllany, 1935~2016와 하워드 테튼Howard Teten, 1932~에 의하여 FBI에 행동과학단Behavioral Science Unit이 설치됐다. 패트릭 물라니와 하워드 테튼은 1970년대와 1980년대에 FBI에서 범죄 프로파일링을 개척한 사람들로 잘 알려져 있다.

여기서 FBI 특수요원인 로버트 레슬러Robert Ressler, 1937~2013와 존 더글라스John Douglas, 1945~는 1972년 초부터 유죄가 확정된 36명의 범인들을 비공식적 면접을 시행해 그들을 통해 강간살인범의 특성을 유형화했다. 이를 계기로 국립폭력범죄분석센터National Center for the Analysis of Violent Crime가 만들어졌다. 로버트 레슬러는 연쇄살인범의 영어 명칭인 'serial killer'

를 만들어낸 사람으로, 1970년대 범인의 정신 프로파일링에 중대한 역할을 한 사람으로 평가받고 있다. 또한 존 더글라스도 FBI의 부서장으로, 로버트 레슬러와 함께 현대 프로파일링의 진전을 이룬 사람이다. 이후 범죄심리학에 관한 책을 저술했다.

1980년대에 들어오면서 로이 헤이젤우드Roy Hazelwood,1938~2016는 FBI에서 활동하면서 성범죄에 대한 프로파일링으로 선구자 역할을 했다. 또한 컴퓨터에 기초한 범죄 프로파일링도 고안했다고 한다.

세계 최초의 프로파일러는 역시 그 사건을 분석한?

사실 범죄 프로파일링은 오랫동안 법집행기관에서 활용되었기 때문에 그와 관련된 사람이 많을 것이다. 그중에서 세계 최초의 프로파일러를 짚어보자면 앞서 설명했던 '잭 더 리퍼 사건'의 경사 토마스 본드가 아닐까 싶다. 그는 잭 더 리퍼 사건이 발생하자 경찰에 도움을 주기 위해 경사가 되었다고 한다. 토마스와 본드는 여러 구의 시신을 해부하여 연쇄살인범의 상세한 프로파일링을 구성했지만 불행하게도 미제로 남았기 때문에 그의 프로파일링이 검증을 받지 못했다.

20세기에 들어서면서는 제임스 아놀드 브루셀이 '20세기의 첫 범죄 프로파일러'로 간주된다. 그는 뉴욕의 맨해튼에서 의사이자 범죄심리학자로서의 역할을 수행하다가 1956년 뉴욕 시를 16년 동안 공포로 몰았던 '미친 폭파범'의 성격, 나이, 인성, 인종, 거주 지역, 정신건강 상태 등을 아주 상세하게 프로파일링했다. 이 사건은 뉴욕 시 공공장소에 폭탄을 설치해 사람들을 공포에 떨게 한 사건이다. 진범 조지 메테스키Georhe Metesky, 1903~1994가 검거되었을 때 제임스 아놀드 브루셀의 프로파일링과 거의 일치한 특성을 가져 세상을 놀라게 했다. 조지 메테스키는 산업 재해로 인한 분노로 뉴욕 시에 적어도 33회 이상의 폭탄을 설치했고, 그중 22번이 폭발해 15명 이상 부상을 당했다.

◇◇◇
어떤 것도 빠뜨릴 수 없는 프로파일링의 다섯 단계

범죄 프로파일링은 다양한 방식과 접근법 그리고 패러다임이 관련되어 있다. 일부에선 프로파일링의 주요 패러다임으로 진단평가, 범죄 현장 분석, 수사 심리를 들고 있으며, 다른 일부에서는 프로파일링을 위의 진단평가와 유사하거나 동일하다고 할 수 있는 임상적clinical 프로파일링, 범죄 현장 분석과 동일한 형태적typological 프로파일링, 수사심리 investigative psychology 그리고 지리적geographical 프로파일링으로 분류한다.

그리고 이런 프로파일링은 다섯 단계로 이루어지는데 첫 번째는 범행을 분석한 뒤 그것을 과거의 유사범죄와 비교하는 것이고, 두 번째는 실제 범죄 현장에 대한 심층 분석이고, 세 번째는 가능한 동기와 연계성을 찾기 위한 피해자의 배경과 활동을 고려하는 것이고, 네 번째는 기타 동기를 고려하는 것이고, 마지막은 이전 사건과 비교될 수 있는 가능한 범법자에 대한 기술과 평가를 내놓는 단계이다.

더불어 범법자의 여러 가지 관점들을 모아서 교합하여 그에 대한 진단과 평가, 분류하기 위해선 프로파일러는 적어도 이 다섯 단계의 평가 절차를 거쳐야 한다. 먼저 다양한 근원으로부터 자료를 획득하고, 자료를 검토하고, 일련의 범죄들로부터 각 범죄의 중요한 특징들을 파악한다. 그 다음 중요 특징들을 범행 수법이나 아니면 의식으로 분류하고, 특정한 상징이 있는지 결정하기 위하여 일련의 범행에 대한 의식이나 환상에 기초한 특징들과 범행 수법을 조합하여 비교한다. 마지막으로 결과 보고서를 작성한다.

참고 자료

• https://en.wikipedia.org/wiki/Offender_profiling
• https://www.psychologytoday.com/intl/blog/wicked-deeds/201712/criminal-profiling-the-original-mind-hunter
• https://www.psychologytoday.com/us/blog/shadow-boxing/201403/criminal-profiling-how-it-all-began
• https://www.cmcdefense.com/blog/7-of-the-greatest-and-least-known-criminal-profilers-in-history
• https://www.criminaljusticeprograms.com/articles/the-history-of-criminal-profiling/

기록으로 알아보는 방화범죄

1

왜 방화범죄가 일어나는가?

◇◇◇

방화범죄가 일어나는 가장 보편적 목적은
보험사기 때문에

표준국어대사전에 따르면 방화는 일부러 불을 지르는 행위를 말한다. 좀더 구체적으로 헤아려보면 의도적으로 악의를 가지고 재산을 태우거나 어떤 건조물에 불을 지르는 것이다. 방화범죄는 사람을 위험에 빠뜨릴 수 있고, 자산 피해가 크기 때문에 엄격한 처벌이 따르는 전형적인 중범죄로 분류된다.

방화가 일어나는 가장 보편적 동기는 보험사기라고 말할 수 있다. 보험사기는 거짓으로 사고를 내거나 사고 내용을 조작해 보험금을 타내는 행위를 말하는데 방화는 보험금을 타내기 위한 도구이자 수단이 되는 일종의 도구적 범죄라고 할 수 있다. 그리고 이러한 범행을 저지르는 사람을 방화범이라고 한다. 그래서 방화 사건이 일어나면 화재 감식을 통해 발화성 물질을 찾고 어떤 발화 촉매제를 사용했는지, 누가 불을 붙였는지를 파악한다.

방화범은 누범과 재범이 적지 않다고 한다. 그 이유 중 하나가 바로 방화광Pyromania의 존재라고 할 수 있는데 그들은 병리적 방화를 그 특징으로 하는 충동조절장애Impulse control disorder를 가진 사람이라고 할 수 있다. 그러나 방화의 대부분은 방화광의 소행이 아닌 것으로 밝혀졌다.

◇◇◇
자산의 가치에 따라 등급이 나뉘는
방화범죄

미국이나 영국 등 여러 국가에서는 방화범죄를 자산의 가치에 따라 등급을 나눈다. 자산의 가치 안에는 건물이 사용 중인지, 범행 시간이 밤인지 낮인지가 포함된다.

1급 방화는 사람들이 보통 거주하거나 생활하는 장소 혹은 학교와 같이 사람들이 이용 중인 구조물의 방화다. 2급 방화는 주로 보험금을 노리고 빈 집이나 비어 있는 창고나 건물 등에 대한 방화다. 3급 방화는 운동장이나 산림 등과 같이 버려지거나 방치된 구조물에 대한 방화다. 물론 경우에 따라 방화 피의자와 범행 의사에 따라 등급이 달라지며, 여타의 이유를 들어 4, 5등급으로 갈라지기도 한다. 더불어 폭력범죄처럼 단순 방화와 특수 방화로 나뉘기도 한다.

다양한 연구자들이 제시하는 방화의 동기는 매우 다양하다. 물론 보편적으로 들 수 있는 동기는 보험사기처럼 이윤 추구다. 하지만 증오나 보복을 하기 위해 그리고 방화광 때문에 방화범죄가 일어나기도 한다. 이 외에 다른 범죄를 숨기기 위해, 정치적 혹은 사회적 목적을 이루기 위해 분신, 병리적 요소 등이 있다.

누군가는 병리적 요소를 좀더 세분화해 음주나 약물 등과 같은 복합적 원인, 심한 우울증이나 분열증 또는 뇌종양 등 신체적 장애를 포함하는 실제 정신적으로 관련된 장애, 주위의 관심을 얻기 위해, 성적 흥분이나 만족을 얻는 수단, 17세 이하 소년이나 어린이들의 불장난 등으로 분류하기도 한다.

참고 자료

- https://en.wikipedia.org/wiki/Arson
- https://criminal.findlaw.com/criminal-charges/arson.html
- https://www.britannica.com/topic/arson

2

방화범인가? 방화광인가?

◇◇◇
진정한 방화광은
극소수에 불과하다

방화범과 정신질환은 매우 밀접한 관련이 있다. 종종 불을 질러 희열을 느끼는 사람을 정신적으로 장애가 있는 사람으로 가정하곤 하는데 그렇다고 해서 그것이 주요 요인은 아니다. 또한 다수의 요인 중 하나에 지나지 않을 수도 있다. 물론 방화광은 이미 기정사실화된 정신질환으로 진단되고 있지만 진정한 방화광은 극소수에 불과하다. 그 정도로 진정한 방화광은 흔하지 않다.

사실 방화광은 도깨비불이 의심될 때 종종 제기된다. 하지만 연구에 따르면 방화광의 진정한, 실질적인 의미에 대해 법집행기관이나 소방기관 등은 상당한 오해를 할 소지가 있다고 한다. 즉, 용어가 악의적이고 마치 불특정 동기를 가진 이해하기 어려운 방화에 대해 언론이나 대중이 느슨하게 사용하기 때문이다.

　사실 방화광은 도벽, 간헐적 폭발성 장애폭력적이고 파괴적 격분 그리고 병리적 도박 등과 함께 충동조절장애의 진단 분류에 해당된다. 이런 장애를 가지고 있으면 불을 지르려는 충동에 저항하지 못하는 것이 그 특징이다. 간단하게 말하자면, 방화광은 재정적 이득이나 범죄 은닉 등과 같은 분명한 동기나 목적 없이 방화에 대한 충동에 대한 통제가 불가능하다.

　방화광은 불을 지를 때 흥분, 쾌감, 만족 또는 안도 등을 경험하거나 방화 후 상황을 목격하거나 심지어 참여하여 그런 쾌감이나 흥분 등을 느낀다.

◇◇◇

방화광 절반 이상은 방화 이후 불타는 광경을 구경한다

　방화의 동기가 너무 다양하고 복잡하기 때문에 방화광을 일목요연하게 분류하기란 어려운 일이다. 다만 지금까지 가장 많이 알려진 특성들을 추려보면 대체로 다음과 같다.

　먼저 연령층이 10대 후반에서 20대 후반이고, 결손가정 등 불안정한 아동기를 겪었다. 대개 부모로부터 방치되거나 학대를 받았으며, 아동기 과잉행동장애를 경험한 것으로 알려진다. 또한 그들은 학교에서도 학업성취도가 낮았고, 청소년으로서 반사회적 행위와 기타 범죄를 저질렀으며, 아버지와는 공격적이나 냉전적 관계이고, 어머니는 지나치게 과

보호적이었다.

방화광이 기혼자라면 평탄하지 못한 혼인관계를 겪었으며, 미혼자는 범행을 하기 이전까지 부모와 동거하며, 대인관계술이나 사회적 기술이 부족하다. 그들은 직업적응능력이 떨어져서 직장도 대부분 단기, 저임금 일자리에 머물고, 군에서도 잘 적응하지 못한다. 또한 소방에 대한 환상을 가진 경우가 많다.

방화광의 지능에 대해선 연구 결과가 일치되지 않지만 대부분은 평균 이상의 지능을 가지고, 알코올의존증이나 약물남용의 경력이 있고, 인격장애, 우울, 편집증, 자살 성향 등 정신질환을 겪고 있다.

방화광 절반 이상은 방화 이후에 현장이나 근처 가까운 곳에서 불타는 광경을 구경하거나 관찰한다. 대부분은 자신이 불을 지를 때 붙잡힌다는 것에 대해서는 전혀 생각도 하지 않거나 붙잡힐 가능성은 매우 희박하다고 생각하는 것으로 보고되고 있다. 대부분의 방화광은 경찰의 끈질긴 수사로 체포되지만, 15% 정도는 자수하여 자백한다.

방화광은 두 부류로 나뉘는데 하나는 조직화된 방화광이고 다른 하나는 해체된 방화광이다. 조직화된 방화광은 전형적으로 불이 쉽게 붙도록 하는 정교한 소이탄 도구를 활용하며, 물리적 증거를 거의 남기지 않는다. 방화를 하는 데 있어서도 조직적인 접근을 채택하고, 평균 이상의 지능을 가지고 있으며, 사람들을 싫어하는 등 사회적이지 못한 성격을 가지고 있다.

반면 해체된 방화광은 휴대한 물품을 이용하며, 라이터 기름이나 석유 등 쉽게 구할 수 있는 발화 촉매, 촉진제나 담배, 성냥 등을 사용하며, 발자국이나 지문 등과 같은 물리적 증거를 더 많이 남기는 편이다. 그리고 외관이 단정하지 못하며, 사회성이 떨어진다고 할 수 있다.

사이코패스와 방화 누범에 대한 연관성

방화를 반복하는 누범자들에 대한 가장 중요한 진단 범주는 아마도 알코올의존증이나 기타 약물중독을 동시에 가지는 인격장애라고 한다. 방화광 중에서 가장 많이 나타나는 특징은 반사회적 인격장애로, 반사회적인 사람은 종종 방화를 비롯한 기타 파괴적인 행동을 포함하는 광범위한 범죄에 가담한다.

이들의 특징은 불법적, 기만적, 충동적, 공격적인 반복된 행동으로 사회적 규범에 동조하지 못한다. 그러한 사람들을 우리는 종종 사이코패스, 반사회적 인격장애자라고 부른다. 그들은 자신이나 타인의 안전에 대하여 별 관심이 없으며, 다른 사람들에게 가해진 손상에 대하여 죄의식이 없고 회개하지 않는다. 대부분의 반사회적 인격장애를 가진 방화광들은 알코올이나 약물을 남용하고, 자신이 방화하기 직전에 복용량을 급작스럽게 늘린다.

연기성 인격장애histrionic personality disorder, 즉 히스테리를 가진 사람은 대중의 관심을 받고 싶어 한다. 그래서 그들은 다른 사람들에게 쉽게 영향을 받으며 매우 연극적이다. 이들은 자신이 영웅으로 보이길 원하거나 스포트라이트를 받고 싶어 하는 욕망이 동기가 된 방화광에서 전형적으로 나타난다. 한편 편집증적 인격장애를 가진 사람은 방화가 그들의 개성적 이상, 현혹적 신념과 사고는 물론이고 비정상적인 감정과 관련해 필요하다고 믿기도 한다.

여기서 방화의 동기에 대해서도 살펴보자.

• 방화의 동기 1 - 쾌감

자신의 흥분을 즐기기 위해 방화를 하는 사람은 순수하게 스릴을 추구하는 것이며, 방화로 야기된 혼돈과 혼란을 즐기는 것이다. 흥분이나 쾌감을 즐기는 방화범은 자신이 영웅으로 인정받기를 원한다. 그들은 흔히 '관종'으로 사람들이 자신에 대한 이야기를 한다고 생각하는 것만으로도 흥분과 쾌감을 느낀다.

자신이 만든 상황에 소방서와 법집행기관이 대응한다는 것만으로도 자신이 사회에 대한 권력을 갖는다고 생각하는 것이다. 사실 그 누구도 통제하지 못하는 방화는 누군가에게 잃어버린 힘이나 권력을 되찾거나 확보, 유지, 과시하는 데 있어서 엄청난 행동이 될 수 있다.

또한 일부 쾌락을 추구하는 방화범에게는 방화가 성적 만족을 안겨줄 수도 있다. 이들에게 쾌감을 주는 잠재적 표적은 폐기물처리장에서부터 야간 아파트에 이르기까지 광범위하지만 예전의 표적에 대한 방화가 더 이상 충분한 쾌감을 주지 못하면 표적의 범위는 점점 더 확대될 수 있다.

• 방화의 동기2 - 기물 파손

기물을 파손하는 데 목적이 있는 방화는 재산상의 손상을 입히는 악의적인 장난이라고 할 수 있다. 대개 기물 파손 방화는 단지 쾌락만을 위한 것 외에는 그 어떤 이유도 없다. 그래서 대부분 청소년들에 의해 저질러진다.

이런 방화는 일반 청소년비행의 특성과 마찬가지로 한 명 이상의 공범과 함께 집단적으로 이루어지며, 이는 아마도 동료 또는 집단 압박의 결과라고 할 수 있을 것이다. 이들의 보편적인 표적은 학교, 방치된 구조물 그리고 불에 잘 붙는 초목 등이다.

• 방화의 동기3 - 보복

보복이 목적인 방화는 자신에게 처한 부정의에 대한 앙갚음이다. 이런 방화의 원인은 사실 수개월 또는 수년 전에 일어난 상황 때문일 가능성이 높다. 보복이 목적인 방화는 4가지 하위 유형으로 세분화될 수 있다. 하나는 개인이 표적이 되는 개인적 보복, 두 번째는 사회 전반에 대한 불만이 동기인 사회적 보복, 세 번째는 군이나 정부기관 등 제도화된 조직이 표적이 되는 제도적 보복, 네 번째는 집단 구성원에 대한 앙갚음이 동기인 집단적 보복이다. 사실 보복은, 특히 연쇄방화범의 가장 보편적인 동기라고 한다.

• 방화의 동기4 - 범죄 은닉

여기서 방화는 2차적인 행동이어서 일종의 도구적 범죄라고 할 수 있다. 즉 방화 자체가 목적이 아니라 범죄 은닉이라는 다른 목적을 위한 수단이요 도구로 방화를 하는 것이다. 이런 형태의 방화는 강도나 살인 등 1차적 범죄를 숨기기 위한 목적이며, 따라서 범죄 은닉 목적과 동기의 방화는 범죄 현장에 남은 증거를 제거하는 것이 목표다.

• 방화의 동기5 - 이윤

이런 유형의 방화는 금전적 이윤을 추구하거나 기대하기 때문에 행해진다. 보험사기가 가장 대표적인데 이런 방화를 하는 사람들의 목표는 가장 짧은 시간에 가장 큰 손상을 가하는 것이다. 즉 화재보험을 들고 방화를 해 보험금을 타내는 것이다.

• 방화의 동기6 - 극단주의자 또는 테러리스트

사람들은 자신의 종교나 집단의 정치, 사회, 종교적 주장을 강화하기 위한 목적으로 방화를 하는 경우가 있다. 예를 들어 극단주의자나 테러리스트가 하는 방화는 주로 정부나 공공기관의 건물, 종교 시설, 낙태 의원, 동물시험장, 도살장 그리고 모피상 등이 주요 표적이 되고 있다.

또한 정치적 테러리스트들의 표적은 종종 테러리스트들의 분노의 초점을 반영하고 있다. 이들은 어떤 목적을 가지고 방화를 하기 때문에 방화의 책임을 자신에게 돌린다. 그리고 자신들의 특정한 주장에 대한 관심을 끌기 위해 언론을 활용한다.

• 방화의 동기7 - 불특정 동기

아마도 이것이 진정한 정신질환의 영향으로 인한 방화라고 할 수 있다. 그리고 방화와 방화 행위에 있어 정신질환의 역할은 다양하고 복잡하여 그 동기를 특정하기가 어렵다. 예를 들어, 정신분열증 환자는 분노와 보복으로 방화를 할 수 있으며, 정신이상, 편집증 그리고 환상 등도 한 요인이 될 수도 있지만 그렇지 않을 수도 있다.

참고 자료

• https://www.officer.com/home/article/10249289/inside-an-arsonists-mind

• https://www.totallifecounseling.com/8-characteristics-of-teen-serial-arsonists-suspected-orlando-serial-arsonists-arrested-steven-angle-orlando-winter-park-community

3

세계 최다 희생자를 낳은 방화 사건

◇◇◇

다시는 일어나서는 안 될
역대 최악의 대구지하철화재참사

세계에서 가장 많은 사망자와 부상자를 낸 방화 사건은 불행하게도 한국에서 일어났다. 바로 대구지하철화재참사다. 2003년 2월 18일 오전, 대구시 지하철 중앙로역에서 누군가가 운행 중이던 지하철에 불을 놓아 승객 192명이 사망하고, 151명이 부상을 당했다. 처음 불길이 발화된 철도차량뿐만 아니라 뒤를 따르던 차량까지 순식간에 불길에 휩싸여서 큰 인명 피해를 초래했던 것이다. 이는 단일사건으로 대한민국 역사에서 전시가 아닌 평화시 가장 큰 인명 살상을 초래한 사건으로 기록되었으며, 비단 대한민국뿐만 아니라 세계적인 기록으로 남게 되었다.

◇◇◇

혼자 죽고 싶지 않았다,
우울증으로 분노에 가득차 있던 전직 택시 기사

이 사건의 범인은 2001년 11월 뇌졸중을 일으켜 부분적 마비를 얻게 된 당시 56세의 전직 택시기사 김대한이었다. 김 씨는 당시 자신에 대한 의료 처우와 치료에 불만을 가져 우울증을 앓으며 분노로 폭력 성향이 표출되곤 했다. 경찰 조사에서 그는 스스로 목숨을 끊고 싶었지만 혼자서가 아니라 혼잡한 곳에서 죽고 싶었다고 진술했다.

2월 18일 아침 그는 화염 물질이 가득 담긴 우유팩 2개를 넣은 더플백을 메고 대곡역 방향으로 가는 지하철 1079편에 탑승했다. 지하철이 9시 53분 반월당역을 떠나자, 그는 담뱃불을 붙이기 위한 라이터와 우유팩을 만지작거리기 시작했다. 이를 보던 다른 승객이 말리려다가 실랑이가 벌어졌고, 그 와중에 1개의 우유팩이 엎질러졌다.

기차가 도심의 중앙로역으로 들어오자 우유팩 안에 들어 있던 액체에 불이 붙기 시작했다. 자신의 등과 다리에 불이 옮겨 붙은 김씨는 1079 열차 승객들 다수와 함께 탈출을 하는데 2분도 채 되지 않아 철도차량 6량 모두가 불길에 휩싸였다. 열차의 선반인 알루미늄의 덧칠과 좌석의 비닐과 플라스틱 쿠션, 손잡이 줄, 바닥의 무거운 플라스틱 매트 등에 순식간 불이 옮겨 붙으면서 엄청난 연기가 피어올랐다.

◇◇◇
초기 화재 대응에서 실수를 연발하다

이 과정에서 희생자가 많아진 원인은 초기 화재 대응에서 몇 가지 실수가 있었기 때문이다. 먼저 당시 열차의 기관사가 즉시 지하철 관계자들에게 화재를 알리지 않았다. 감시 카메라에 연기가 보이자 지하철 관계자들은 그제야 1080호 열차 기관사에게 급하게 무선을 쳐서 기차역에 화재가 발생했으니 상황을 보며 운행하라고 권고했다.

하지만 정확히 4분 뒤 1080호 열차가 중앙로역으로 들어섰고 불타는 1079호 열차와 함께 정차했다. 열차의 출입문이 열렸지만 역 안에 가득한 유독성 연기가 열차 안으로 들어오지 못하게 하려는 의도에서 바로 출입문이 닫혔다. 1080호 열차가 도착한 직후, 자동 화재감지기가 1079호와 1080호 열차에 연결된 전기 공급을 차단하여 1080호 열차가 역을 빠져 나갈 수도 없었다.

◇◇◇
마스터키를 들고, 나 혼자 뛰었다

그리고 더욱 불행스러운 것은 1080호 열차 기관사가 자신이 상급자와 교신을 시도하는 동안 세 번에 걸쳐서 승객들에게 좌석에 앉아 있으라고 차내 방송을 내보낸 것이다. 하지만 상급자가 "어디든지 뛰어서 나가라. 위로 올라가라. 엔진을 끄고 가라"는 권고를 하자 그는 혼자 출입문을 열고 도주했다. 안타깝게도 열차의 마스터키를 빼는 바람에 열차의 출입문에 동력을 제공하는 실내 배터리가 차단당해 승객들은 완전히 열차 안에 갇히게 되었다. 사고 후 조사에서 밝혀진 것은 79명의 승객 전원이 탈출하지 못하고 1080호 열차 안에 갇혀서 결국 목숨을 잃었다는 사실이다.

사고 경위를 종합하자면 열차 기관사와 통제실 간의 소통의 문제, 기관사들의 화재 대응 조치 미숙과 잘못 등 인재로 많은 희생자가 나왔다는 점을 지적하지 않을 수 없다. 또한 미흡한 안전장치와 설비도 피해를 크게 키운 요인이다. 화염이 그처럼 급속하게 퍼진 근본적인 요인은 객차 내부 시설물이 단열이 안 되는 재질로 만들어졌기 때문이다. 사실 모든 희생자들은 좌석의 비닐과 플라스틱 쿠션이 타면서 내뿜은 유독성 가스와 연기로 질식사한 것으로 밝혀졌다.

사고 희생자가 많아진 또 다른 이유는 당시 지하철역에는 화재에 적절한 비상장비가 갖추어져 있지 않았던 탓도 있었다. 당시 대구 지하철 열차에는 소화기가 비치되어 있지 않았으며, 역에도 스프링클러와 비상조명이 부족했다. 다수의 희생자들이 정전으로 인한 어둠과 연기가 가득한 지하철 역 안에서 방향을 잃고 출구를 헤매다가 질식해서 숨진 것으로 밝혀진 점을 절대로 잊어서는 안 된다.

◇◇◇

그날의 비극을 잊어선 안 되는, 대구지하철화재참사

유가족들을 더욱 상심에 젖게 만들었던 점은 워낙 화염이 강해서 희생자의 정확한 수를 알기가 힘들 뿐만 아니라 희생자의 대부분이 화상이 너무 심각해 신원 확인이나 인식이 불가능했다는 사실이다. 일부는 유골까지 타버릴 정도여서 희생자의 신원 파악을 위해 DNA 분석이 필요했다. 최종적으로 192명이 희생된 것으로 밝혀졌지만 이 과정이 험난했다. 185명의 신원은 확인했으나 6명은 신원을 확인하지 못하다가 그중 3명이 DNA 분석을 통하여 신원이 확인됐고, 다른 한 명은 소지품이 발견되어 신원을 확인할 수 있었다. 당시 승객들은 마지막까지 자신의 사랑하는 가족과 친지들에게 전화를 걸 수 있었고, 통신사 또한 전화 연결이나 연결 시도 기록을 공개해 신원을 확인하는 데 도움을 주었다.

대구지하철화재참사가 일어나자마자 전국적으로 또는 국제적으로 분노와 동정이 들끓었고, 정부는 대구를 특별재난지역으로 선포하고, 지하철역에 더 나은 안전장치와 장비를 설치하겠노라고 약속했다. 대구 지하철 열차 내부 시설물에는 방화약품을 덧칠하기도 했다. 하지만 대구광역시와 지하철 종사자들이 이 참사를 축소나 은폐하고, 현장을 훼손하는 등 참사 이후에도 부실한 대응을 해 큰 충격을 주기도 했다.

◇◇◇

희생자는 최대인데
형량은 최저인 재판

그해 8월 7일, 대구지방법원은 과실치사 혐의로 1080호 열차 기관사에게 5년형을, 1079호 열차 기관사에게는 4년형을 선고했다. 범인 김대한은 방화와 살인 혐의로 기소됐고 검찰과 유가족들은 그에게 사형을 선고해줄 것을 요청했으나 법원은 그가 반성과 회개를 하고 있으며 정신 상태가 온전치 못하다는 이유로 종신형을 선고했다. 범인 김대한은 종신형을 선고받고 진주교도소에서 수감 생활을 하다가 2004년 8월 31일 지병으로 사망했다.

2003년 2월 18일, 그날의 비극은 대한민국 사람이라면 국가적 곤경과 수치로 여기고 있으며, 이 참사가 급속한 경제 발전과 산업화로 인해 너무나 많은 안전을 희생하지 않았는지를 검토하는 계기가 되었다. 결과적으로 전국에 걸쳐 지하철역의 방화 기준이 상향되는 쪽으로 재설비됐다.

참고 자료

- https://www.irishtimes.com/news/korean-subway-arsonist-sentenced-to-life-1.491847
- https://en.wikipedia.org/wiki/Daegu_sunway_fire
- https://murderpedia.org/male.D/d/dae-han-kim.htm
- https://namu.wiki/w/대구%20지하철%20참사
- https://www.history.com/this-day-in-history/arsonist-sets-fire-in-south-korean-subway

세계에서 가장 유명한 방화 사건들

◇◇◇

**내 소설을 훔쳐갔다고!
교토 애니메이션 스튜디오 방화 사건**

2019년 7월 18일 오전, 일본 교토의 후시미에 소재한 교토 애니메이션의 스튜디오1에서 화재가 발생했다. 이 방화 사건으로 36명이 숨졌고, 33명이 화상을 입었으며, 건물과 함께 장비들이 불탔다. 일본의 경우 제2차 세계대전 이래 가장 피해가 큰 재난의 하나이자 최대 규모의 건물화재라고 한다.

7월 18일 10시 반, 용의자로 추정되는 사람이 스튜디오1로 들어가서 약 40리터의 휘발유를 건물에 뿌리고 불을 붙였다. 이어 폭발음과 함께 불길이 타올랐다. 용의자는 휘발유를 건물로부터 약 10km 떨어진 곳에서 구입하여 플랫폼 트롤리로 운반한 것으로 알려졌다. 경찰은 휘발유가 공기와 함께 혼합되어 뿌려지는 바람에 시작과 동시에 폭발도 함께 일어났을 것으로 확신했다. 용의자는 방화를 시작하면서 큰 소리로 "죽어라"고 외쳤을 뿐만 아니라 일부 직원들에게 휘발유를 뿌린 뒤 불을 붙여 그들은 불길에 휩싸인 채 도로로 뛰쳐나가야만 했다.

문제는 화재가 건물 입구에서 시작됐기 때문에 직원들이 건물 내에 갇히게 되었다는 점이다. 19명의 희생자가 옥상 계단 근처의 3층에서 발견되었는데 이는 그들이 탈출을 시도했던 것으로 보인다. 용의자는 도주했으나 직원이 추격하자 곧 길거리에서 쓰러져 그 자리에서 경찰에 체포되었다. 현장에서는 사용되지 않은 칼들도 함께 발견되었다.

화재는 오후 3시 19분에야 진압되었다. 이후 화재재난관리청의 보고에 따르면 건물은 화재로 전소됐으며 건물이 소형으로 분류되어 스프링클러가 설치되지 않았고, 실내 소화기도 비치되어 있지 않았다고 한다. 하지만 2018년 10월 17일 화재 정기점검에서 화재안전수칙의 결함은 없는 것으로 통과됐다고 한다.

보고에 따르면 건물 입구에서 직원 출입증을 통해 신원을 확인한다고 되어 있었으나 그날은 스튜디오에서 외부 방문자를 기다리고 있어 출입문이 잠겨 있지 않았다고 한다. 하지만 이는 부정확한 정보로, 애초 건물에는 보안 체계가 갖춰 있지 않았고, 출입문은 근무 시간 중 항상 열려 있었다고 밝혀졌다.

화재로 건물 대부분이 소실됐지만 다행히도 연소되지 않은 컴퓨터 서버에서 디지털화된 그림의 원본들을 성공적으로 복구할 수 있었다. 그러나 건물 내부에 있었던 74명 중 36명이 사망했다. 안타까운 점은 희생자 중 일부는 얼굴을 인식할 수 없을 정도로 심하게 화상을 입어서 신원을 확인하기가 어려웠다는 사실이다.

2019년 7월 22일 공개된 부검 결과는 대부분의 희생자들이 불이 급속하게 퍼지는 바람에 일산화탄소 중독이 아니라 불에 타서 사망한 것으로 밝혀졌다. 희생자들의 신원 확인을 위해 DNA 분석이 이뤄졌으며, 회사 업무의 성격상 여성들이 많이 일하던 관계로 대부분의 희생자가 여성이었다고 한다.

사건이 일어나기 몇 주 전부터, 교토 애니메이션은 수차례에 걸쳐 협박을 받았지만 그것이 방화와 관련이 있는지는 알 수 없다고, 회사 관계자는 밝혔다. 물론 회사는 그 이전에도 해마다 200건 이상의 협박을 받아왔고, 2018년부터 경찰이 수시로 순찰하기도 했다.

방화 용의자는 41살의 남자인 아오바 신지青葉真司로, 지역 사람들에 따르면 아오바와 닮은 한 남자가 사건 며칠 전부터 스튜디오 주변에서 목격됐으며, 방화하기 하루 전에는 「맹세의 피날레Sound! Euphonium」와 관련된 몇 군데도 돌아다닌 것으로 알려졌다.

화재가 발생하자 그는 현장에서 도주했으나 100m 정도 떨어진 기차역 주변에서 경찰에 체포되었다. 그 또한 전신 화상을 입었기 때문에 먼저 치료하기 위해 병원으로 후송됐다. 후송 도중, 그는 스튜디오가 자신이 투고한 소설을 표절했다고 비난하며 그 보복으로 방화를 했노라고 시인했다.

하지만 회사 측에서는 매년 주최하는 소설 공모전에 그와 같은 이름으로 투고한 사람은 없었으며, 아마도 형식이 갖춰지지 않아 1차 심사를 통과하지 못했을 것이라고 추정했다. 더불어 자신들의 출판물 어디에도 그의 소설과 유사한 내용은 없었다고 밝히며 용의자의 주장을 부인했다.

아오바는 과거 이바라키에서 편의점을 강도질한 전과기록이 있었으며, 정신질환을 앓고 있었다고 한다. 그는 10개월의 치료를 마치고 2020년 5월에 수감되었다. 아오바의 정신질환으로 그는 사형에서 종신형으로 감형될 수도 있다고 한다.

◇◇◇
여자친구와 싸우다 홧김에!
해피랜드 나이트클럽 방화 사건

1990년 3월 25일, 뉴욕의 브롱크스에 위치한 무허가 해피랜드 나이트클럽에서 방화가 일어났다. 그곳에 있던 사람들 93명 중 87명이 사망했다. 대부분의 희생자는 카니발을 즐기던 온드라스계 젊은이였고, 방화범은 실직한 쿠바 난민 출신의 훌리오 곤잘레스Julio Gonzalez였다.

화재가 일어나기 전인 1988년, 클럽은 건축 조례를 어긴 혐의로 폐쇄됐는데 관계 당국의 지시를 어기고 영업을 했던 것이다. 물론 화재 비상구, 경보기, 스프링클러가 없었고, 폐쇄 조치 시행에 따라 당국의 점검 기록도 없었다.

곤잘레스는 1970년대 쿠바군을 탈영한 결과 3년형을 선고받고 교도소에 수감됐다가 1980년대 마리엘 보트리프트◆에 승선하기 위해 마약거래법으로 범죄 기록을 위조하기도 했다.

이 보트리프트는 뉴욕 맨하튼의 한 민간단체의 후원으로 운영됐다. 그는 방화를 하기 6주 전부터 일자리를 잃고 방세가 두 달이나 밀려 있었다고 한다. 그런 와중에 해피랜드 나이트클럽에서 외투를 보관하는 일을 하는 여자친구에게 찾아가 일을 그만두라고 종용하며 말싸움까지 하다 여자친구가 관계를 끝낼 것을 요구했다.

안전요원에 의해 클럽 밖으로 쫓겨난 그는 클럽을 부셔버리겠다고 소리를 지르고는, 주요소에 가 1달러어치의 휘발유를 사서 클럽의 유일한 출입문 계단 바닥에 휘발유를 뿌리고는 불을 붙였다.

불은 금방 타올랐고, 화재 당시 클럽 내부에 있던 93명 중 단 6명만이 건물 밖으로 탈출했고, 나머지 87명은 목숨을 잃었다. 곤잘레스의 여자친구는 살아남은 6명에 속했다. 87명 중 19명의 시신은 아래층에서, 6명은 정문과 그리 멀지 않은 곳에서, 나머지는 위층에서 발견되었다. 그중 일부는 탈출하려고 건물의 벽에 구멍을 내기도 했다.

희생자 대부분은 일산화탄소에 질식하거나 이동 중 사람들에게 발로 밟혀서 사망한 것으로 밝혀졌다. 소방관 150여 명이 출동해 5분 만에 화재가 진압되었다.

이 사건이 세계적으로 유명해진 이유는 사망자도 많지만 생존자가 가

◆ Mariel boatlift, 난민 보트로 쿠바 마리엘항에서 배를 타고 미국으로 이동하는 것을 말한다.

장 적었기 때문이다. 또한 화재 당시 어떤 화재 안전장치도 설치되지 않았다는 것과 함께 당국이 점검을 소홀히 했다는 점에 있어서 큰 비판을 받았다.

참고 자료

- https://www.ranker.com/list/worst-arson-attacks-in-history/eric-vega
- https://www.en.wikipedia.org/wiki/Happy_Land_fire
- https://en.wikipedia.org/wiki/Kyoto_Animation_arson_attack

세계에서 가장 유명한 방화범들

◇◇◇
나의 방화 범죄를 소설로 쓰다,
존 레너드 오어

존 레너드 오어John Leonard Orr, 1949~1991는 미국의 전직 소방관이자 소설
가이면서 동시에 유죄가 확정된 방화범이다. 그는 캘리포니아 남부 글레
데일 소방서 소방간부이면서 방화수사관이었다. 존 오어는 원래 경찰관
이 되고 싶었으나 선발시험에 떨어져 대신 소방관이 되었다.

1980년부터 1990년 초까지, 로스앤젤레스에서 미제사건으로 남은
일련의 방화 사건이 일어났다. 또한 고속도로 주변 지역에서 방화가 연
거푸 일어났다. 방화를 조사하던 수사관은 1987년 프레즈노 화재에서
수거한 발화원격조절장치에서 채취한 지문 하나를 얻게 된다.

흥미롭게도 지문은 방화수사관 존 오어와 일치했다. 그의 수법은 이
랬다. 고무 밴드로 묶인 성냥 3개를 노란 종이로 둘둘 말아 손님들이 붐

비는 가게 안에 던지고, 원격 조정으로 불을 붙게 하는 것이었다. 동료 소방관들은 그를 두고 '베개 방화광'이라고 부르기도 했다. 지문과 오어가 소유하고 있는 도구 외에도, 그를 용의자로 의심케 하는 사건이 있었다.

1984년 10월 10일, 캘리포니아 사우스패서디나의 쇼핑플라자에 위치한 오엘스 홈센터에 큰 화재가 발생했다. 가게는 불탔고, 4명이 목숨을 잃었다. 다음날 방화수사관들이 화재 원인을 조사한 결과 전기 누전이라고 밝혔으나 유독 오어만 방화라고 계속 주장했다. 그 후 방화수사관들은 불씨가 쉽게 불이 붙는 폴리우레탄 재질의 제품에서 시작됐으며 그로 인해 불이 급속도로 번졌다는 사실을 밝혀냈다.

여기서 멈추지 않고 오어는 오엘스 홈센터 화재 상황과 유사한 점이 많은 소설 『원점Points of Origin』을 출간했다. 이 소설에는 화재에 대한 자세한 기술과 정황 증거 등에 대한 내용이 포함되어 있었다. 결국 그는 법의학적인 재분석 끝에 기소되었고, 일련의 다른 화재 사건으로 인해 1998년 유죄가 확정되어 종신형을 선고받았다.

그러는 한편, 일부 방화수사관들과 FBI 범죄분석관profiler들은 오어가 20세기 미국에서 가장 악한 연쇄방화범 중의 한 사람이라고 지목했다. 왜 그럴까?

그들은 오어가 1984년과 1991년 사이에 아마도 거의 2,000건의 방화를 저질렀을 것으로 추정한다. 더군다나 방화수사관들은 오어가 체포되고 난 후 주변 지역 언덕이나 야산의 화재 발생 건수가 거의 90% 격감했다고 주장했다.

동기부여 대중연설가로 활동 중인 오어의 딸 로리는 재판에서 변호인을 대신하여 아버지를 위한 증언을 했는데 이것으로 그는 사형선고를 면할 수 있었다. 하지만 로리의 깨달음은 늦게 찾아왔는데, 수년 동안 그녀는 아버지의 무죄를 주장했지만 여러 정황들을 맞춘 결과 결국 그녀 또한 아버지가 유죄임을 믿게 되었고, 그 후 아버지와의 모든 연락과 접촉을 끊었다.

오어의 이야기는 『불타는 사랑Fire Love』이라는 책에 실렸으며 미국 PBS의 「연쇄방화범의 사냥Hunt for the Serial Arsonist」, A & E 네트워크의 「연쇄방화범의 일기Diary of a Serial Arsonist」, HBO의 영화 「원점Point of Origin」 등 여러 번에 걸쳐서 영화와 텔레비전 프로그램으로 제작되기도 했다.

◇◇◇

매력적인 상대와 대화를 하는 대신
불을 질렀던 토마스 스위트

토마스 스위트Thomas Sweatt는 아마도 미국 역사에서 가장 많은 방화를 한 연쇄방화범 중 한 명일 것이다. 그는 2003년부터 2004년 사이 워싱턴 D.C. 주변에서 약 300건의 방화를 한 것으로 전해진다. 그는 2005년 체포됐는데 자신은 지난 30년 이상 방화를 했노라고 시인했다. 현재 그는 인디애나 주 테레호테의 연방교도소에서 수감 생활을 하고 있다.

1970년대에 토마스 스위트는 제복을 입은 남자에 대한 성적 환상으로 해병대에 입대를 신청했으나 두 번이나 거절당했다. 그래서 그런지 토마스 스위트는 매력적인 남성을 보면 그의 집으로 따라가 집이나 자동차에 불을 질렀다. 대화를 하는 대신 불을 지른 것이다.

또한 그는 종종 경찰차에 발화성 물질을 던져넣어 불타는 것을 구경하기도 했다. 그의 발화 도구는 우유 통이었다. 그곳에 휘발유를 채우고 옷 조각을 넣으면 심지가 되는데 거기에 불을 붙이면 심지가 다 탄 후 마지막으로 우유 통의 가스가 증발하면서 불길에 휩싸인다.

2003년 워싱턴 D.C와 메릴랜드의 프린스 조지 카운티 위주로 그가 가는 곳마다 일련의 방화가 일어났다. 사실 토마스 스위트는 워싱턴 지역 식당에서 튀김을 담당한 요리사였다가 나중에는 지역 패스트푸드점의 매니저로 일했다. 그가 방화 용의자로 지목된 것은 두 곳의 화재 현장에서 수거된 하나의 지문, 한 술의 머리카락과 헝겊에서 채취된 일부 피부 세포에서 얻은 DNA 증거였다.

물론 모든 증거가 그의 유전자 프로파일과 일치했다. 또한 그는 감시 카메라를 통해 해병대 막사 주변에서 발생한 화재 현장에 그의 자동차가 포착되면서 체포됐다.

그는 연방법원에서 열린 재판에서 다양한 혐의에 대한 유죄협상guilty plea을 받아들이는데 혐의 중에는 파괴 도구 소지, 화재로 인한 건물 파괴로 인명 살상 초래, 폭력범죄를 위한 무장 도구 소지 등 최소한 종신형을 강제하는 1급 살인과 2급 살인이 포함되어 있었다.

또한 유죄협상에서 그는 거의 400건에 달하는 방화를 자백했는데 그중 2건의 방화에서 두 명의 노인여성이 고령으로 미처 피하지 못하고 사망했다. 그의 방화 동기는 자신이 들었던 '목소리'를 침묵시키고 스트레스를 해소하기 위해서였다고 한다.

참고 자료

• https://en.wikipedia.org/wiki/Thomas_Sweatt
• https://en.wikipedia.org/wiki/John_Orr

기록으로 알아보는 사이버범죄

1

사이버범죄의 역사

◇◇◇
사이버 공간을 통해
이뤄지는 범죄의 다양성

사이버범죄Cybercrime를 간단하게 정의하자면 이렇다. 컴퓨터 통신 등 사이버 공간을 통해 피해자에게 직접적 또는 간접적으로 신체적, 정신적 손상이나 금전적 손실을 야기하거나 피해자의 명예를 의도적으로 해치고자 하는 범죄적 동기를 가지고 개인이나 집단에 대하여 가해진 범행이다.

사이버범죄는 개인의 피해에 머물지 않고 더 나아가 국가의 안보와 안전이나 재정적 건전성까지 위협할 수 있는 중대범죄라고 할 수 있다. 이와 더불어, 개인의 신상 정보와 같은 비밀 정보가 공개되거나 누출된다면 개인권 침해가 발생할 수 있다.

특히 성별의 관점을 더한다면 여성에 대한 사이버범죄는 날로 심각해지고 있다. 여성에 대한 사이버범죄는 누구나 쉽게 접근할 수 있는 사이버공간을 통해 여성을 표적으로 신체적 또는 심리적으로 의도적인 해를 가하는 범죄를 말한다. 그래서 요즘엔 디지털 성범죄 예방에 대한 교육물을 배포하면서 상시 단속을 진행하고 있다.

물론 사이버범죄는 여기서 그치지 않고 국가 간 경제 첩보는 물론이고 정치적, 군사적 첩보를 비롯한 국경을 넘나드는 국제적, 다국적 범죄로까지 확대되고 있다.

◇◇◇
봉수대와 전파 중계소가
비슷한 위치에 있는 이유

우리는 흔히 사이버범죄를 현대에 생긴 것으로 생각하기 쉽지만 19세기 세계 최초의 사이버범죄가 일어난 것으로 보면 역사가 그리 짧지 않다. 정보 전달의 측면에서 보자면 우리는 고대로까지 올라가 역사를 언급해야 한다. 왜냐하면 오래전부터 인간은 연기를 피워 정보를 전달하는 방식을 이용했기 때문이다.

우리나라도 남산에 봉수대가 남아 있을 정도로 과학적인 통신 수단을 가지고 있었다. 봉수대는 낮에는 연기를 이용하고, 밤에는 불빛을 활용해 먼 곳까지 정보를 전달하는 역할을 했다. 특히 봉수대는 높은 산의 정상에 세워졌는데 지금 전파 중계소가 있는 곳과 거의 같다고 할 수 있다. 또한 비둘기를 활용하거나 인편으로 또는 화살촉을 이용해 정보를 교환하기도 했다.

하지만 과학기술이 점점 발전하면서 원시적인 수단에서 벗어나 이를 대체할 새로운 통신 수단이 필요해졌다.

◇◇◇

프랑스 증권거래인이 벌인
세계 최초의 사이버범죄?

기록으로 보자면 세계 최초의 국가 데이터 네트워크는 1790년대 프랑스에서 구축되었다. 이는 수기 신호semaphores를 이용한 기계적 전신 제도mechanical telegraph system로, 일련의 탑tower으로 구성되어 있었다. 각각의 탑은 꼭대기에 이동이 가능할 수 있도록 체제를 갖췄다. 그리고 목재를 이용해 상이한 형태로 구성함으로써 서로 다른 의미의 글자, 숫자 그리고 기타 문자 등을 나타냈다.

실제 당시 이 시스템으로도 무려 196가지의 독특한 상징을 표현할 수 있었다고 한다. 각 탑의 운영자가 망원경으로 이웃한 탑의 형태를 관찰하여 그와 동일한 형태로 자신의 탑에도 구성해 다른 이웃 탑으로 전달했던 것이다. 프랑스 정부는 이 수기 신호 체계를 이용하여 암호화된 정보를 군부대로 전달하고 군부대로부터 적의 동향을 그 어느 때보다 빨리 받을 수 있었다.

이 성공으로 프랑스는 당시 566개소의 신호대를 가진 일련의 네트워크를 구축해 무려 1,000여 명의 운용자가 총 3,000마일의 거리를 관할

할 수 있었다. 당연히 이러한 통신 제도는 국가 전용이었다. 하지만 1834년 증권거래인이었던 프란체스와 조셉 블랑Frances & Joseph Blanc 형제가 국가 전용의 통신체계를 자신들의 사적 이익을 위해 사용했다.

블랑 형제는 보르도의 한 은행에서 국채를 거래하는 업무를 하고 있었는데 파리에서 시장 움직임에 대한 정보가 도착하는 데 수일이 걸렸다. 그들은 국채를 거래하는 데 있어 빠른 정보의 습득은 경제적 이익과도 연관되며, 정보에 의한 시장 움직임을 빨리 예측한다는 것은 그만큼 우위를 선점할 수 있다는 사실을 깨달았다.

그래서 블랑 형제는 일부 거래인들이 비둘기를 이용해 정보를 전달하는 것에 한계가 있다고 보고, 전신선telegraph line을 활용하는 방법을 찾아냈다. 바로 전신 운영자telegraph operator에게 뇌물을 주고 그들에게 주식시장의 동향에 대한 신호를 받은 것이다. 또한 그들은 전신의 '부호화encoding' 시스템을 조작하기도 했다.

이들의 수법은 2년 이상 지속되었다. 하지만 블랑 형제에게 정보를 주던 전신 운영자가 병에 걸리자 자신의 자리를 맡게 된 사람에게 모든 사실을 털어놓음으로써 발각이 됐다.

결국 블랑 형제는 재판에 회부되었으나 당시 이 데이터 네트워크의 남용에 관한 법률이 존재하지 않아서 유죄가 성립되지는 못했다. 그러나 이 사건은 세계 최초의 사이버 범죄로 간주되고 있다.

기술보다 인간의 본성에 맞춘
보안이 필요

이 사건은 무려 200년 전에 일어난 일이지만 현대 기술사회의 사이버 범죄에 던지는 시사점이 적지 않다. 현재 관점에서 보자면 당시 프랑스 전신 체계의 기술력은 매우 낮았지만 이 사건의 주요 핵심은 기계, 기술, 시스템이라기보다는 그것들을 조작하는 운영자, 사람이었던 것이다.

그리고 이 부분은 기술의 형태나 수준을 막론하고 보안은 하나의 체인chain 같은 것이어서 인간이 언제나 가장 취약한 고리link에 해당된다는 점도 분명하게 보여준다. 또는 이렇게 해석할 수도 있다. 현재 기술적 도전에만 초점을 맞추는 것은 한계가 있으며 결국 보안의 가장 핵심은 사람이라는 사실을 일깨워준다.

그리고 어떤 새로운 기술이나 발명도 사람은 그것을 악용하고 남용하는 방법을 찾아낼 수 있으며, 바로 이런 이유로 기술보단 인간의 본성에 초점을 맞춰야 한다.

참고 자료

· https://en.wikipedia.org/wiki/Cybercrime
· https://www.1843magazine.com/technology/rewind/the-crooked-
  timber-of-humanity
· https://medium.com/@mjosefweber/heres-how-the-first-cyber-
  attack-went-down-719f1d4266d0
· https:///www.thevintagenews.com/2018/08/26/cyberattacks-in-the-
  1830s

세계 최초의 해킹 범죄

◇◇◇
기술이 발전할수록
그것에 기생한 범죄도 늘어난다

현대사회에 살고 있는 우리는 하나의 라인에 대롱대롱 매달려 있는 종이 인형과도 같다고 생각되지 않는가? 우리는 대한민국뿐만 아니라 전 세계적으로 이어져 있는 것이다. 정치적, 문화적, 경제적, 국가적 경계까지 넘나드는 우리는 정부와 기업, 금융기관 사이의 연결성이 매우 중요하다. 특히 디지털 기술이 그러한 연결성을 제공하며 실제 사용자들에게 상당한 이익과 편의를 제공한다.

하지만 독일의 사회학자인 울리히 벡Ulrich Bech이 『위험사회Risk Society』에서 지적한 것처럼 산업화, 기술 진보가 진행될수록 범죄 위험이 높아지고 그로 인한 불안이 증대된다. 특히 현대의 디지털 기술은 다양한 범죄 활동의 온상이며 범죄적 환경을 확산시키기도 한다.

현대의 디지털 연결사회에서 시간과 공간을 초월한 소통이 필수적인 관계로, 초기 사이버범죄는 대체로 해킹과 관련된 것이 많았다. 특히 1970년대 전산화된 전화 시스템이 그 표적이 되면서 더욱 분명해졌다.

소위 '폰 프리커스phone Phreakers, 전화를 무료로 사용하기 위해 시스템을 개조하는 사람'들이 전화회사의 정확한 코드와 신호를 찾아내서 장거리 전화를 공짜로 이용하기 시작했던 것이다. 이들은 교환원으로 가장하여 전화회사의 쓰레기장을 뒤져서 기밀정보를 찾아내 초기 전화 시스템의 하드웨어를 통해 셀 수 없이 많은 실험을 하며 장거리로 전화할 수 있는 방법을 찾아냈다.

반면 이 혁신적인 형태의 범죄는 법집행기관의 관점에서 보면 어려운 쟁점이라고 할 수 있다. 통신 기술의 해킹 분야에 대한 수사관들의 기술과 지식이 부족했을 뿐만 아니라 형사소추를 위한 법률이 마련되지 않았기 때문이다.

이렇게 혼란한 시기에도 기술은 날로 발전했고, 그에 따라 범죄 활동도 매우 활발해졌다. 많은 사람들이 통신 기술에 대해 익숙해지면 익숙해질수록 사이버범죄의 기회도 범위가 넓어졌다. 하지만 사실 정확하게 헤아려보면 1980년대까지 실질적인 사이버범죄는 없었다고 할 수 있다.

세계 최초로 해킹 범죄로
유죄를 선고받은 이안 머피

사실 정확하게 헤아려보면 1980년대까지 실질적인 사이버범죄는 없었지만 그 이후 증가했다. 해킹 범죄로 유죄가 확정된 그 첫 번째 사람은 캡틴 잽Captain Zap으로도 알려진 미국인 이안 머피Ian Murphy다.

1981년 그는 미국 통신회사인 AT&T를 해킹해 내부 시계를 조작한 뒤, 전화 사용량이 가장 높아서 전화료가 가장 비싼 시간대에 공짜로 전화를 이용했다. 이 사건으로 그는 2년 반의 보호관찰과 1,000시간의 사회봉사 명령을 받았고, 해킹 범죄로 유죄가 확정되고 처벌을 받은 첫 번째 미국 사람으로 기록되어 있다. 이 처벌은 오늘날에 비춰보면 터무니없이 가벼운 것이라고 할 수 있다.

하지만 해커들은 시간이 흐름에 따라 상이한 방식과 방법으로 진화했다. 통신 기술의 발전으로 전화회사가 그 첫 번째 표적이었지만 그들은 은행이나 온라인 몰, 심지어 개인들까지도 표적으로 삼았다. 오늘날 인터넷 뱅킹이 매우 대중화되었기 때문에 이로 인해 위험도 무시하지 못한다. 그 끝판왕이라고 할 수 있는 것이 바로 다양한 형태와 수법의 '피싱phising'이다.

세계 최초의
해킹 범죄에 관한 법률

1986년 로렌스 버클리 국립연구소Lawrence Berkeley National Laboratory의 시스템 행정 담당자였던 클리포드 스톨Clliford Stoll은 회계 자료에서 약간의 불규칙성을 발견했다. 그리고 디지털포렌식◆ 기술을 활용해 허락받지 않은 누군가가 자신의 컴퓨터를 해킹했다고 결론을 내렸다.

그는 해커의 근원을 추적할 수 있는 충분한 정보와 자료가 수집될 때까지 해커를 컴퓨터 네트워크로 유인하는 소위 '꿀단지honeypot 전술'을 사용했다. 그 결과 그는 소련 KGB의 스파이인 마커스 헤스Markus Hess와 다른 수 명을 체포하는 데 성공한다. 독일인인 마커스 헤스는 미국 국방부 컴퓨터를 해킹해 기밀 정보를 훔쳐오라는 임무를 받고 400대의 국방부 컴퓨터를 공격하는 데 성공했던 것이다.

이 사건은 로버트 모리스Robert Morris가 모리스 웜Morris Worm 바이러스의 발견으로도 이어졌다. 이와 유사한 해킹 사건이 일어나자 미 하원은 1986년 첫 번째 해킹 관련 법률인 '컴퓨터 사기 및 남용방지법Computer Fraud and Abuse Act'을 통과시킨다. 이 법은 컴퓨터 조작이나 변경을 강력 범죄로 규정하여 상당한 실형과 벌금을 처할 수 있게 했다.

◆ digital forensic. PC나 노트북, 스마트폰 등 각종 저장매체 또는 인터넷 상에 남아 있는 각종 디지털 정보를 분석해 범죄 단서를 찾는 수사 기법을 말한다.

컴퓨터 사기 및 남용방지법으로
기소된 최초의 사람 로버트 모리스

한편 일부에선 세계 최초의 해킹 범죄는 모리스 웜이라고 한다. 1988년 미국 코넬대학교의 대학원생이었던 로버트 모리스는 인터넷의 크기를 알고 싶어 자기 복제를 할 수 있는 웜을 개발해 네트워크로 전파시켰다. 그러나 제작 과정에서의 코딩 실수로 본래의 의도와는 다르게 웜이 기하급수적으로 전파됐다.

결국 모리스 웜은 NASA, 미국 국방부, 하버드대학교, MIT 등 주요 시설 서버에 치명적인 영향을 주었다. 모리스 웜으로 인해 9,800만 달러약 1,113억 원 이상로 추정되는 손실을 초래했다.

그는 자신의 부주의로 엄청난 해악을 끼쳤지만 고의성이 없었다는 판결을 받아 3년의 보호관찰과 400시간의 사회봉사 명령을 선고받았다. 그는 새롭게 제정된 컴퓨터 사기 및 남용방지법에 의해 기소된 첫 번째 사람이기도 하다.

참고 자료

- https://www.floridatechonline.com/blog/information-technology/a-brief-history-of-cyber-crime
- https://www.amusingplanet.com/2019/03/the-worlds-first-cyber-attack-happened.html
- https://goosevpn.com/blog/origin-cybercrime

PART
2

기록으로
예방하는 범죄

기록으로 알아보는 테러리즘

테러의 역사

◇◇◇
종교와 사회가 있기에
테러가 존재한다

테러는 범위를 얼마나 넓게 잡느냐에 따라 정의가 달라질 수 있다. 일부에선 테러의 뿌리를 팔레스타인 남부 고대 로마령 유대 지방에서 로마 지배자들과 동조자들을 사살했던 집단으로 보고 있지만 이는 논쟁 중이다. 사실 더 깊이 들어가자면 기원후 1세기 유대인 저항 집단인 열심당Zealots의 시카리Sicarii로 거슬러 올라가기도 한다.

하지만 학자들 사이에서 테러리즘의 뿌리를 1세기 열심당의 시카리, 11세기 아사신◆, 17세기 프랑스 혁명정부의 '공포통치', 19세기 페니언

◆ Al-Hashishashin, 이슬람의 일종인 이스마일파의 한 분파로 엄격한 규율과 훈련을 통해 종파상의 적대자와 정적을 암살하는 것으로 유명하다.

단원*, 나로드니키** 또는 다른 시대와 사건으로 거슬러 올라가야 할지 완벽한 의견의 일치를 보지 못하고 있다. 완벽하게 일치된 결론은 아닐지라도 대체로 대부분의 학자들이 수긍하는 인류 최초의 테러는 열심당의 시카리라고 할 수 있다.

◇◇◇

프랑스 혁명에서 처음 사용한 용어, 테러리즘

영어로 '테러리즘terrorism'이라는 용어가 처음 사용된 것은 프랑스 혁명 당시 과격공화주의자로서 혁명정부를 통치했던 자코뱅 당원Jacobins이다. 이들은 혁명정부에 복종하도록 강요하고 정적들을 위협하기 위해 단두대를 이용한 다중살상을 포함한 폭력을 행사하며 프랑스 혁명의 공포통치The Reign of Terror를 이끌었다. '테러리즘'은 국가폭력과 위협에만 사용되다가 19세기 중반 들어 비정부 집단과도 관련되며 지속됐다.

종종 국가주의나 반군국주의와 동맹한 무정부주의는 테러리즘이 자신의 이상을 현실화할 수 있는 두드러진 수단이었다. 19세기 말 즈음, 무정부주의 집단이나 개인들은 자신들에게 유리한 상황을 만들어내기 위

◆ Fenian, 영국의 아일랜드 통치를 종식시킬 목적으로 1850년대 미국과 아일랜드에서 결성된 단체의 단원이다.

◆◆ Narodnaya Volya, 인민의 의지파라고 하며, 19세기 러시아에서 사회혁명을 추구한 나로드니키의 비밀조직이다.

해 국가 지도자들을 암살했다. 20세기에 접어들면서 테러리즘은 무정부주의자, 사회주의자, 파시스트, 국가주의자 등 매우 다양한 집단들과 계속해서 관련되었고, 그들 중 다수는 '제3세계' 반식민 투쟁에 가담했다.

참고 자료

- https://en.wikipedia.org/wiki/History_of_terrorism
- https://www.britannica.com/topic/terrorism/Types-of-terrorism

인류 최초의 테러

◇◇◇
유다에서 시작된 열심당의
조직원 시카리

기원후 1세기 동안, 유대^{Judea} 주에서 유대교 시민의용군으로 알려진 열심당은 혁명을 일으켜 로마 통치자와 밀접하게 공조했던 유대인들을 사살했다. 역사학자들에 의하면, 로마의 인구 조사에 반발해 갈릴리에서 폭동을 주도한 유다^{Iudas Iskariotes, 예수가 손수 뽑은 열두 제자의 한 사람이지만 예수를 배반했다}를 열심당의 창시자라는 데 의견이 일치되고 있다. 열심당에 속하는 조직원이 시카리다.

시카리는 영어로 'dagger man'으로 칼을 찬 사람들이라고 할 수 있다. 민간인을 포함해 자신들이 좋아하지 않는 사람은 누구나 칼로 찔러 살해했는데 흔히 이들이 사용하는 전술이었던 것이다. 야훼^{YHWH}를 믿는 이들은 자신들의 '성지^{holy land}'를 위해 로마인들과 '성전^{holy war}'을 벌였다.

시카리는 자신들의 과격하고 급진화된 세계관과 공유하지 않는 유대 사회 지도자와 중동인들을 살해하면서 자신들의 입지를 구축했다. 그리고 기원후 68년쯤 예루살렘에 교회를 설치했다. 유대인 중 비교적 덜 과격화되거나 급진화된 분파에서 자신들을 몰아내려 하자 역으로 그들을 패퇴시킨 후 그들에게 동조하거나 공모한 민간인들을 학살하기 시작했다.

그리고 그들은 부활 등을 믿지 않는 옛 유대교의 사두개파Sadducees, 헤롯왕가파Herodians 그리고 기타 부유층을 포함하는 유대교 동조자들을 표적으로 삼아 암살했다. 그들은 망토 속에 칼을 숨기고 대규모 축제가 벌어질 때 군중들 속에 섞여서 피해자들을 사살하고 혼란스러운 군중 속으로 사라졌다고 한다. 그들이 암살한 사람 중에는 이스라엘의 고위 성직자 요나단도 포함되었다.

◇◇◇
시아파의 아사신,
마약에 취해 사람들을 죽이다?

아사신은 엄격한 규율과 훈련을 통해 종파상의 적대자와 정적을 암살하는 것으로 유명한 시아이슬람의 일종인 이스마일파의 한 분파다. 11세기부터 13세기에 걸쳐 시리아, 팔레스타인, 이집트, 이란, 이라크 등지에서 활동했다.

아사신은 이란에서 태어난, 이집트 파티마 왕조Fatimid Dynsty, 909~1171에서 활동하다 포교사가 된 하산 에 사바흐*가 이끌었다. 하산은 파티마 왕조 통치에 반발해 알라무트 산성에 강력 공동체를 세웠다. 그 후 세력을 키워 하쉬샤신 의병대를 배출했다. 하지만 군대라고 말할 수 없을 정도로 인원이 너무 적었기에 군사적으로 맞대응할 수 없었다. 그래서 강력한 이웃들과 군사적 동맹을 맺기 위해 암살 전술을 펼쳤다. 예를 들면 한 지역의 통치자를 기쁘게 해주기 위해 다른 지역의 통치자를 죽이는 것이다. 물론 이뿐만이 아니라 복수를 하기 위해서도 암살을 감행했다.

아사신의 이름은 페르시아어 '하사신'에서 유래했는데 여기에는 여러 가지 이야기가 전해진다. 하나는 하사신이 대마초를 피우는 사람이라는 뜻으로, 암살자들이 대마초와 같은 환각제를 복용하고 암살에 나섰다고 해서 붙여졌고, 둘째는 하산을 따르는 사람들이라고 해서 이름이 붙여진 것이다. 한편 일부에선 이러한 암살은 정적들을 위협하지도 않고 또는 혁명을 부추기지도 않기 때문에 테러리즘으로 보기에 자격이 부족하다는 의견도 있다.

◇◇◇

영국 최초의 테러 사건,
제임스 1세 암살 사건

1605년 11월 5일, 로버트 케이츠비Robert Catesby, 1573~1605가 이끄는 가톨

◆ Hassan-i Sabbah, ?~1124, 이란 출생으로 아스마일파의 소수계파 아사신파의 창시자이자 암살단 하쉬쉬를 조직했다.

릭교도들이 비밀리에 웨스트민스터 궁정 지하에 다량의 폭약을 설치해 제임스 1세 왕의 의회 시정연설이 열리는 영국 의회를 폭파하려고 시도했다. 그 이유는 바로 하나, 제임스 1세의 가톨릭 박해 정책 때문이었다. 결과는 실패였다. 음모자 한 사람이 누설하여 발각되었고, 주모자인 제임스 케이츠비와 가이 포크스Guy Fawkes 등 모든 음모자들은 처형당했다.

케이츠비를 비롯한 가톨릭교도들은 제임스 1세와 왕비, 큰아들을 죽이고 어린 아들을 꼭두각시 군주로 삼아 영국에 가톨릭교를 부흥시키려고 했다. 그들은 상원 지하의 석탄저장고를 임대하여 1604년부터 폭약을 저장하기 시작했는데 원래 표적들은 물론이고 수백, 수천의 런던 시민들까지 죽일 수 있는 수준이었다. 이 사건은 영국 역사상 최악의 테러 행위로 간주됐고, 종교전쟁으로 비약될 수도 있었지만 영국 첩보전문가들이 그 계획을 미리 탐지하고 의회 지하에서 폭약을 저장했던 가이 포크스를 체포하면서 발각됐던 것이다. 다른 공모자들은 도주했지만 11월 8일 당국과의 교전을 통해 주도자 제임스 케이츠비와 다른 사람들을 체포해 처형했다. 그리고 이 사건은 영국 최초의 테러로 기록됐다.

참고 자료

- https://en.wikipedia.org/wiki/History_of_terrorism
- https://www.quora.com/What-is-the-first-terrorism-act-in-the-world

3

세계 최악의 테러 사건들

◇◇◇
사랑 때문에,
마을 전체가 박살난 야지디 마을 폭격 테러 사건

역사를 들여다보면 전쟁이 일어나는 원인은 대체로 2가지로 축약될수 있다. 하나는 종교고, 다른 하나는 이념이다. 2007년 8월 14일, 이라크의 모술 인근 야지디^{Yazidi◆} 마을이 폭파되어 796명이 사망하고 최소 1,500명이 부상을 당하는 폭격 테러가 일어났다. 이 테러 사건은 규모 면에서 역사상 세 번째로 간주되고 있다.

이 테러 공격이 있기 몇 달 전부터 이 지역에서는 특히 수니파 무슬림과 야지디 사이에 갈등이 고조된 상황이었다. 이 지역에 거주하는 일부 야지디 사람들은 수니파에게 '이단^{infidels}'이라는 협박편지를 받았으며,

---

◆ 이란 계통 종교와 메소포타미아의 아브라함 계통의 종교가 혼합된 신앙을 믿는 소수 종교집단으로, 야즈단이라고 불리는 유일신이 세상을 창조했다고 믿는다.

'반이슬람'이라고 비난을 받았다. 더불어 그들에게 공격이 반드시 필요하다는 경고가 적힌 전단지가 배포되기도 했다.

이런 분위기 속에서 두아 칼릴 아스와드Du'a Khalil Asward라는 17살의 소녀가 야지디 마을 사람들로부터 돌에 맞아 숨진 사건이 일어났다. 이 소녀는 야지디 마을 사람이었지만 수니파 청년과 결혼하고 싶어 도망쳤다가 돌에 맞아 죽었던 것으로 알려져 있다. 이 사건을 계기로 수니파 테러범은 야지디 마을을 지나다니는 버스에서 23명의 야지디 마을 남자들을 강제로 끌어내려 총살했다.

이 사건이 불씨가 되어 결국 2007년 8월 14일 저녁 7시 20분 무렵, 이라크에서 종교적 소수집단인 야지디 마을을 표적으로 연료 탱크 1대와 차량 3대를 이용한 4번의 자살 폭탄테러가 감행됐다. 조사 결과에 의하면 당시 폭탄테러에 2톤의 폭약이 사용됐고, 그 위력은 야지디 마을의 거의 모든 건물이 폭파되어 마을 전체를 평지로 만들 정도였다고 한다.

◇◇◇

종교 갈등으로 죽어야만 했던 청년들
캠프 스파이처 대학살

2014년 6월 12일, 이라크와 레반트의 이슬람 국가Islamic State of Iraq and Levant, ISIL가 이라크의 티크리트Tikrit 소재의 항공 시설인 캠프 스파이처 Camp Speicher를 공격하여 최소 1,500명에서 1,600명에 이르는 시아파와 이라크 육군 훈련병을 사살했다. 공격 당시 캠프에는 5,000명에서 1만 명 사이의 훈련병이 영내에 있었는데, ISIL 조직원은 영내에 있는 수니파를 골라내 시아파와 비무슬림 훈련병들만 사살했다.

대학살이 일어나기 전, 캠프의 주요 핵심 지휘관과 간부들 일부가 시아파와 비무슬림 훈련병들에게 사복으로 갈아입고 가정으로 돌아가 15일 동안 휴식을 취하라고 명령한 것으로 알려져 있다. 이들은 가정이 있는 바그다드에 가기 위해 고속도로를 걷고 있을 때 10명의 무장한 남자들이 타고 있는 2대의 버스가 다가왔다. 한 대는 사담 후세인의 이복형제 사바위 이브라힘 알하산 알 티크리티Sabawi Ibrahil al-Tikriti의 아들 아이만 사바위 이브라힘Ayman Sabawi Ibrahim이 운전을 했고, 다른 버스에는 ISIL 조직원이 운전했다. 그들은 훈련병들을 총구로 위협해 납치한 뒤 다양한 방식으로 잔인하게 살해했다. 이 상황은 훗날 그들이 공개한 영상을 통해 확인되었다.

◇◇◇

9·11 테러의 악몽은
이전부터 시작됐다

9·11 테러가 세계 최악의 테러라는 데 모든 사람들이 동의한다. 하지만 더 안타까운 것은 이 시도가 처음이 아니었다는 사실이다. 1993년 2월 26일, 노란색 이삿짐센터 차량인 라이더밴이 무역센터 북측 타워의 공용주차장으로 들어가고 몇 분 후 680kg 이상의 질산수소 가스가 폭발하여 콘크리트 건물 4층에 걸쳐 98피트의 대형 구멍을 냈던 것이다. 훗

날 이 공격은 자칭 '해방군 제5대대'로 칭하는 집단의 소행으로 밝혀졌지만 이들은 그냥 전위대였다. 그리고 이들을 재정적으로 지원한 사람이 9·11 테러를 설계한 칼리드 셰이크 모하메드Khalid Sheikh Mohammed였다. 이 집단은 북측 타워가 붕괴되면서 남측 타워도 넘어뜨려 수천 명을 살상할 수 있기를 희망했다고 한다.

결국 2001년 9월 11일, 세계무역센터는 오사마 빈 라덴이 조직한 알 카에다Al Qaeda에 의해 폭파되어 역사상 최악의 테러로 기록됐다. 9·11 테러는 2001년 9월 11일 화요일 아침, 미국에 대한 이슬람 테러집단 알 카에다가 조직한 일련의 4개의 조직 파트가 공조하고 감행된 테러 공격이다.

그날 아침, 19명의 알 카에다 조직원들은 미국의 주요 항공회사인 유나이티드와 아메리칸 항공사 소속으로 미국 북동부 지역에서 출발해 로스앤젤레스와 샌프란시스코로 향하던 4대의 여객기에 분승하여 비행기를 납치했다. 그리고 아메리칸 항공 11기와 유나이티드 항공 175기는 뉴욕 맨해튼의 세계무역센터 빌딩 북측 타워와 남측 타워에 각각 충돌해 불과 1시간 42분 만에 건물 2동 모두 붕괴됐다. 여기서 끝나지 않고 파편 덩어리와 이어진 화재로 남은 부속건물은 물론이고 주변 다른 건물에까지 심각한 손상을 가했다.

세 번째 여객기인 아메리칸 항공 77기는 버지니아 주 알링턴 카운티 소재 국방성 본부 건물인 펜타곤에 충돌하여 건물의 서쪽 일부가 부분적으로 붕괴됐으며, 네 번째 여객기인 유나이티드 항공 93기는 워싱턴 백악관으로 향했으나 탑승객들의 방해로 펜실베이니아 서머싯에 추락했다.

결과적으로 2대의 비행기가 충돌한 무역센터 두 건물은 붕괴되었고, 펜타곤 건물도 심하게 파손되었다. 테러의 결과는 참혹했다. 2,977명이 사망하고, 2만 5,000명 이상이 부상을 당했으며, 최소한 1억 달러^{약 1,133억} _원 이상의 재산 손실을 초래했다.

피해는 여기서 그치지 않았다. 직접적 피해 말고도 간접 피해도 상당했다. 공격을 받은 지 몇 년이 지나서까지 그 지역에 사는 사람들은 먼지와 관련된 암과 호흡기질환을 앓고 있다고 한다.

수많은 부상자는 물론이고 소방관과 경찰관의 인명 손실도 엄청났으며, 사건과 관련하여 사건 후유증으로 수많은 사람들이 고통을 받았다. 아마도 미국 시민들이 갖는 이 트라우마는 현재진행중일지도 모른다.

참고 자료

- https://en.wikipedia.org/wiki/2007_Yazidi_communities_bombings
- https://www.worldatlas.com/articles/worst-terrorist-attacks-in-history.html
- https://www.toptenz.net/top-10-terrorist-attacks.php

세계 최초의 항공기 납치 사건들

◇◇◇

항공기 납치 사건의
새로운 역사를 쓴 9·11 테러

항공기 납치는 개인이나 집단에 의한 항공기의 불법적 탈취를 말하며, 납치범이 기장에게 자신의 요구대로 비행하도록 강제하는 경우도 포함된다. 물론 흔하지는 않지만 일부 납치범들은 자신이 스스로 항공기를 조종해 자살 공격으로 활용하기도 한다. 그 대표적인 사례가 앞에서 최악의 테러로 언급한 뉴욕 세계무역센터를 폭파한 9·11 테러 공격이었다. 9·11 테러는 테러 사건 측면에서도 최악이었고, 항공기 납치 사건 측면에서 보더라도 최악일 뿐만 아니라 새로운 역사를 쓴 전환기가 되었다.

사실 대부분의 항공기 납치는 자동차 절도나 해적 행위와 다르게 경제적 이윤을 위해 행해지지는 않는다. 물론 개인적 이익을 위해 항공기를 납치하기도 하는데 그런 경우라도 항로를 전환시키는 경우에만 한정할 뿐이다.

대부분의 항공기 납치는 정치적, 행정적인 목적을 위해 행해진다. 예를 들어 유명 인사의 석방이나 정치적 망명을 요구하는 경우다. 그 포괄적인 범위 안에서 승객이나 승무원을 인질로 금전적 몸값에 대한 요구가 일어나기도 한다.

9·11 테러는 항공기 납치 역사에서 중요한 시사점을 던져주었다. 그것은 바로 납치범들이 민간 여객기를 전쟁의 도구이자 무기로 활용해 항공과 관련이 없는 장소나 민간인을 대상으로 공격을 한 최초의 사건이기 때문이다. 즉 그때까지만 해도 항공기 납치의 위험은 항공기와 그 탑승자에 국한되었다. 하지만 9·11 테러는 항공기 탑승자보다 지상에서의 희생자가 더 많았으며, 재산 규모 피해도 지상에서 더 컸다. 이런 점에서 항공기 납치의 피해 범위가 점점 넓어지고 있다는 것을 시사하고 있다.

◇◇◇
공인되지 않은 최초의 항공기 납치 사건

항공기 납치의 역사에서, 공인되지 않은 최초의 항공기 납치는 1929년 12월에 발생했다. 멕시코 항공운송회사의 조종사였던 J. 하워드 닥 드 첼레스J. Howard Doc DeCelles는 산루이스포토시 주에서 토레온과 과달라하라로 우편물을 수송하기 위해 정해진 비행 항로로 운행하고 있었다. 그런데 갑자기 산루이스포토시의 주지사인 산토리노 세딜로^{Saturnino Cedillo}가 항로를 변경할 것을 명령했다. 드첼레스는 그의 지시에 따랐지만, 시간을 끌면서 자신의 상사에게 이에 대해 전달했고, 상사는 주지사에게 협조할 것을 지시했다. 그는 그들이 지시하는 대로 산악지대를 비행한 후 목적지에 착륙했고, 수시간 동안 인질로 잡혀 있다 풀려났다.

드첼레스가 무슨 연유로 항로를 변경해야 했고, 인질로 잡혀 있었는지에 대한 자세한 내막은 알려지지 않았다. 그저 이것이 공인되지 않은 세계 최초의 항공기 납치로 기록됐을 뿐이다.

◇◇◇
공인된
최초의 항공기 납치 사건

공식적으로 기록된 최초의 항공기 납치는 1931년 2월 21일 남미 페루의 아레키파에서 발생했다. 바이런 리처드^{Byron Richards}는 포드 트리오-모터^{Ford Tri-Motor}라는 기종의 비행기를 운행하고 공항에 착륙했다. 이때 일련의 무장한 혁명군이 접근했고, 그에게 자신들이 요구하는 곳으로 비행할 것을 강요했다. 하지만 그는 10일 동안 그들과 대치하면서 그들의 요구를 거절했다. 그 사이 혁명은 성공했고, 혁명군은 리처드에게 자신들 중 한 명을 리마로 태워다주면 이 상황에서 벗어나게 해주겠다고 제안했다. 그 후 상황이 어떻게 됐는지 알려진 바는 없지만 이것이 공식적으로 기록된 세계 최초의 항공기 납치 사건이다.

비행기 안에서 일어난
세계 최초의 살인 사건

1939년 10월 28일 미국 미주리 주 브룩필드에서 세계 최초로 항공기 살인 사건이 일어났다. 피살자는 비행기 교관 칼 비벤스Carl Bivens로, 래리 플레치Earnest P. 'Larry' Pletch에게 비행 기술을 가르치던 중이었다. 테일러 클럽Taylor Club이라는 단엽기에 함께 탑승하던 중 플레치는 비벤스의 뒤통수에 두 발의 총격을 가했다.

이후 체포된 플레치는 비벤스를 죽인 이유에 대해선 함구했지만 "내 주머니에는 권총이 있었고, 그에게 아무 말도 하지 않고 권총을 꺼내 그의 뒤통수에 총알을 발사했다"라고 진술했다. 그가 진정으로 원한 것이 무엇인지 정확하게 알지 못하지만 그는 비행기 안에서 비벤스에 대한 분노가 치밀었던 모양이다. 언론에서 '20세기의 가장 화려한 범죄' 중 하나라고 평했다. 플레치는 유죄를 인정했고 종신형을 선고받았다. 그는 17년간 복역한 후 1957년에 석방됐고, 2001년 6월 사망했다.

세계 최초의 기내 납치 사건

1942년 두 명의 뉴질랜드 사람, 한 명의 남아프리카공화국 사람 그리고 한 명의 영국 사람이 자신들을 교도소 캠프로 수송하던 수상비행기를 폭력적으로 빼앗았다. 하지만 그들은 기지에 접근하자 영국군 전투

기로부터 폭격을 받아 바다 위에 강제로 착륙하게 되는데 다행히도 모든 탑승자들은 영국 선박에 의해 구조되었다. 이것은 공식적으로 세계 최초의 기내 납치 사건으로 간주되어 있다.

◇◇◇

세계 최초로
납치된 민간 여객기

1948년 7월 19일 세계 최초로 캐세이 퍼시픽 미스 마카오Cathay Pacific Miss Macao 민간 여객기가 납치를 당했다. 비행기는 펄리버델타에 추락해 26명의 승객과 승무원 25명이 목숨을 잃었다. 이 사건은 강도미수로 분류됐다.

1956년 9월 26일에는 세계에서 처음으로 정치적인 이유로 항공기가 납치되는 사건이 발생했다. 이 사건은 민간 여객기 납치 사건임과 동시에 총기, 강도 그리고 몸값이 요구된 첫 납치 사건이기도 하다. 무장한 네 명의 납치범들 중 한 명이 미국인 조종사에게 조종간을 포기할 것을 요구했으나 그가 이를 거절하고 저항하려고 하자 총격을 가했고, 결국 비행기는 바다에 추락하고 말았다.

납치범들의 분명한 범행 목적은 부유한 승객을 인질로 몸값을 받아 내기 위해서였다.

국가가 주도한
세계 최초의 항공기 납치 사건

반면 국가가 주도한 항공기 납치는 이스라엘이 1954년 시리아에서의 간첩 혐의로 체포되어 다마스쿠스에 수용되어 있던 자국민을 석방시키기 위해 시리아항공의 민간 제트기를 납치했다. 이것이 국가가 주도한 세계 최초의 항공기 납치 사건으로 기록되어 있다.

세계 최초로 항공기 납치에
성공한 사건

볼리비아의 산타크루즈에서 라 파즈의 엘 알토로 이송되던 47명의 재소자를 태운 DC-4기가 납치됐다. 어느 한 정치집단이 그들을 오루로의 카라후아라 데 칸랑가스에 위치한 수용소로 데려가기 위해 그들을 기다리고 있었지만 47명의 재소자들은 운항 중인 승무원과 조종사를 제압하여 항공기를 통제하고 항로를 아르헨티나의 타르타갈로 변경했다.

재소자들이 항공기의 통제권을 강탈해 첫 목적지였던 타르타갈 공항에 착륙하려 했지만 착륙할 상황이 여의치 않자 살타로 다시 항로를 바꿨다. 그들은 그곳에 착륙한 후 자신들이 당했던 수용소의 부정부패를 주장하며 정치적 망명에 성공했다.

참고 자료

- https://en.wikipedia.org/wiki/Aircraft_hijacking theglitteringeye.com/
  a-short-history-of-air-hijacking
- https://www.newworldencyclopedia.org/entry/Hijacking
- https://www.guinnessworldrecords.com/world-records/first-hijack-
  of-an-aircraft
- https://www.infoplease.com/askeds/worlds-first-skyjacking
- https://www.smithsonianmag.com/history/murderous-story-
  americas-first-hijacking-180956152
- https://www.scmp.com/article/645928/flight-no-return

• CHAPTER •
08

기록으로 알아보는 환경범죄

환경범죄의 정의

◇◇◇
예전과 달라진
환경범죄의 정의

환경범죄라 하면 글자 그대로 환경을 오염하고 파괴하는 행위를 말한다. 우리가 살고 있는 이 지구에 위협을 가하는 파괴와 훼손하는 행위를 우리는 보편적으로 환경범죄라고 한다. 환경범죄란 용어가 처음 사용됐을 당시는 현재 우리가 다루고 있는 환경범죄와는 사뭇 다른 의미를 가졌다. 그때는 생태학적 범죄학에 가까웠다. 즉, 범죄와 장소라는 관점에서 범죄가 지리적으로 균등하게 분포되지 않는다는 점에 착안해 표현을 했다면, 현재는 정말로 말 그대로 환경 파괴와 훼손에 관한 범죄를 환경범죄로 칭하고 있다.

현재 우리가 해결해야 할 환경문제 5가지는 공기오염, 기후변화, 산림 벌채, 동식물의 멸종, 지질 퇴화, 인구과밀이다. 그리고 이와 관련된 범죄들이 주요 환경범죄라고 할 수 있다.

유엔지역간범죄처벌조사기관UNICRI, UN Interregional Crime and Justice Research Institute에서는 범죄 테러 방지와 같은 안보 문제뿐만 아니라 환경범죄도 위험성이 큰 범죄로 간주해 이와 관련한 해결 방안을 마련하고 있다. 그래서 환경 전문가들과 실무가들로 이뤄진 국제 네트워크를 구축해 환경범죄를 초국가적 위협으로 인식하고 있다.

특히 환경범죄가 야생동식물의 불법 거래, 오존을 파괴하는 물질의 밀수출입, 유해 폐기물의 불법 거래, 규제되지 않은 불법 어로, 목재의 불법 채취와 거래 등을 포함하는 광범위한 불법 활동을 지적했다. 한편으론 이들 환경범죄가 점증적으로 공기, 수질 그리고 토양의 질에 영향을 미쳐서 종의 생존을 위협하고 통제할 수 없는 재난을 유발한다고 경고했다.

◇◇◇

법집행기관의 우선순위에서 밀려난 환경범죄의 위험성

한편 일부에선 환경범죄가 다수의 사람들에게 안보와 안전의 위협을 가하며, 법의 지배와 발전에 부정적인 영향을 미친다고 지적한다. 그럼에도 불구하고, 환경범죄는 소위 '피해자 없는 범죄'요, '사고의 범죄'로 인식되어 법집행기관의 우선순위에서 밀려나 있으며, 처벌된다 해도 일반적인 행정처벌에 지나지 않는 실정이다.

환경범죄가 더욱 심각해지는 것은 대부분 범죄조직이 관련되어 국경을 초월해 초국가적 범죄로 확대되는 요인으로 작용하고 있기 때문이다. 범죄조직들은 엄청난 금전적 취득에도 불구하고, 발각될 위험성은 극히 낮으며, 유죄가 확정되고 무거운 형벌을 받을 확률도 낮아서 점점 더 관심을 가지며 가담하는 것이다.

뿐만 아니라 이런 유리한 여건들과 상황으로 자금 세탁과 부패를 증폭시키고, 법치를 약화시켜서 시민의 건강과 안전을 위험에 빠뜨리게 하고 범죄 활동 이외의 다른 서비스에 할당될 자원을 전용시킨다. 궁극적으로 손해를 감수해야 하는 것은 국민이다. 더구나 이런 환경범죄는 절도, 사기, 부패, 마약, 인신매매, 위조, 불법 무기 거래, 자금 세탁 등 다른 심각한 강력 범죄와도 연계될 수있다.

◇◇◇
세계 최악의 환경범죄자는
누굴까?

최근 국제경찰기구인 인터폴은 최악의 환경범죄자 9명의 명단을 발표했다. 그들은 누굴까?

먼저 코끼리 상아 밀수출의 총책으로 의심받고 있는 케냐의 페이잘 모하메드 알림Feisal Mohamed Alim이다. 그 다음이 탄자니아에서 카타르로 군 수송기를 이용해 기린과 임팔라 등 살아 있는 수백 마리의 야생동물을 밀반출한 것으로 알려진 아메드 캄란Ahmed Kamran이다.

이와 같은 순서로 나열해보면 다음과 같다. 불법 게 잡이로 2006년과 2007년 사이에만 무려 4억 5,000만 달러약 5,098억 원 이상의 수익을 얻은 것으로 알려진 러시아 국적의 세르게이 다미노프Sergey Darminov, 자국에서 불법으로 원시림의 목재를 채벌하여 반출한 인도네시아 인 스디만 스노토Sudiman Sunoto, 유해 화학 폐기물을 불법으로 처리하는 등 셀 수 없이 많은 범죄 혐의를 받고 있는 이탈리아의 아드리아노 지아카본Adriano Giacabone 등이 인터폴과 UNICRI의 명단에 이름을 올리고 있다.

참고 자료

- https://www.dw.com/en/five-of-the-worlds-biggest-environmental-problems/a-35915705
- www.unicri.it/topics/environmental
- www.takepart.com/article/2014/11/17/wildlifes-most-wanted-worlds-worst-poachers-ivory-traffickers-and-more-make-list

세계 최악의 환경범죄들

◇◇◇

무자비한 벌목이 불러온
사라왁의 재앙

언젠가 「내셔널 지오그래픽」에서 말레이시아 보르네오 원시 열대우림의 벌목을 '우리 시대 가장 큰 환경범죄'라고 비난한 적이 있다. 정치적으로 연결된 목재 기업들이 말레이시아 열대우림의 대부분을 파괴했다고 경고한 것이다. 무자비한 벌목으로 보르네오 열대우림의 90% 이상이 파괴되어 사라진 것을 두고 한탄할 수밖에 없었을 것이다.

말레이시아 보르네오 섬 2개의 주 중 하나인 사라왁은 잉글랜드 크기로, 세계에서 세 번째로 큰 섬이기도 하다. 사라왁에는 지구상에서 가장 오래된 열대우림 중 하나가 있었다. 섬 전체를 차지할 정도로 울창했지만 현재는 원래 열대우림의 10%에도 미치지 못하는 정도만 남았다고 한다. 사라왁은 세계에서 가장 활발한 국제적 벌채와 산림 남벌 지역의 하나가 됐다.

영국의 전 총리였던 고든 브라운Gordon Brown은 "사라왁의 무자비한 벌목은 역사상 가장 심각한 최악의 환경범죄 중 하나"라고 꼬집기도 했다. 사라왁은 지구상에서 가장 다양한 생물학적 종이 서식하는 섬 중의 하나인데, 처음에는 목재 기업들이 '가장 나이가 많고 가장 가치가 있는 나무들'만 골라서 벌목하는 소위 '선별적 벌목'을 했으나 불과 몇 년이 지나지 않아서 다시 섬에 들어와 나머지 큰 나무들을 대량으로 벌목했다. 지속적으로 벌목하다 보니 결과적으로 더 이상 벌목할 만한 나무가 거의 남지 않게 된 상황까지 이르게 된 것이다.

심지어 열대우림에 생활하는 원주민 공동체에서 자녀 교육을 위한 학교를 지을 목재조차 구할 수 없을 정도가 되었고, 그 과정에서 그들이 식수로 사용했던 강도 너무나 심하게 오염이 되어서 깨끗한 식수를 구할 수 없게 되었다.

목재 기업들은 엄청난 부를 일궜지만 지역사회 원주민 공동체는 더욱 가난해진 것이다. 이렇게 된 데에는 주정부의 지배구조가 취약하여 관리감독을 제대로 하지 못할 뿐만 아니라 부패하기까지 해 말레이시아의 목재 기업들이 원시 열대우림의 대부분을 파괴하도록 방치한 것이다.

◇◇◇

고요한 바다에 원유가 분출하다,
딥워터 호라이즌 기름 유출 사고

'딥워터 호라이즌 기름 유출 사고Deepwater Horizon Oil Spill'는 가벼운 원유 유출 사고가 아니라 원유 재앙이라고 할 수 있다. 석유산업 역사상 가장 큰 규모의 해양 유출로 간주되고 있다.

2010년 4월 20일, 미국 루이지애나 주 멕시코 만에 있는 영국 최대 기업인 BPBritish Petroleum가 제조한 시추선인 딥워터 호라이즌 석유 시추 시설이 폭발했다. 시추선은 라이저라는 파이프로 해저에 연결되어 있었는데 유사시 유정油井을 차단하기 위해 고안된 원유 분출 방지 장치인 BOPBlowout preventer에 연결되어 있었다. 닻이 없는 시추선은 GPS를 이용해 해저로부터 1,500m 위에 있었고, BOP는 4,000m 아래에 있었다. 가스가 유정에 새어 들어가면서 폭발이 일어났고, 5,500m 떨어져 있는 해상 시추선에 불이 붙었다.

그 결과 원유를 시추하던 중에 기름이 멕시코만으로 흘러 들어갔고, 2010년 5월 말 혹은 6월 초에 나온 예상치에 따르면 수억 갤런의 원유가 바다로 흘러 들어갔다고 한다. 시추 시설이 폭발하며 11명의 시추 노동자가 사망했고 18명이 부상당했다.

가장 아쉬운 점은 유출되고 있는 곳이 너무 깊어 정확한 유출 속도와 양을 잴 수 있는 장비를 설치하는 데 어려움을 겪었다는 것이다. 원유 유출로 인한 기름띠는 적어도 6,500km² 넓이의 바다를 뒤덮었다. 이 넓이는 날씨에 따라 다르게 나타났고, 해수면에서 보이지 않는 다량의 기름 덩어리들이 수중에 있을 것으로 추정했다. 비공식적인 예측에 따르면 해저 1,500m에 있는 심해 시추공에서 하루에 556만 ~ 953만 리터의 속도로 원유가 유출됐다고 한다. 2010년 9월 19일이 되어서야 유정이 봉합된 것으로 발표되었지만 2012년 초에도 유정은 완전히 봉합되지 않고 새고 있다는 보도가 나왔다.

수개월에 걸친 원유의 유출과 함께 유출 대응과 기름 제거 활동으로 인한 부정적 역효과로 관광산업과 어업 그리고 해양과 야생동식물에게 막대한 손실을 초래했다. 특히 루이지애나 주에서는 2013년 한 해에만 해안에서 무려 2,200톤의 기름 불질을 했고, 기름은 루이지애나 해안을 따라 멀리 플로리다 해안까지 흘러갔다.

그 결과 2013년 돌고래를 비롯한 기타 해양생물들이 기록적인 수치로 목숨을 잃었는데 예를 들어 아기 돌고래 사망률이 평소의 6배에 달했다. 뿐만 아니라 원유에 노출된 참치 등 어종들이 생명에 치명적이거나 적어도 생명을 단축시키는 심장질환과 기타 장기의 질환을 보였다.

이렇게 엄청난 재앙의 원인에 대해서 다양한 조사가 이뤄졌으며, 2011년에 발표된 미국 정부의 보고서에는 원유 시추 시설의 결함을 지적했고, 시설의 운영 책임자인 트랜스오션Transocean과 하청업자인 할리버튼Halliburton에도 책임이 있다고 명시했다.

2011년 초 백악관위원회에서도 BP와 파트너들이 비용 절감을 위하여 잘못된 결정을 했고, 부적절한 안전 체제에 문제가 있었다고 비난했다. 동시에 석유 유출은 정부 정책과 업계의 개혁 부재로 일어난 사고로 근본적으로 개선할 필요가 있는 사안으로 보고, 개혁이 이뤄지지 않으면 제2의 환경범죄가 일어날 수 있다고 결론을 내렸다.

2012년 미국 법무부와 BP 사이에서는 11개의 과실치사, 2개의 경미범죄 그리고 의회에서의 위증 등 혐의에 유죄를 인정하고, 신규 계약에서 당분간 배제되며, 기록적인 45억 2,500만 달러약 5조 1,268억 원 이상의 벌금과 기타 보상에 합의했다. 2018년까지만 해도 BP는 처리 비용, 벌금 등으로 해당 기업에 무려 650억 달러약 73조 6,775억 원 이상의 손실을 초래했다고 한다. 2014년 미 법정은 BP가 과실과 부주의로 원유 유출에 대한 1차적 책임이 있다고 판시했고, 2015년 BP는 미국 역사상 최고의 기업 합의금인 187억 달러약 21조 1,964억 원 이상의 벌금을 지불하는 데 합의했다.

◇◇◇
누구를 위한 원유 생산 확대인가?
BP의 캐나다 기름모래 원유 채취의 문제성

한때 국제환경보호단체인 그린피스는 딥워터 호라이즌 석유 유출 사고의 주범인 BP가 캐나다의 기름모래에서의 원유 생산을 확대하는 것이 최악의 환경범죄라고 비난했다.

그린피스에서 BP의 원유 생산 확대를 비난한 것은 기름모래에서 퍼낸 낮은 등급의 원유를 사용하기 위해선 캐나다에서 탄소를 흡수하는 주요기능을 담당해온 북방 우림을 파괴할 수밖에 없기 때문이다. 더구나 원유 자체를 태우는 것은 말할 것도 없고 저질의 원유를 사용 가능하게 만들기 위해 요구되는 에너지와 물의 양은 대재앙적인 기후변화에 결정타를 날리는 이산화탄소를 분출한다는 것이다.

실제로 캐나다 앨버타의 원유 광산에선 이집트의 피라미드, 중국의 만리장성, 수에즈 운하 그리고 세계 10대 댐을 모두 건설하는 데 필요한 것보다 더 많은 암석과 토양을 굴착하고 파내야 했다. 갱을 파고 원유를 생산하는 과정에는 많은 인원이 필요한데 이들의 주거 살림에 필요한 전기를 생산하기 위해 환경 재앙이 될 수 있는 핵발전소가 더 필요해지면서 악순환을 겪게 되는 것이다.

뿐만 아니라 공정에서 사용되는 3억 4,900m³에 달하는 물은 너무나 심하게 오염되어서 강으로 다시 보낼 수도 없기 때문에 또 다른 저수시설이 필요해지고 이는 다시 토양과 수질 오염의 위험을 초래한다.

그린피스는 BP 기업의 슬로건으로 '석유를 넘어Beyond Petroleum'라고 외쳤음에도 캐나다 앨버타에서의 기름모래 원유 증산은 그런 회사의 모토마저 저버리는 것이라고 비난했다. 캐나다 북방 원시림을 파괴하면서 기름모래로부터 원유 채굴을 확대하는 것은 역사상 '가장 큰 지구온난화 범죄'라는 것이다.

강력한 암갈색 아스팔트, 물, 모래 그리고 진흙이 혼합된 기름모래로부터의 원유 추출은 잉글랜드와 웨일즈를 합친 것만 한 규모의 광활한 북방 밀림 땅속에서 이루어기 때문에 전통적인 원유 채굴보다 지구온난화의 주범인 이산화탄소를 4배 이상이나 더 배출해야 한다는 것이기도 하다.

　그린피스는 또한 수많은 식물과 최상의 토양이 굴착되어 버려지고, 한 배럴의 원유를 채취하기 위해선 5배럴의 물이 요구되기에 엄청난 양의 맑은 강물도 필요해지고, 그 과정에서 어마어마한 양의 천연가스도 쓰여지면서 지구온난화를 필두로 각종 환경의 훼손과 파괴를 피할 수 없게 된다고 주장했다.

참고 자료

- https://DENNISIGNATIUS.COM/2015/01/16/THE-BIGGEST-ENVIRONMENTAL-CRIME-OF-OUR-TIMES-NATIONAL-GEOGRAPHIC
- https://en.wikipedia.org/wiki/Deepwater_Horizon_oil_spill
- https://www.investopedia.com/terms/b/bp-oil-spill.asp
- https://www.britannica.com/event/Deepwater-Horizon-oil-spill/Environmental-costs
- https://www.counterpunch.org/2011/10/19/the-biggest-environmental-crime-in-history
- https://stoptarsands.wordpress.com/2008/01/12/the-biggest-environmental-crime-in-history
- https://www.independent.co.uk/environment/the-biggest-environmental-crime-in-history-764102.html

기록으로 알아보는 기업범죄

기업범죄의 진실

잘못을 했는데 그것이 잘못인 줄 모르는 기업범죄

기업범죄Corporate crimes는 기업 제도를 악용해 위법 행위를 하는 것을 말하며, 우리나라에선 회사범죄會社犯罪라고 한다. 주로 기업에 소속되어 있는 직원이 회사를 위해, 혹은 자신을 위해 법을 어기면서 이익을 추구하는데 기업범죄는 화이트칼라 범죄와도 연결된다. 이와 같은 범죄를 저지르는 사람들은 일반적으로 회사를 위해 위법 행위를 하는 것이기 때문에 자신을 범죄자로 생각하지 않으며, 자신의 행동도 범죄라고 생각하지 않는다.

기업범죄라는 개념은 미국 범죄학자 에드윈 서덜랜드Edwin H. Sutherland, 1883~1950가 1939년 미국사회학회American Sociological Association 회장 취임 연설에서 처음으로 언급했다. 더불어 그는 이 연설에서 화이트칼라 범죄를 사회적 지위가 높은 사람이 직업 활동을 하는 과정에서 범하는 범죄라고 정의했다. 그가 정리한 개념은 기업범죄와 화이트칼라 범죄의 본성에 대한 이론적 관점으로써 혁신적인 촉매제가 되었다.

◇◇◇

범죄는 하류 계층의 전유물이라고?
실질적 피해는 상류 계층의 범죄가 더 크다

사실 그 이전에는 범죄를 하류 계층의 전유물이라고 여겼다. 즉, 노상 범죄에 대한 경계심만 갖고 있다가 상류 계층의 범죄라는 사고의 인식은 진보에 가까울 정도로 과감한 관점이었다. 실제로 에드윈 서덜랜드는 40년 동안 기업을 연구하면서 대부분의 조직들은 한 번 이상의 허위, 과장광고, 특허 남용, 가격 담합, 사기, 불완전한 제품의 제조와 판매 등 작고 큰 일탈과 탈법을 저질렀다고 밝혔다.

그는 자신의 연구를 토대로, 노상 범죄는 여론에서 떠들지만 '스위트 룸에서의 범죄'는 어떤 식으로든 은폐된 채 위법 행위가 지속됐다고 한탄했다.

설사 기업범죄가 발각이 됐다 하더라도, 노상 범죄보다 더 큰 손실을 가져옴에도, 가벼운 민법이나 행정법의 위반 정도로만 처리되거나 심지어는 이런 제재도 받지 않는다고 지적했다.

여기서 한 가지 확실히 짚고 가야 할 부분이 있다. 대부분의 학자들은 화이트칼라 범죄를 2가지로 나눈다. 하나는 조직을 위해 위법을 행하는 범죄고, 다른 하나는 자신의 이익을 위해 범하는 직업적 범죄Occupational crimes다.

대부분의 기업범죄를 저지르는 사람들은 자신의 행위가 위법이라고 생각하지 않는데 그 원인은 위법 행위가 직업 활동이나 환경의 일부로 간주하기 때문이다. 그들은 자신들이 행하는 부적절한 행위가 직업적 또는 기업 부문화에 의해 비공식적으로 승인되기 때문에 위법에 대한 판단이 흐려지며, 자신이 속한 관습적 사회에 순응하기 때문에 범죄를 저지르기도 한다.

◇◇◇
일반적으로 행해지는
기업범죄의 유형

주식회사의 경우 특히나 그 조직이 복잡하기 때문에 제도의 남용이 될 위험성이 크고, 그 범죄의 결과는 일반 시민이나 국민경제의 운영에 중대한 영향을 준다. 대부분 기업에서 저지르는 범죄 유형은 이렇다.

첫 번째는 지불 의사가 없는데도 상품을 사들여 환급매하는 것인데 이것은 명백하게 사기라고 할 수 있다. 두 번째는 회사에서 배당할 이익이 없는데 회사 신용을 유지하기 위해 분식 배당을 하는 행위다. 세 번째는 회사 임원이 자신의 신분을 이용해 주가 조작을 하는 것인데 이것은 조직적으로 하는 경우도 있고, 개인이 하는 경우도 있다. 네 번째는 계획 도산의 수법으로 회생 절차를 신청한 후 회사 재건을 하겠다고 해놓고 다액의 분식을 하는 경우다. 다섯 번째는 회사 임원이 회삿돈과 사내 예금을 횡령해 회사를 도산하게 만드는 것인데 이것은 횡령죄와 특별배임 죄에 해당한다. 그리고 화이트칼라 범죄 중에서도 직업적 범죄에 해당한다.

현재 우리나라의 경우 기업범죄의 형벌을 징역, 벌금, 몰수로 나누고, 징역의 최고는 10년이며, 벌금은 3,000만 원이 최고액이다.

참고 자료

- https://www.britannica.com/topic/corporate-crime
- https://terms.naver.com/entry.naver?docId=1155875&cid=40942&categoryId=31716
- https://ko.wikipedia.org/wiki/%ED%9A%8C%EC%82%AC%EB%B2%94%EC%A3%84

역사적으로 유명한 기업범죄들

◇◇◇

50년 동안 은폐된 진실,
의심은 되지만 확실하지 않은 역정보 운동

1950년대 중반 필립 모리스를 비롯한 미국의 담배 제조 회사들은 흡연의 위험과 관련해 역정보 운동을 벌여왔다. 즉, 대중들을 호도하기 위해 흡연의 위험성을 은폐한 것이다.

당시 이미 흡연이 암과 심장병 등을 유발하고 니코틴이 중독성을 가지고 있다고 알고 있었지만 담배 제조 회사들은 이를 전면으로 부정했다. 하지만 흡연의 폐해로 암, 심장병 그리고 기타 중요 질병과 연계되는 증거들이 쌓이기 시작하자, 담배 제조 회사들은 그 증거들을 반박하기 시작했다. 흡연의 폐해는 전제 조건이 잘못되었거나 불확실하며, 흡연이 해롭거나 중독 현상이 일어나는 증거는 없다고 주장했다.

담배 제조 회사들은 과학적으로 밝혀지는 폐해에 대한 의구심을 만들어냄으로써 담배에 대한 규제에서 벗어나려고 전략을 세웠던 것이다. 그들이 세운 전략은 간단하다. 과학적으로 밝혀지는 정보에 대한 우려를 표하고, 흡연의 위험을 대중의 논쟁으로 이동시키고, 자신들의 주장들을 그대로 흉내 내어 여론을 흔드는 회사를 만들어 자금 지원을 했다. 물론 자신들이 세운 회사가 독립적으로 보이게 하기 위해 자금 세탁이 아닌 정보 세탁을 했다. 더불어 흡연의 폐해를 반박하고 왜곡하는 술책을 쓰는 과학단체를 지원했다. 물론 정부 관료와 정치인들을 집중적으로 로비하는 것도 빼놓지 않았다.

이런 담배 제조 회사의 전략들은 매우 성공적이었다. 그래서 수십 년 동안 의미 있는 규제를 하지 못했는데 그 동안 수백만 명의 생명이 희생됐다. 그러나 위법이 평생 은폐되지는 않는다. 1994년에 담배 제조 회사 브라운 앤 윌리암슨B&W의 비밀 내부문서가 공개되면서 그들의 위법 행위가 드러났다. 그들은 최소 50년 이상 담배의 유해성을 감췄던 것이다. 미국 46개 주의 법무장관들이 이들 담배 제조 회사를 상대로 피해배상 소송을 제기하기에 이르렀다. 결과적으로 1998년 공식적으로 담배 제조 회사들은 담배의 유해성을 인정하고 이에 대해 다른 문제를 제기하지 않기로 약속했다.

1만 명 이상이 죽었는데 형사적 책임이 없다?
보팔 가스 누출 사고

1984년 12월 2일과 3일에 걸쳐 인도 보팔에 위치한 미국 화학기업 유니온 카바이드Union Carbide의 자회사가 운영하던 살충제 공장에서 폭발 사고가 일어났다. 농약의 원료로 사용되는 42톤의 아이소사이안화 메틸Methyl isocyanate 이라는 유독가스가 누출되면서 폭발이 일어났는데 사고가 발생한 지 2시간 동안에 저장 탱크에서 유독가스 36,287kg 이상이 누출됐다. 이 치명적인 가스가 이틀에 걸쳐 유출되어 주변 도시를 뒤덮었고, 수천 명이 대피를 시도하다가 혼란에 빠져 그 자리에서 4,000여 명이 참혹하게 사망했다.

보고에 따르면 사고로 인한 최종 사망 인원은 1만 5,000명에서 2만 명에 이르렀으며, 약 50만 명이 독성 가스 노출 관련 질병으로 고통을 받았다. 호흡장애, 시력 상실, 암, 인지 무능력, 부인과 장애, 가스에 노출된 부모에게서 태어난 아이의 심각한 선천적 결함을 초래하는 염색체 이상 등이다.

보팔 가스 누출 사고의 원인은 저장탱크에 가해진 과도한 압력 때문이었다. 압력이 높아지면서 저장탱크의 밸브가 파열되어 탱크 속에 있던 아이소사이안화 메틸이 누출된 것이다. 이 탱크 시설은 항상 높은 압력과 저온 상태가 유지되어야 하고, 온도가 올라갈 경우 내부 압력이 증가해 폭발할 위험이 있었다. 위험의 경중이 높기 때문에 항상 안전수칙에 따른 철저한 감독을 해야 하는 시설인데도, 유니언 카바이드는 공장을 인구 밀집지역에 지었고, 그에 맞는 안전시설을 제대로 구비하지 않았던 것이다.

심지어는 최대한 설계비용을 줄이기 위해 검증되지 않은 설계 방식을 도입해 탱크 자체가 위험에 노출되어 있는 상황이었던 것으로 알려졌다. 또한 안전관리 교육을 실시하고 직원을 충원하지 않는 등 시설 안전 관리에 소홀했다.

사건 발생 당시에도 가장 기본적인 조기 경보 장치도 작동되지 않았다. 이전 1981년 포스겐 가스 누출로 위험성이 보고되었음에도 불구하고 이에 대한 시정 조치가 전혀 이뤄지지 않았던 것이다.

모든 책임은 유니온 카바이드가 져야 하지만 이 회사는 수년 동안 가공의 시크Sikh 극단주의 집단을 비난하면서 이 재난에 대한 책임을 회피했다. 하지만 1989년 인도 정부는 유니온 카바이드에게 '도덕적 책임'을 물었고, 그제야 유니온 카바이드는 그 제안을 받아들여 피해자와 그 가족들에게 겨우 수백 달러밖에 되지 않는 보상금을 지급하겠다는 합의에 도달했다. 즉, 형사적 책임이 아니라 도의적 책임으로 보상하겠노라고 마치 크게 선심을 베푸는 모양새를 갖춘 것이다.

그러나 이후 인도 법원은 유니언 카바이드의 최고경영자 워렌 앤더슨 Warren Andersen과 회사를 과실치사 혐의로 기소했으나 미국 정부는 앤더슨 인도를 거부했다. 그는 편안한 은퇴를 즐기다가 92세에 사망했다. 대재앙 이후 유니온 카바이드는 공장을 폐쇄했으나 엄청난 양의 유해 폐기물은 처리하지 않았다. 방치된 폐기물은 그 지역 주민 수만 명이 식수로 사용하는 지하수로 흘러들어 심각한 수준으로 오염시켰다. 가장 큰 문제는 유니온 카바이드가 이 오염 사실을 알고 있었으며 폐기물 검사 결과도 비밀에 붙였다는 점이다.

2001년 유니온 카바이드를 인수한 다우 케미칼Dow Chemical은 그 책임을 져야 함에도 오염된 식수로 인한 주민 피해에 대한 보상이나 보팔 지역의 오염 제거에 대한 어떠한 책임도 거부했다. 가장 아쉬운 점은 아직도 이 사고에 대한 유니온 카바이드의 책임 문제나 소송은 해결되지 않고 있다는 사실이다.

◇◇◇

매출액을 날조했는데 혁신적인 기업으로 선정, 엔론의 회계 부정 사건

2001년 12월 미국의 에너지와 물류 및 서비스 회사로 한때 자산이 600억 달러약 68조 6,820억 원가 넘었던 엔론Enron이 투자자와 규제기관들에게 회사의 부실한 재정을 숨기기 위해 설계한 수년에 걸친 대규모 회계 부정과 사기가 밝혀졌다. 결국 엔론은 도산했다.

엔론이라는 회사는 1985년 휴스턴내추럴가스Huston Natural Gas의 케네스 리 레이Kenneth Lee Lay, 1942~2006 회장이 천연가스 유통회사인 인터노스InterNorth를 합병함으로써 설립됐다. 엔론은 출범 당시 인수합병 비용인 50억 달러약 5조 7,425억 원의 채무를 진 상태였지만 케네스 레이는 이것이 부적절하다고 생각했다.

그래서 그는 맥킨지 출신 컨설턴트 제프리 스킬링Jeffrey Keith Skilling을 고용했는데 훗날 그는 엔론의 대표가 되어 회사를 이끌었다. 제프리 스킬링은 PR 능력이 매우 뛰어나서, 엔론의 이미지를 잘 포장한 반면 회사가 가진 문제점을 잘 은폐했다. 여기에 앤드루 패스토우Andrew S. Fastow가 끼어들면서 화려한 사기극이 펼쳐졌다.

앤드루 패스토우는 각종 유령회사를 설립해 엔론의 부채와 고정자산을 털고 엔론의 신용을 높여 견실한 기업으로 탈바꿈시켰다.

케네스 레이는 엔론을 '세계 최대의 에너지 기업'으로 키우기 위해 무분별하게 다른 회사를 인수했지만 자본력은 늘 기대에 못미처 있었다. 그저 앤드루 패스토우의 회계 술책으로 버텼다. 케네스 레이는 그런 상황을 정확히 인지하지 못했던 것인지 아니면 그러고 싶지 않았는지는 모르겠지만 계속해서 원대한 꿈을 꾸었다.

한참 텔레콤 사업이 붐을 이룰 때 엔론도 이 사업에 뛰어들었지만 광대역회선 사업은 이미 공급과다 상태였다. 엔론의 미래는 더욱 암울해졌지만 회사가 계속 번성하는 것처럼 보이기 위해 점점 더 의심스러운 거래에 손을 뻗었다. 엔론은 이때부터 내부거래를 통해 수억 달러에 달하는 분식회계를 시작했고, 매출액을 날조했다.

엔론의 매출액 1,000억 달러약 114조 4,700억 원에는 엔론의 온라인 중개 사이트인 엔론 온라인Enron Online에서 다른 사업자들이 거래한 금액들이 대거 포함됐고, 이 금액은 소비자에서 판매자로 바로 전달됐기 때문에 매출액이라고 할 수 없었다. 결국 엔론의 수익은 거의 혹은 전혀 없었던 것이다. 반면 대외적으로 엔론은 「포춘」지에 6년 연속 '미국에서 가장 혁신적인 기업'으로 선정이 되기도 했다.

엔론의 사기극은 당시 엔론의 회계감사를 맡았던 미국 5대 회계법인 중 하나인 아서 앤더슨Aurther Andersen의 협조로 밝혀졌다. 미국 역사상 가장 큰 규모의 부도 중 하나로 알려진 이 회사의 도산은 투자자와 임직원들에게 수십 억 달러의 손실을 가져다주었다. 이 사건으로 당시 엔론의 회장이었던 케네스 레이 회장과 최고경영자였던 제프리 스킬링은 연방 법원에서 사기와 내부거래 등으로 재판에 회부됐지만 케네스 레이는 재판 도중 심장마비로 사망해 실질적인 형벌은 피했다.

이후 제프리 스킬링은 징역 24년형, 앤드루 패스토우는 징역 6년형을 선고받았다. 더불어 이들의 회계 부정을 도운 아서 앤더슨 또한 사법방해로 유죄를 선고받았다.

엔론은 2006년 9월 마지막 사업이었던 프리즈마에너지인터내셔널Prisma Energy International Inc.을 애시모어에너지인터내셔널Ashmore Energy International Ltd.에 매각함으로써 붕괴됐다. 그리고 미국의 거대 회계법인이었던 아서 앤더슨 또한 이 사건으로 해체됐다.

한편 엔론의 도산은 회계 부정과 사기를 예방하기 위한 법안이 제정되는 긍정적인 결과도 초래했다.

탄소 배출을 더 늘려라, 엑손의 시대착오적 발상

1960년대 엑손Exxon, 현재 엑손모빌이 고용한 과학자들은 화석연료의 연소로 인한 이산화탄소와 기타 온실가스 배출에 기인한 지구온난화와 기후변화의 현실과 그 위험성에 대해 회사에 경고하기 시작했다. 엑손의 임원들은 이 문제의 심각성을 잘 알고 있었지만 1980년대 말까지 정부 관료와 대중들에게 화석연료 연소로 인한 지구온난화와 기후변화는 일어나지 않는다고 주장했다.

더불어 지구온난화와 기후변화는 인간이 초래한 것이 아니라는 것을 확신시키기 위한 목적인 석유산업 로비 단체인 미국석유연구소American Petroleum Institute와 기타 국제기후협의회Global Climate Coalition에 가입했다.

하지만 화석연료의 연소로 인한 이산화탄소와 기타 온실가스 배출에 관한 과학적 근거가 쌓이고 이에 따라 온실가스 배출을 점차적으로 줄이겠다고 41개국이 서명한 교토의정서가 채택되면서, 미국석유연구소나 국제기후협약의 주장들이 점점 설자리를 잃게 되었다.

그래서 일부 석유기업들은 국제기후협의회를 탈퇴하면서 이 단체는 2002년 해산한다. 이런 추세와는 대조적으로 엑손은 담배 제조 회사들이 담배의 유해성을 부정하기 위해 운동을 벌인 것처럼 기후변화를 부정하는 운동을 벌인다.

엑손은 자신들이 냉철하고 '정상적인 과학'에 대한 시민 지향적 신봉

자임을 자처하면서 기후 과학의 비판을 환류시키고, 해커들을 고용하여 기존 과학 연구 상황을 왜곡시켰다. 그리고 지구온난화와 기후변화에 관한 기초적 사실에 대한 의문을 제기하고, 기업의 막강한 자금력을 이용하여 정부의 과학 평가의 내용과 정부 정책에 영향력을 행사했다.

그러나 2015년과 2016년에 뉴욕과 캘리포니아 주는 엑손이 기후변화에 대한 허위 사실을 주주들과 대중들에게 공지한 혐의로 수사에 착수했다. 1999년 엑손은 모빌을 인수하면서 세계 최대의 석유기업으로 거듭났는데 2020년 그들의 시대를 역행하는 행보가 탄로났다. 내부적으로 2025년까지 탄소 배출량을 현재보다 17% 늘리려는 계획을 세운 사실이 드러나 논란을 빚은 것이다. 세계 각국의 에너지 업체들이 탄소 배출 순제로Net-zero 실현을 선언하는 와중에 일어난 것이라, 엑손모빌에 대한 비난은 거세지기도 했다.

참고 자료

- https://en.wikipedia.org/wiki/Enron
- https://en.wikipedia.org/wiki/ExxonMobil
- https://www.britannica.com/topic/corporate-crime
- https://biz.chosun.com/site/data/html_dir/2020/10/06/2020100602145.html

세계 최악의 기업범죄들

◇◇◇

일상이 되어버린 페이스북 생활,
이용자의 뒤통수를 치다

2018년 초 8,700만 명 이상의 페이스북 이용자의 개인 정보와 자료가 정치자문회사인 '케임브리지 애널리티카Cambridge Analytica'로 유출됐다는 뉴스가 터졌다. 더 심각했던 사안은 페이스북이 '이것은 당신의 디지털 라이프thisisyourdigitallife'라는 앱 프로그램을 이용해 케임브리지 애널리티카가 개인 정보를 빼낸 사실을 알고 있었다는 점이다.

페이스북 개인 정보 유출 사건의 핵심은 케임브리지 애널리티카라는 정치자문회사가 8,700만 명에 이르는 사람들의 동의 없이 개인 정보를 수집해 정치인을 위해 활용했다는 사실이다.

케임브리지대학교에서 데이터 과학자로 활동 중인 알렉산드로 코간 Aleksandr Kogan은 '이것은 당신의 디지털라이프'라는 앱 프로그램을 개발해 케임브리지 애널리티카에 제공했고, 이 회사는 그것을 받아 학문 연구를 위한 것이라며 수십 만 페이스북 이용자들에게 설문지를 작성하게 했다. 그 설문지를 작성하기 위해선 개인 정보 사용에 동의해야 했고, 페이스북 이용자들은 이 사실을 모른 채 그 앱을 통해 설문을 했다. 이 과정을 통해 페이스북 이용자들의 개인 정보뿐만 아니라 그들과 연결된 다른 사람들의 개인 정보까지 수집됐던 것이다.

이런 식으로 케임브리지 애널리티카는 수백 만 페이스북 이용자들의 개인 정보를 획득했다. 이렇게 수집된 정보를 통해 이용자의 성적 지향성, 인종, 종교와 정치관, 인성 기질, 지능, 행복, 약물 복용, 부모와의 관계, 나이, 성별 등 매우 민감한 개인적 속성들을 자동적이고 정확하게 예측할 수 있었고, 이것은 바로 정치 캠페인에 활용됐다. 즉, 어떤 종류의 광고가 어느 곳에서 누구에게 효과적일지 선별할 수 있었던 것이다.

미국의 공화당 상원의원 테드 크루즈Ted Cruz도 2015년과 2016년에 케임브리지 애널리티카에 사용료를 지불하고 정보를 활용한 것으로 알려졌다. 이 외에도 2016년 도널드 트럼프 선거 캠페인과 영국의 브렉시트 국민투표 등 세계적으로 정치권에 활용됐다고 한다.

이 사건은 2018년 결국 케임브리지 애널리티카의 전 직원이었던 크리스토퍼 와일리 Christopher Wyle가 내부 고발자로 나서면서 밝혀졌다. 처음 보도가 나올 즈음 페이스북은 '조사 중'이라면서 어떤 답변도 거부했다. 하지만 페이스북의 시스템에도 문제가 있는 것으로 알려졌다. 개발자에 대한 페이스북의 감독 부재, 개발자의 페이스북 API 남용, 이용자들에게 요구하는 광범위한 계약과 조건에 동의할 것 등이 포함된다.

2018년 3월 마크 주커버그Mark Zuckerberg는 CNN에 출연해 케임브리지 애널리티카가 벌인 이 사건에 대해 공개적으로 사과했다. 더불어 개인 사생활 침해로 마크 저커버그는 미국 의회와 EU의 청문회에 몇 차례 서야 했으며, 회사의 주식과 함께 대중 신뢰와 믿음도 흔들렸다.

2019년 7월 미국 연방거래위원회는 투표를 시행해 페이스북에 50억 달러약 5조 6,650억 원의 벌금을 부과했다. 더불어 다른 기업에서도 페이스북 이용자의 개인 정보를 수집하기 위해 매우 유사한 전술을 이용했다고 한다.

◇◇◇
믿음을 거짓으로 되갚은
폭스바겐 배기가스 조작 사건

2005년부터 독일의 폭스바겐은 가솔린 자동차보다 더 친환경적이라는 클린 디젤 자동차가 나왔다며 대대적으로 홍보했다. 하지만 2015년 폭스바겐이 배출 가스량을 조작해온 사실이 밝혀지면서 전 세계적으로 엄청난 비난을 받았다.

디젤게이트Diesel gate 또는 배기가스게이트Emission gate라고도 불리는 이 사건은 2015년 미국의 환경보호청이 폭스바겐에 공기청정법 위반 고지서를 발부하면서 시작됐다.

미국 환경보호청은 폭스바겐이 의도적으로 기기를 조작해 규제 검사에서 미국 기준을 충족시킬 수 있도록 검사 기간에만 배기가스 통제가 활성화되도록 하고, 실제 주행할 때는 검사 때보다 40배의 가스가 배출된 사실을 발견했던 것이다. 폭스바겐은 의도적으로 2009년부터 2015년 사이에 미국에서만 50만 대를 포함하여 전 세계에 판매한 1,100만 대의 차량에 이 소프트웨어를 적용했다. 심지어 폭스바겐 그룹은 아우디에도 이 같은 조작을 한 것으로 밝혀졌다.

미국의 조사관들은 조작 사건 범죄 혐의를 입증하기 위해 150만 개의 서류를 검토했다. 핵심 수사 대상은 미국에서 폭스바겐 디젤 콤피던스 팀을 이끄는 독일 시민권자인 제임스 로버트 리앙James Robert Liang이었다. 그는 독일에서 소위 '클린 디젤' 엔진을 개발한 연구진의 일원이었다.

법정 문서에 따르면 그와 그의 동료들은 미국의 엄격한 배출가스 기준을 충족하는 디젤 엔진을 설계할 수 없다는 결론을 내리고, 그 대신 배출가스 검사를 조작하는 소프트웨어를 설계해서 설치했다고 한다. 그 사실을 의도적으로 숨겼으며 이 같은 조작은 미국 자동차 판매상 652곳도 관련되어 있다고 기록되어 있다.

2015년 9월 폭스바겐은 폭스바겐과 아우디 2.0리터 디젤 차량에 배출가스 검사 결과를 조작하는 소프트웨어가 설치되었음을 인정했다. 2017년 폭스바겐은 형사 혐의에 대한 유죄협상을 받아들이고, 회사가 자체적으로 위촉한 미국 변호사의 조사 결과에 바탕한 합의된 진술서에 서명했다. 이 사건으로 폭스바겐 그룹의 CEO인 마틴 빈터코른Martin Winterkorn이 사과하며 물러났다.

2017년 4월, 미국 연방법원은 정부의 배기가스 배출 검사를 기만한 혐의로 폭스바겐에게 28억 달러약 3조 1,724억 원의 벌금을 부과했으며, 2018년 5월 3일에는 마틴 빈터코른을 사기와 공모 혐의로 기소했다.

참고 자료

- https://www.techrepublic.com/article/facebook-data-privacy-scandal-a-cheat-sheet

- https://en.wikipedia.org/wiki/Facebook%E2%80%93Cambridge_Analytica_data_scandal

- https://terranovasecurity.com/data-privacy-scandal-facebook

- https://list25.com/25-biggest-corporate-scandals-ever

- https://en.wikipedia.org/wiki/Volkswagen_emissions_scandal

- https://www.thesun.co.uk/motors/4002356/volkswagen-emissions-scandal-defeat-device-fix-limp-mode-vw-scandal

기록으로 알아보는 교정 제도

세계 최장기 수형자들

◇◇◇
71년 303일 동안 가장 지독한 곳에서 수형 생활을 한 찰스 포사드

지금까지의 기록으로 세계에서 가장 오랫동안 수형 생활을 한 사람은 호주의 교도소에서 71년 303일을 보낸 찰스 포사드Charles Fossard다. 그는 프랑스에서 호주로 이민을 가 성장하다 21살이 되던 해인 1903년 6월 28일 멜버른에서 한 노인을 살해하고 장화를 훔친 혐의로 체포되어 무기징역을 선고받았다. 당시 그는 정신이상이라는 판정을 받고 그해 8월 21일 보안이 엄격한 멜버른의 아라라트 교정 시설 정신병동에 수감됐다.

이곳은 호주에서 가장 잔인한 범죄자로 알려진 마크 브랜드 리드Mark Brandon Read조차도 '지독한 곳'이라고 평했다. 이곳은 방 한가운데 변기통이 있고, 콘크리트 바닥 위에서 잠을 자고, 식사는 가축에게 주는 것처럼 배식됐으며, 강압복은 벗을 수 없을 정도로 꽉 끼었고, 이 옷을 입은 수형자들은 음식을 담은 식기에 머리를 처박은 상태로 먹어야 한다고 전해진다. 찰스 포사드는 이곳에서 71년 303일 동안 수형 생활을 한 것이다.

◇◇◇

71년 넘게 수형 생활을 하고 있는 프랜시스 클리포드 스미스

1950년 7월 7일부터 지금까지 11일만 제외하고 수형 생활을 한 노인이 있다. 그는 바로 수형자 중 가장 나이가 많은 프랜시스 클리포드 스미스Francis Clifford Smith다. 스미스는 1949년 7월 그리니치의 요트 클럽에서 강도를 하다 야간 경비원 글로버 하트Grover Hart를 살해하고 그 자리에서 체포됐다. 글로버 하트는 당시 68세로 그 일을 시작한 지 단 3일밖에 되지 않은 상태로 살해당했다.

다만 그날 상황은 애매하게 남아 있는데 프랜시스 클리포드 스미스가 어떻게 그를 죽였는지에 대한 진실이 밝혀지지 않았기 때문이다. 그리고 스미스에 대한 인상은 다양하게 기술됐다. 어떤 사람은 어린이와 같은 얼굴을 가진 순진무구한 사람이라고 했고, 어떤 사람은 얼굴에 흉터가 많은 전과범이라고 했다. 가장 확실한 것은 당시 그는 24살이었고, 담배 한 상자를 훔쳤던 좀도둑에 지나지 않았다. 그리고 강도는 그가 단독으로 벌인 것이 아니라 그는 3인조 중 한 사람이었으며, 당시 스미스를 체포했던 경찰에 따르면 야간 경비원에게 22구경 세 발을 발사한 사람은 그가 아니었다는 사실이다.

사건이 발생한 지 이틀이 지난 후 피해자가 경찰에 진술한 총격범 중 한 명에 대한 신체적 특징의 기술을 토대로 2명의 용의자가 체포되었다. 스미스의 공범 중 한 명은 그에게 불리한 증거를 제공하는 대신 자신은 유죄협상을 통해 2급 살인으로 감형을 받았다. 스미스는 자신의 무고함을 주장하며 자백을 거부했지만 1950년 재판에서 1급 살인으로 사형을 선고받았다. 그는 3번의 항소와 청원 끝에 사형이 집행되기 2시간 전에 사형선고가 취소됐다. 그는 사형을 받기 위해 머리도 삭발했지만 그의 변호사가 강도 3인조 중 한 명이었던 사람에게 자백을 받아내면서 성공적으로 사형 집행을 멈출 수 있었다.

결국 1954년 스미스는 종신형으로 감형되어 수감 생활을 지속했는데 1967년 모범적인 수형 생활로 엔필드 소재의 보안이 가벼운 경구금 교도소Minimum Security Prison인 교도소 농장으로 이송된다.

그는 그곳에서 교도관들로부터 신뢰를 받으며 작업 트럭의 열쇠까지 맡길 정도로 모범적으로 생활했지만 그해 5월 18일 자유를 향한 도주를 감행한다. 하지만 그의 도주 행각은 11일만에 끝났고 재수감된다. 그 후 가석방 심사가 진행되지 않았고, 야간 경비원을 살해한 혐의로 수인번호 #16370이라는 짐을 안고 오스본교도소에서 지금까지 70년 이상 수형 생활을 지속하고 있다.

많은 사람들이 그를 가장 나이가 많고 가장 오래 형을 살고 있는 수형자로 기억하고 있으며 역사학자인 마이크 대시Mike Dash도 자신의 연구 결과 프랜시스 클로포드 스미스가 최장기 수형자라고 밝히고 있다. 그의 장기 수형은 구금, 수형 인구의 노령화 그리고 연로해지는 수형자에 대한 처리 등에 관한 정책적 논쟁을 불러일으키고 있다. 물론 그 전에 그의 유죄에 대한 의구심과 그에게 유죄를 확정지었던 정황 증거에 대한 많은 의문이 일기도 한다.

◇◇◇

68년 296일 동안 수형 생활을 한 미국의 장기수 폴 가이델 주니어

미국에서 가장 오래 수형 생활을 한 사람으로 알려진 리처드 호넥Richard Honeck, 1879~1976이 64년 1개월 형기를 마치고 가석방됐을 때 폴 가이델 주니어Paul Geidel Jr, 1894~1987는 2급 살인 혐의로 이미 50년 이상을 복역 중이었다. 그는 뉴욕 주의 교도소와 의료시설에서 68년 296일 동안 복역하다 1980년 5월 7일 86세의 나이에 석방됐다.

고아원에서 어린 시절을 보낸 폴 가이델은 17살 때 뉴욕의 이로쿼이 호텔에서 벨보이로 일하고 있었다. 그러던 어느 날, 당시 부자로 소문난 73살의 윌리엄 잭슨William H. Jackson이 호텔에 투숙했는데 폴 가이델은 그의 방에 침입해 클로로포름을 적신 헝겊으로 잭슨을 질식시켜 죽이고 그의 수중에 있던 현금 7달러, 시계, 넥타이핀을 가지고 도망쳤다. 폴 가이델에 의하면 살해 당시 피해자가 격렬하게 저항했기 때문에 자신이 생각했던 것보다 힘들었다고 한다. 가이델은 이틀 후에 체포되어 2급 살인죄로 유죄 판결을 받았다. 그때가 1911년 9월이었고, 폴 가이델은 86살이 되던 해인 1980년 5월 7일에 석방되면서 68년 296일 동안 복역한 장기수로 이름을 올렸다.

◇◇◇

64년 1개월의 형기를 마치고 가석방된 리처드 호넥

앞에서 언급한 리처드 호넥은 미국에서 가석방으로 종결된 가장 긴 구금형을 가진 사람 중 한 명이다. 1899년 20살이었던 호넥은 학교 친구를 살해한 혐의로 수감되어 자신에게 선고된 종신형 중 64년 1개월의 형을 살고, 1963년 12월 20일 보호관찰을 조건으로 일리노이 주 체스터 소재 메나드 교정센터에서 가석방됐다.

호넥의 수형 생활은 매우 외로웠는데 1963년 8월 그의 사건이 사람들 입에 오르내리기 전까지 1904년 친구와 그의 형이 보낸 4줄짜리 편지가 전부였다. 1963년 신문기자가 편지를 한 번, 그리고 그 일로 두 번의 면회를 진행했다.

농기구를 판매하는 부유한 상인의 아들이자 전신통신사였던 호넥은 1899년 9월 학교 친구인 월터 F. 퀄러Walter F. Koeller를 살해한 혐의로 체포됐다. 살인에 가담한 다른 친구 헌트하우젠Hundhausen과 함께 3정의 권총과 탄창 그리고 수갑과 3점의 사냥칼로 무장을 하고, 소설책과 이름이 지워진 의복 등으로 가득한 도주용 가방을 가지고 퀄러의 방으로 가서 그를 살해했다. 이는 일종의 보복범죄로 호넥과 헌트하우젠이 고향에서 다수의 방화를 저지른 혐의로 기소됐을 때 그가 증언했기 때문인 것으로 알려져 있다.

그렇게 수감 생활을 시작한 그가 다시 세상에 알려진 것은 지금의 AP Associated press 통신 기자였던 봅 푸스 Bob Poos 가 자신의 첫 기사를 내보낸 이후다. 푸스의 기사는 호넥에게 약 2,000통의 편지가 배달되는 위력을 발휘했는데 그중에는 독일에서 날라온 청혼에서 취업 제안, 25센트부터 5달러에 이르는 현금선물까지 포함되어 있었다고 한다.

호넥이 줄리엣교도소에 처음 구금됐을 때인 1912년 그는 교도소 부소장을 칼로 찔러 28일 동안 징벌방에 구금됐으나 메나드 교정센터로 이송된 후 제빵공장에서 교도 작업을 하며 모범적인 수형 생활을 했다. 기자 푸스와 인터뷰할 당시 그는 가석방되기 위해서 엄청 조심하고 있으며 자신의 모범적인 수형 생활에 대해 설명했다. 1963년 가석방이 된 그는 오리건 주 서덜린에 정착했고, 로즈버그 요양원을 거쳐 1976년 12월 97세의 나이로 사망했다. 그의 구금 기간은 64년 1개월이다.

참고 자료

- https://en.wikipedia.org/wiki/Richard_Honeck
- https://en.wikipedia.org/wiki/Paul_Geidel
- https://mikedashhistory.com/2010/07/24/a-prison-curiosty
- https://www.greenwichtime.com/local/article/Convict-in-49-Greenwich-murder-believed-to-be-13637072.php

세계 최고령 수형자들

◇◇◇
108살에 종신형을 선고받은
인도의 브리 비하리 판디

2년간의 짧은 수형 기간이었지만 수감 당시 가장 나이가 많았던 사람은 인도인 브리 비하리 판디^{Brij Bihari Pandey}다. 무려 108살 때 수감된 것이다. 물론 그가 108살 때 범죄를 저지른 것은 아니다. 그는 1987년에 체포됐지만 재판 기간이 무려 20년이 넘게 걸렸고, 그 결과 그의 형기는 2009년부터 시작된 것이다. 그리고 그는 2011년에 석방됐으며 이로 인해 지금까지 세계에서 가장 나이가 많았던 수형자로 기록되고 있다.

유죄가 성립된 후 2년간의 수형 생활이라고 해서 그의 범죄가 가볍다고 할 수는 없다. 그는 1987년 4명을 살해한 혐의로 이미 구속되었기 때문에 25년 정도 수형 생활을 한 셈이다. 물론 그때 그의 나이가 80살이 넘은 초고령자였으니 그 나이도 만만치 않다. 20년이 넘게 걸린 재판 결과 2009년에서야 비로소 그는 종신형을 선고받았지만 고령으로 그의 건강이 극도로 악화되자 결국 2011년 석방됐다.

그는 범행을 하기 전 승려로 살았고, 사찰의 주지가 되려는 꿈을 가졌지만 다른 승려가 차기 주지로 선출됐다. 이에 브리 비하리 판디를 비롯해 그의 지지자들과 차기 주지 당선자 사이에 싸움이 일어나고, 그 결과 그를 포함해 15명이 체포되었던 것이다. 석방 이후 그에 관한 공식 자료나 정보는 없지만 그가 석방되고 오래지 않아 사망한 것으로 추정하고 있다.

◇◇◇

시민과 나라가 석방해주겠다고 했지만
본인이 거절한 빌 월레스

호주 멜버른 아라라트 교정 시설에는 정신질환을 위한 수형자 병동이 있다. 그곳 J병동에는 63년 동안 수용됐다 108살이 되기 한 달 전에 사망한 107세의 노인이 있었다. 이름은 빌 월레스Bill Wallace다. 아라라트 교정 시설 정신병동은 정신장애가 심하고 위험성이 높은 사람을 수용하는 최고의 보안이 강조되는 중구금Maximum security 시설이다.

1926년 빌 월레스는 멜버른의 한 카페에서 한 남자를 살해한 혐의로 체포됐다. 하지만 그는 심문 과정에서 어떤 대답도 하지 않았고, 그를 관찰한 의사들은 그를 정신이상으로 판명했다. 결국 그의 수형 기간을 마음대로 정할 수 있는 주지사에 의해 교정 시설의 정신병동에 수용됐다. 어떤 이유에서인지 몰라도 빌 월레스는 자신의 범죄에 대해 일절 말하지 않았다. 결과적으로 그는 석방될 수도 없었다. 어떤 범죄 혐의로도 기소되지 않았고 따라서 당연히 어떤 재판도 받지 않았던 것이다. 하지만 그가 100살이 되던 해에 시민들이 그의 석방을 청원했고, 호주 정부도 이에 동의했지만 정작 빌 월레스는 정신병동을 떠나기를 거절했다. 그리고 그곳에서 사망했다.

◇◇◇

90살에 아동 성적 학대로 기소되어
수형 생활을 한 시어도어 시프니에

인도에 브리 비하리 판다가 있었다면 미국에는 시어도어 시프니에 Theodore Sypnier가 있었다. 시어도어는 101살이었던 2010년에 숨지기 전까지 미국인 중에서 가장 나이가 많은 수형자로 기록되어 있었다.

그는 오랫동안 아동을 성적으로 학대하는 아동성애자, 즉 어린이에 대한 성적 애호자pedophile였다고 한다. 그는 1987년 아동 성적 학대 혐의로 체포됐지만 단지 3년의 보호관찰을 선고받았다. 그는 1994년 같은 혐의로 구치소에 수감됐지만 고작 징역 1년형을 선고받았다.

1999년 두 명의 어린 자매에게 성폭력을 한 혐의로 기소됐을 때 그의 나이는 90세였다. 2000년 구금됐지만 판사와 검사 또는 그를 아는 다수의 반대에도 불구하고 중형을 받지 못했다. 그리고 사회복귀 훈련 시설과 같은 중간교도소Halfway House에 구금됐는데 그는 자신의 죄에 대해 반성의 여지를 보이지 않았다. 그 결과 몇 달 후 다시 구치소로 이감됐다.

독방에서 46년 동안 구금됐던, 휴고 핀넬

휴고 핀넬Hugo Pinell은 블랙팬서*를 추종하는 인권운동가로 일명 '요기 베어Yogi Bear'로 알려진 정치적 수형자다. 그는 교도소에서 수형 생활을 하면서도 자신의 정치적 주장과 흑인 등 소수인종의 인권을 외쳤다. 그래서 그는 교도관은 물론 백인 우월주의자 등 일부 동료 수형자들한테 미움을 살 뿐만 아니라 두려움의 대상이었다. 그래서 그가 간 곳은 징벌방으로 알려진 독방이었고, 그는 46년 동안 그곳에서 지냈다.

드디어 그가 독방에서 나와 다른 수형자와 혼거 생활로 전환된 첫 날, 그는 살해됐다. 그가 살해되자 교도관들은 각종 소셜 미디어에서 그의 죽음을 축하했다.

교도관들은 그를 조지 잭슨**만큼이나 증오했다. 그가 샌퀸틴 주립교도소에서 수형자 권리운동을 했던 6인방 중 그때까지 수감됐던 유일한 존재였기 때문이다. 1971년 8월 21일 유명한 조지 잭슨이 총격을 맞아 사망한 그날 이후, 핀넬은 교도관들의 끊임없는 적대와 증오를 받았다.

하지만 그는 46년 동안이나 교도관들에게 끊임없이 맞으며 창문이

◆   Black Panthers. 1965년 결성된 흑인운동단체로 미국 거주 흑인들의 완전고용, 주거, 교육, 의료 보장, 공정한 재판, 병역 면제 등 10대 강령을 내걸고 활동했다. 1969년 300명의 당원이 체포되어 수감되면서 활동이 주춤해졌다.

◆◆   George Jackson. 블랙팬서의 당원으로, 샌퀸틴 주립교도소에 수감된 후 마르크스주의로 이념화된 행동강령으로 교도소 내에서 영향력을 발휘했다. 그는 자신의 생각이 담긴 『Soledad Brother: The Prison Letters of George Jackson』와 『Blood in My Eye』이라는 2권의 책을 출간했다. 그 책은 베스트셀러가 되어 미국 사회뿐 아니라 유럽에도 알려졌다.

없어 햇볕도 들지 않는 독방에 구금됐어도 결코 자신의 뜻을 굽히지 않았고 무너지지 않았다. 그렇기 때문에 교도관들은 그를 더욱 증오했다고 한다.

휴고 핀넬은 12살 때 니카라과에서 미국으로 이민을 왔지만 그가 맞이한 미국은 지옥이었다. 19살이던 해인 1964년 그는 백인 여성을 강간함 혐의로 기소됐지만 그는 자신의 무고를 주장했다. 그는 끝까지 혐의를 부인했지만 수사기관에선 그의 어머니에게 그가 유죄협상을 하지 않으면 사형을 선고받을 수 있다는 협박을 가했다. 그는 3년형 중 6개월 후에 가석방 자격을 약속받고 유죄협상을 받아들였지만 그가 교도소에 수용되자 자신의 형기가 종신형이라는 사실을 알게 된다.

그리고 그는 행복을 찾기 위해 건너온 미국 땅에서 자신의 생애 대부분을 어둡고 좁고 빛도 들지 않는 교도소 독방에서 지내게 된다. 그는 왜 그렇게 오랫동안 독방에서 보내야 했을까? 결론은 정치적 차별이었다. 1960년에서 1970년 사이 인종차별적 폭력과 교도소 환경에 대항해 맞선 조지 잭슨이 그의 스승이자 동지였던 것이다. 그는 맬컴 엑스Malcolm X나 마틴 루터 킹 주니어Martin Luther King Jr.에게 많은 영향을 받으며, 교도소 내에서 강력한 저항정신을 표했고, 교육가이자 활동가로서 캘리포니아 교정 제도 내부의 인종적 단결을 위하여 활동했다.

1971년 8월 21일 샌퀸틴 주립교도소에서 그는 조지 잭슨을 포함한 5명의 정치적 수형자들과 함께 반란을 일으키며 탈주를 시도한 혐의를 받는데 이때 조지 잭슨은 교도관이 쏜 총격에 사망한다. 이들은 "샌퀸틴 6인방"으로 불리며, 교정 제도와 교도소의 폭력적, 인종차별적 설계와 운영에 대한 굽히지 않는 저항의 국제적 상징이 되었다. 특히 이 사건의 재판 기간은 16개월로, 캘리포니아 주 역사상 가장 길었던 것으로 알려져 있다.

휴고 핀넬은 2명의 교도관의 목을 벤 혐의로 펠리컨 베이 교도소의 독방에서 46년 동안 구금됐다. 하지만 그곳에서도 그는 인종적 통합과 더불어 부당한 조건에서 벗어나기 위한 노력을 지속한다. 그런 활동의 일환으로 단식 투쟁은 물론이고 2011년 인종적 적대를 끝내기 위한 캠페인에 동참한다.

그는 46년이라는 독방 구금에도 모범적인 수형 생활을 했으며 어떠한 벌점도 받지 않았다고 한다. 그런 그가 독방에서 풀려나 일반 재소자들을 수용하는 폴슨 주립교도소의 중구금high security 시설로 이송됐지만 교도소 운동장에서 흑인을 증오하는 네오 나치 계열의 블랙 게릴라 패밀리Black Guerilla Family 일원에게 폭행을 당해 사망한다. 그의 죽음을 두고도 언론에선 흑백의 평가가 갈렸다. 사망 당시 그의 나이는 71세였다.

◇◇◇

흑인 인권을 주장했다가
43년 동안 독방에 구금됐던 알버트 우드폭스

휴고 핀넬 다음으로 가장 오래 독방에 구금된 인물 또한 흑인이다. 그의 이름은 알버트 우드폭스Albert Woodfox다. 그는 출소자 중 가장 오랫동안 독방에 구금된 사람으로 기록되어 있다.

1972년 그가 26살일 때 교도관을 살해한 혐의로 43년 동안이나 독방에 완전히 격리된 채 수형 생활을 하다 69번째 생일에 출소했다. 알버트 우드폭스는 43년 동안 매일 23시간을 독방에서 생활했고, 운동을 하기 위해 단 1시간만 운동장으로 나갈 수 있었다. 이때마저도 그는 혼자였다고 한다.

우드폭스는 루이지애나의 악명 높은 앙골라 교도소에 수용되어, 교도소 내 인종차별과 그에 대항하는 블랙팬서 운동에 가담한 '앙골라 3인방' 중 한 사람이었다. 그의 지지자들에 따르면, 1972년 교도관 살해 사건은 그의 정치적 활동에 대한 보복으로 그를 함정에 빠뜨리기 위해 조작한 것이라고 주장한다. 이를 뒷받침하듯, 그가 살해한 증거라고는 3명의 재소자의 증언뿐이었고, 그들은 증언한 다음 그에 대한 보상으로 호의적인 처우를 받았다고 한다. 이를 입증이라도 하듯 살인 사건에 대한 재판은 2번이나 회부됐는데 처음에는 그가 제대로 변호인의 변호를 받지 못했다는 이유로, 그 다음에는 유죄를 평결한 대배심이 전원 백인들로 구성되어 인종차별적이라는 이유였다.

주 정부는 주요 핵심 증인이 사망했음에도 그를 세 번째 재판에 회부했는데 변호인 측에서는 증인 없는 재판은 법률적 웃음거리라고 하며 반발했다. 그와 공모를 했다는 2명은 이미 자유의 몸이 되었고, 모든 증거가 훼손된 범죄에 대해 그토록 오랜 기간 독방에 구금한다는 것은 논리적으로 맞지 않다는 점도 주장했다.

이에 정신과의사들은 독방 수용이 단 며칠이라도 수형자에게 미치는 영향이 너무 부정적이고 심각해 독방 수용에 대한 검토를 경고했다. 그리고 UN을 포함한 몇몇 국제기구에서도 독방 구금은 일종의 고문이며 따라서 금지되어야 한다고 주장했다. 심지어 대법관 중에서도 장기 격리 수용은 불안, 혼란, 은둔, 환상, 자살 등 수형자에게 엄청난 부정적 영향을 초래한다고 항변하기도 했다.

그의 변호사도 우드폭스의 43년 독방 구금은 극단적으로 비정상적이고 잔인한 형벌이며, 그가 이런 상황을 견딜 수 있었던 것은 오로지 그의 강인함과 인격 덕분이라며 독방 구금과 같은 비인간적인 관행은 중단해야 한다고 주장했다. 국제 엠네스티 미국 지부에서도 그에게 가해진 잔인하고 비인간적인 독방 구금을 치유할 수 있는 것은 아무것도 없다며 그의 석방을 촉구했고, 우드폭스 자신도 독방 구금에 대한 두려움을 전했다.

급기야 백안관에서도 '장기적 독방 구금이 정신은 물론 신체적 건강에도 미치는 부정적 영향의 심각성에 대해 대처할 것이며, 우리 사법제도의 궁극적 목표가 범죄자가 사회에 진 빚을 갚은 후 두 번째 기회를 주는 것이라면 우리는 잘못하고 있다'는 논평을 했다. 결국 오바마 대통령은 모든 연방교정 시설에서 모든 청소년의 독방 구금을 전면적으로 금지시키는 행정명령을 내리게 된다.

우드폭스는 불우한 어린 시절을 거치며 뉴올리언스의 거리에서 범죄조직의 일원으로 성장하며 도둑질과 다른 범죄에 가담했다. 그가 18살

때 여자친구 오빠의 자동차를 훔쳐 운전하다 경찰의 고속 추격 끝에 붙잡히면서 그의 수형 생활이 시작됐다. 그 후 무장 강도 혐의로 체포되어 50년형을 선고받아 루이지애나 주립교도소에서 구금됐지만 날조된 혐의와 거짓 증언을 통해 교도관을 살해한 혐의로 독방에서의 종신형을 선고받았다.

우드폭스와 함께 수십 년을 독방에 구금됐던 앙골라 3인방은 자신들의 죄는 블랙팬서의 일원이 된 것과 교도소에서 인권옹호 활동가로 일한 것뿐이라고 주장했다.

그는 분명 범죄를 저지른 사람이었지만 교도소 내에선 정치적 수형자로 거듭났다. 그는 앙골라 3인방이라 불린 동료 재소자의 멘토가 되어 글을 가르치고 출소 후 삶의 준비를 할 수 있도록 이끌었다. 그리고 이들 3인방은 교도소 내 성폭력을 차단하고, 교도관들의 지속적인 알몸 신체검사를 중단할 것을 요구하는 캠페인을 벌이고, 교도관들의 인종차별적 시각과 교정 제도, 교도소장이 수형자들로부터 앗아가려고 시도한 존엄성을 회복하기 위해 맞섰다.

실제로 우드폭스는 자신의 회고록에서, 독방 구금 생활의 참상을 회상하면서 이로 인해 인간의 정신이 얼마나 강해질 수 있는지, 비록 인간이 엄청난 행동을 할 수도 있지만 그럼에도 가치가 있는 존재라는 것, 수형자라고 해도 모든 인간에게 일정 수준의 존엄성을 보장받아야 한다는 것을 기록했다. 더불어 불행하게도 교도소는 그렇지 못했다고 설파하기도 했다.

참고 자료

- www.oldest.org/people/prisoners
- www.partisandefense.org/pubs/articles/2015-09-04_pinell.html
- https://dondivamag.com/who-is-behind-the-prison-hit-on-revolutionary-hugo-pinell
- https://www.theguardian.com/us-news/2016/feb/19/albert-woodfox-released-louisiana-jail-43-years-solitary-confinement
- https://www.newswise.com/articles/angola-3-prisoner-who-spent-43-years-in-solitary-discusses-memoir-at-uic
- https://deadline.com/2019/06/mahershala-ali-albert-woodfox-solitary-fox-searchlight-film-longest-serving-solitary-confinement-prisoner-1202627051
- https://www.amnesty.org.uk/albert-woodfox-free-louisiana-usa-after-43-years-solitary-confinement-us
- https://time.com/3914559/albert-woodfox-solitary-confinement-angola/
- https://nonprofitquarterly.org/after-40-years-longest-serving-inmate-in-solitary-released-from-prison
- https://www.dailykos.com/stories/2016/2/22/1489181/-After-43-years-the-longest-serving-solitary-confinement-prisoner-has-been-released
- https://splinternews.com/the-man-held-in-solitary-confinement-for-the-longest-ti-1793954895

3

세계 최장기 사형수들

◇◇◇
40년 동안 조마조마한 마음을 안고
사형 집행을 기다린 이와오 하카마다

이와오 하카마다袴田巖는 1936년 3월 10일생으로, 1968년 9월 11일 '하카마다 사건'으로 사형이 선고된 전직 프로 권투선수 출신의 사형수다. 하지만 그에 대한 사형 집행은 2011년까지 집행되지 않아서 기네스북에 '세계에서 최장 기간 사형이 집행되기를 기다리는 사형수'로 등재됐다.

그 후 2014년 재심이 결정되면서 48년 만에 보석으로 풀려났다. 그해 3월, 시즈오카 현 지방법원에서 그에 대한 증거가 조작됐다고 믿을 만한 충분한 이유가 있다고 판단하여 그에 대한 재심과 즉각적인 석방이 허가된 것이다. 이와오 하카마다는 46년 동안 조마조마한 마음으로 사형 집행을 기다렸던 사형수로 살았던 것이다.

1968년 8월 하카마다는 그가 일했던 된장 제조공장의 공장주, 그의 아내 그리고 두 자녀를 살해하고 강도한 혐의로 체포됐다. 당시 그는 그 공장의 기숙 근로자였다. 하카마다는 다중살인 혐의에 대해 자백했지만 재판에선 자신의 진술을 바꾼다. 그럼에도 시즈오카 지방법원은 그의 유죄를 확정하고 1968년 그에게 사형선고를 내렸다.

하지만 2014년 지방법원이 범행 현장에서 발견한 의류에서 하카마다의 혈액이 발견됐다는 검찰의 주장을 의심케 하는 DNA 검사 결과를 받아들임으로써 상황이 급반전을 맞은 것이다. 법원은 증거가 경찰에 의해 조작됐을 수도 있다고 밝혔다.

그러자 도쿄 고등법원은 2018년 6월, DNA 검사의 신빙성에 의문을 제기하며 재심을 허락했던 지방법원의 결정을 뒤집는다. 고등법원에서는 지방법원의 판결이 하카마다의 유죄 확정에 의문을 제기하는 DNA 증거의 가치를 지나치게 과대평가했으며 경찰이 증거를 조작했다고 의심할 근거는 충분하지 않다고 설명했다.

물론 도쿄 고등법원은 그에 대한 재심 판결이 끝날 때까지는 인본주의적 바탕에서 건강이 좋지 않은 고령자인 하카마다를 재구금하지 않겠다고 결정했다. 그의 재수감 또한 만만치 않은 것이, 그에 대한 유죄 확정이 순전히 강요된 자백에 근거했으며, DNA 증거에 대한 다수의 의문점들이 해결되지 않았기 때문이다. 당연히 하카마다의 변호인 측에서는 대법원에 상고를 계획하고 있다.

일본 정부에서도 그를 재구금한다는 것은 고령자와 정신장애자들에게 사형을 선고하지 못하도록 권고하고 있는 국제적 기준에 반하며, 동시에 잔인하고 비정상적인 처벌이 될 수 있다는 점을 고려했다.

특히 일본은 수형자들을 정신이상으로 만들고 그들을 '잔인하고, 비정상적이고, 인격을 강등시키는' 처우를 한다는 비난을 받고 있다. 심지어 사형반대론자들은 일본이 사형 집행 불과 한두 시간 전에야 집행을 알려주거나 사형수의 가족들은 사형 이후에야 겨우 가족의 사형이 집행되었음을 알게 되는 등 일본에서의 '비밀스러운 사형 집행'과 그로 인한 사형수의 정신적 고통과 정신질환의 비인간적 처사와 결과를 개선하기 위해 하카마다의 사례를 이용하고 있다.

하카마다가 석방돼야 할 이유는 많다고 한다. 먼저 그는 아무 증거 없이 체포됐고, 경찰이 그의 유죄를 입증하기 위해 했던 것은 자백을 받아내는 것뿐이었다. 그는 변호사도 없이 20일 동안이나 심문을 받았으며, 고통스러운 장기간의 심문을 견디지 못해 자신의 범행을 자백하는 조서에 사인했던 것이다. 이것이 사형을 선고했던 유일하고 결정적인 근거다.

법원은 검찰이 증거로 제출한 45개 중 그가 자유의사에 따라 합법적으로 서명한 것은 하나밖에 없다고 판단하고 그것만 받아들이고 나머지 44개는 기각했다. 그리고 재판에서 그는 자신의 자백을 부인했다. 그럼에도 재판부는 4명의 다중살인 혐의에 대해 유죄를 확정짓고 사형을 선고했던 것이다.

그의 재판에 동석했던 판사 중 한 명은 40여 년이 지난 후, 하카마다는 무고하며 불충분한 증거로 사형을 선고해선 안 된다고 주장했다. 너무 뒤늦은 참회어린 주장이 아닐까 하는 생각도 든다. 물론 이 점에 대해서는 UN을 비롯한 국제기구에서도 강력하게 주창하고 권고하는 바이기도 하다.

이와오 하카마다의 이야기는 일본에서도 인권, 사형제도, 오판 등에 관한 엄청난 파장과 논쟁을 불러일으켰으며, 그 결과 만화로도 제작됐다. 그가 교도소에서 사형 집행을 기다리며 보낸 48년은 그의 인생에서 매우 불행하고도 의미 없는 시간이었을 것이다. 아직도 이 재판은 끝나지 않았다.

◇◇◇

정신질환자 사형 집행 논란 속에
사형 집행을 무작정 기다리고 있는 레이몬드 조지 라일스

1974년 강도살인으로 유죄가 인정되어 이듬해 사형이 선고된 레이몬드 조지 라일스Raymond G. Riles도 아직까지 사형 집행을 기다리고 있다. 오랫동안 사형이 집행되지 않은 이유는 그의 정신질환에 기인한 것으로 알려져 있다.

어느 날 라일스는 친구로부터 중고차를 구입했는데 차에 문제가 있어 환불을 하러 같이 가자는 제안을 받는다. 순순히 응한 그는 친구가 중고차 판매상에게 환불을 요청했지만 그것은 안 되고 수리만 해주겠다는 판매상에게 총격을 가한 혐의로 체포됐다. 그는 식당에 일자리를 구하기 위해 찾아갔다가 거절당하자 1,800달러를 빼앗아 도주하기도 했다.

재판을 받는 도중 그의 정신 상태는 정상이 아니었다. 그는 지속적으로 재판 절차와 과정을 방해했고, 결국 독방에 구금되는 상황까지 이르렀다. 정신과의사와 면담하는 동안에도 그는 의사를 물려고 시도하며 울부짖었다고 한다. 공범이었던 친구에 따르면 라일즈는 기차 트랙에 자기 아내를 묶어놓고 겁에 질린 아내에게 "수치를 모르는 요부 왕비여, 회개하라"라고 소리치는 것을 목격했다고 한다. 물론 처음에는 친구도 사형선고를 받았으나 나중에 번복되다가 경찰관을 살해하려 한 사건으로 50년형을 선고받았다.

라일즈는 처음부터 사형선고를 받았으나 식당 강도 사건으로 재심이 필요해지면서 재판이 늦어지다가 다시 유죄가 확정되어 사형을 선고받았다. 하지만 그의 사형 집행은 1980년을 시작으로 수차례에 걸쳐 유예가 된다.

1985년 라일즈는 다른 동료 사형수들과 함께 상급심을 배제하고 사형을 집행해줄 것을 청원하기도 했지만 라일즈가 정신질환을 가지고 있어 사형 집행의 가능성은 희박하다고 한다.

사실 라일즈의 정신질환은 거의 의심할 여지가 없다고 할 수 있다. 그는 1985년 분신 자살을 시도하기도 했고, 몇 번의 정신과의사의 면담에서도 이상 증후를 보였다. 예를 들어 자신이 텍사스 주 교정국의 '비밀스러운 악마 모임'을 알고 있기 때문에 그들이 자신을 살해하려 한다는 주장을 펼치기도 했다.

일부는 라일즈와 같은 정신질환자의 사형 집행 가능성이 희박하기 때

문에 의미 없이 사형 집행을 기다리며 불필요한 시간을 허비하는 대신 정
신병동으로 보내는 게 어떨지 의아해하기도 한다.

참고 자료

- https://en.wikipedia.org/wiki/Iwao_Hakamada
- https://www.japantimes.co.jp/news/2019/01/23/national/crime-legal/
  story-iwao-hakamada-boxer-spent-48-years-death-row-become-
  manga-series
- https://www.ndtv.com/world-news/japan-inmate-iwao-hakamada-
  freed-after-45-years-on-death-row-in-japan-faces-retrial-1866282
- https://www.theguardian.com/world/2018/jun/11/japan-man-freed-
  after-45-years-on-death-row-could-go-back-to-jail
- https://www.pri.org/stories/2018-11-28/free-after-five-decades-
  death-row-japanese-man-may-be-forced-return
- https://www.irishtimes.com/news/world/asia-pacific/death-row-
  miscarriage-case-puts-spotlight-on-japanese-justice-1.3798279
- https://historycollection.com/5-longest-serving-death-row-inmates-
  america/
- https://wikivisually.com/wiki/Raymond_Riles
- https://standdown.typepad.com/weblog/2008/08/the-case-of-
  ray.html

4

세계 최장기 탈주범들

◇◇◇

너무나 평범했지만 너무나 성공적인
63년간의 탈주를 기록하고 있는 존 패트릭 해넌

세계에서 가장 성공적인 교도소 탈주범은 영국 도싯에 위치한 번 교도소에서 탈주한 존 패트릭 해넌John Patrick Hannan이다. 그는 무려 63년 동안이나 도주 중이다. 현재 그의 도주 기간은 기네스북에 등재되어 있다.

존 패트릭 해넌이 번 교도소를 탈주한 때의 나이는 22살이었다. 지금도 수사기관에선 시민들의 제보와 자수를 권하지만 그는 여전히 잡히지도 않고 자수하지도 않았다.

현재 그의 나이는 84살로 추정하고 있으며 아마도 자신의 모국 아일랜드에서 80대의 노인으로 평범하게 살아가고 있는지도 모른다. 물론 그의 생존 또한 확인되지 않고 있기에 죽었는지도 모른다. 수사기관에선 수사 진척이 보이지 않자 지난 20여 년 동안 수색이나 검거 활동을 포기한 것으로 알려져 있다.

1955년 해넌은 자동차 절도와 2명의 경찰관 폭행 혐의로 21개월형을 선고받았다. 하지만 동료 수형자 그위넌트 토마스Gwynant Thomas와 함께 침대 시트를 엮어 교도소 벽을 넘어 도주한 것으로 알려져 있다. 그들은 교도소를 나선 후 가까운 주유소에 침입해 오버코트, 담배 그리고 맥주를 훔쳐 도망갔다. 도주 16시간 만에 토마스는 목격자의 신고로 체포됐으나 해넌은 도주로 차단과 경찰견 추적을 완전히 따돌려 현재에 이르고 있다.

사실 그의 도주극은 너무나 평범하지만 너무나 성공적이다. 아마도 그의 탈주 여정은 그가 체포되거나 자수해야지만 알 수 있기에 여기서 어떤 추정도 하지 않는 것이 좋겠다.

◇◇◇
제 발로 나가 58년 동안 자유롭게 살다
제 발로 다시 돌아온 조지 멀홀랜드

강변 폭동 현장에서 경찰관의 경찰봉을 훔친 혐의로 호주의 멜버른에서 체포된 조지 멀홀랜드George Mullholland는 멜버른 시 파수막 초소에서 도주해 무려 58년이나 도주 행각을 벌였던 수형자였다. 그리고 그는 80살이 되어서야 탈주를 시도했던 파수막 초소로 돌아와 그의 길고 긴 탈주 여정에 마침표를 찍었다.

사실 그가 탈주 여정을 끝내기 전까지는 그가 세계에서 최장기 교도소 탈주범이었다. 그가 자수한 뒤에 영국의 존 패트릭 해넌이 세계 1위라는 타이틀을 거머쥔 것이다. 그리고 멀홀랜드가 기네스북에 등재되기 전에는 경찰관 살해 혐의로 미국 네바다 주립교도소에서 수형 생활을 하다 탈주하고 46년 동안 도주 생활을 한 레너드 프리스토Leonard T. Fristoe가 등재됐다.

멀홀랜드에 의하면 그는 자신의 손톱을 이용해 파수막 초소의 자물쇠를 열어 도주했다고 한다. 물론 2명의 여성 교도관의 주의가 산만해졌기 때문에 가능한 일이었다. 그 후 친구의 모터바이클을 타고 멜버른에서 벗어나 달리는 기차에 뛰어올라 시드니로 향했다고 한다. 그는 뉴캐슬에 정착하여 1934년에 결혼도 하며 원주민 옹호주의자로 살았다.

흥미로운 사실은 그가 자수했을 때 당국은 그에 대한 모든 사건을 파기한 상태라 더 이상 그가 수배 대상도 아니었다는 점이다. 대신 경찰은 그의 자수를 기념해 멀홀랜드에게 그가 23살 때 찍은 1928년도 원판 머그샷 사진과 지문을 주었다고 한다.

◇◇◇
46년 동안 도주에 성공했지만 아들의 권유로 자수를 선택한 레너드 프리스토

앞에서도 언급했지만 한때 조지 멀홀랜드를 이긴 최장기 교도소 탈주범이 있었다. 그는 레너드 프리스토로, 2명의 부보안관을 살해한 혐의로 미국 네바다 주립교도소를 탈주해 46년이 지난 1969년 11월 15일 아들의 권유로 자수했다. 당시 그의 나이 77세였다.

그는 자신이 자수한 이유에 대해 다시 되돌아가서 매듭을 짓고 싶었기 때문이라고 진술했다. 그는 40년 이상을 클라우드 윌리스Claude R. Willis로 살았다고 한다.

1920년, 당시 28살이던 프리스토는 네바다 주의 디스deeth 소재 가축 농장에서 강도 행각을 벌이다 그를 막던 경비원과 경찰에게 총을 쏴 살해한 혐의로 체포되어 유죄가 확정됐다. 그리고 종신형을 선고받았다.

대개 교도소 탈주범은 주위를 안심시키기 위해 모범적인 수형 생활을 한다. 프리스토 역시 마찬가지로 교도소 내에서 신뢰가 가는 충실한 수형자로 인식되었다고 한다. 2년 반의 수형 생활이 흐르고 교도소장은 공무 출장에 그를 동행시켰고, 다른 수형자와 차 안에 남게 되자 그들은 차를 몰고 도망쳤다. 교도소장은 다음날까지도 그들이 왜 사라졌는지를 이해할 수 없으며 반드시 돌아올 것이라는 희망을 가졌다고 한다. 그렇게 46년이라는 시간이 흘렀다.

1969년 어느 주말 캘리포니아의 캠턴 시 트레일러 공원에서 한 통의 신고전화가 걸려왔고, 출동한 경찰은 46년 동안 클라우드 윌리스로 살아온 77세의 프리스토가 아들과 며느리와 함께 있는 것을 발견했다. 하지만 그는 이미 너무 늙었다. 심장질환으로 거동도 불편했기 때문에 결국 가석방심사위원회에 회부되어 가석방됐다.

참고 자료

- https://www.telegraph.co.uk/news/uknews/law-and-order/12080016/John-Patrick-Hannan-on-run-from-Verne-Prison-Dorset-60-years.html

- www.theguardian.com/uk/2001/dec/30/tonythompson.theobserver

- https://www.grunge.com/48306/insane-ways-people-escaped-prison

- news.bbc.co.uk/2/hi/uk_news/england/1671319.stm

- https://www.huffpost.com/entry/john-patrick-hannan-fugitive-60-years_n_568a4fb3e4b0b958f65c0dcb

- https://www.upi.com/Archives/1986/09/12/Fugitive-turns-self-in-58-years-after-jail-escape/26495268811600

- www.latimes.com/archives/la-xpm-1986-09-15-mn-11811-story.html

세계 최장기 인질

◇◇◇

러시아 전문가가 이란에서 실종?
세계 최장기 인질 로버트 앨런 레빈슨

로버트 앨런 레빈슨Robert Alan Levinson은 미국 마약집행국Drug Enforcement Administration, DEA과 연방수사국FBI의 요원으로 활동하고 퇴직 후 중앙정보국CIA의 비밀 업무를 수행하다 2007년 3월 9일 이란의 키시 섬에서 실종됐다.

그가 CIA 임무를 비밀리에 수행 중이었던 것을 뒷받침하듯 레빈슨 가족은 이란에서의 활동이 밝혀지는 어떠한 소송도 하지 못했고, 비밀을 발설하지 않는 대가로 CIA로부터 250만 달러약 28억 원 이상의 보상연금을 수령했다.

이런 점으로 보아 많은 사람들이 그가 이란에 인질로 붙잡혀 있다고 믿고 있었다. 미국 정보요원들은 레빈슨이 이란 정보기관에 체포되어 조사를 받고 있으며 워싱턴과의 협상에서 비밀카드로 이용됐을 것이라고 추정한다. 그러나 모든 단서가 분명하지 않고, 이란 정부도 레빈슨의 실종에 자신들은 전혀 가담하지 않았다고 부정하고 있어 그가 사망했을 가능성도 높다.

◇◇◇

생존 증거는 있지만
죽었다는 증거는 없다?

그가 생존한 것으로 보였던 마지막 사진이 2011년이었다. 당시 그는 점퍼수트를 입고 영어로 도움을 청하는 것으로 보이는 피켓을 들고 있었다. 2013년 12월 12일, 연합통신AP, Associated Press은 레빈슨이 CIA를 위해 일하고 있었으며, 미국 정부기관에서 반박하는 내용과 상반된 것이라는 보도를 내보냈다. 미국 정보기관은 레빈슨이 담배 밀수 사건으로 이란에 간 민간조사원이라고 주장했다.

연합통신 보도에 따르면 그는 미국 정부를 위해 이란 정권에 대한 허가를 받지 않는 정보를 수집하는 특명을 받고 수행 중이었다고 한다. 하지만 그의 임무가 정확히 무엇인지에 대해선 아직도 불분명하다. 그는 1998년에 FBI를 퇴직한 후, 러시아 범죄조직의 동향을 살피는 민간조사원으로 활동했고, 수차례 TV 프로그램에도 출연했던 것으로 알려져 있다. 그가 이란이 아니라 러시아 전문가였다는 사실은 CIA에서도 확인이 가능했다고 한다.

그의 생존에 대해선 증거물이 다수 나타났다. 2010년 말 레빈슨 가족들은 그가 살아 있다는 영상을 입수했는데 그 영상에는 레빈슨이 체중이 상당히 감량되어 집으로 돌아가게 해달라고 반복적으로 간청하는 모습이 담겨져 있었다.

2013년 1월 8일에는 그의 가족들이 오렌지색 점퍼수트를 입고 머리와 손톱을 손질하지 않아 길게 자란 모습이 담긴 사진을 언론에 공개했다. 이 사진은 2011년 4월에 입수한 것이라고 하는데 왜 18개월이 지난 뒤에 공개하느냐에 대한 의문에 가족들은 실종 상황이 어떻게 진행될지 몰라 매우 불안했기 때문이라고 답했다. 그의 가족에 따르면 그의 여권이 다른 어떤 나라에서는 사용된 적이 없다고 밝혔다.

◇◇◇

테리 앤더슨의 6년 기록을 제친
로버트 앤더스의 인질 기간 13년

결국 레빈슨은 2013년을 기준으로, 세계 최장기 인질로 기네스에 등재됐던 연합통신AP 특파원 테리 앤더슨Terry A. Anderson의 6년간의 인질 기간을 갱신했다. 테리 앤더슨은 1985년 레바논에서 이슬람 지하드 조직의 시아파 헤즈볼라 무장단체 인질로 잡혀 1991년까지 억류됐다.

오바마 대통령 재임 동안 대규모 인질 석방 협상의 결과로 미국과 이란은 수감자를 교환했다. 하지만 이 협상에서 레빈슨은 풀려나지 못했다. 이는 이란 정부의 주장대로 그들이 구금한 것이 아닐 수 있다. 하지만 지금까지의 증거를 살펴보면 그의 구금에 이란 정부가 관여되어 있다는 사실을 배제할 수 없다.

결국 2020년 레빈슨 가족은 미국인 최장기 인질로 기록된 레빈슨이 코로나바이러스감염증-19가 확산되기 전에 이란에서 사망한 것으로 보인다는 정보기관의 통보를 받았다고 밝혔다. 2020년 기준으로 그의 인질 기간은 13년이다. 그동안 그는 어떻게 생활했을까?

참고 자료

- https://en.wikipedia.org/wiki/Disppearance_of_Robert_Levinson
- https://www.nbcnews.com/news/us-news/family-robert-levinson-held-iran-13-years-calls-prisoner-exchange-n1097591
- https://abcnews.go.com/International/documents-breakthrough-case-fbi-veteran-robert-levinson-vanished/story?id=67169441
- https://www.seoul.co.kr/news/newsView.php?id=20200326500005&wlog_tag3=naver

교도소 편

교도소의 역사

◇◇◇
죄를 지었으면
자유를 박탈하고 가둬라

고대 문명부터 교도소의 개념은 죄를 지은 사람의 자유를 구속하고 박탈하기 위한 수단으로 활용해왔다. 당시 범죄자는 한동안 구금됐다가 노예 생활을 하거나 사형선고를 받았는데 문명화가 일어나면서 범죄자에 대한 인식 개선과 사회복귀 개념을 접목하기 위한 목적을 가지고 교정 시설이 변하기 시작했다.

교도소는 교정 시설 또는 감화원 등 다양한 용어로 사용되고 있지만 재소자가 강제로 구금되어 국가권력에 의해 다양한 권리와 자유가 거부되고 박탈되는 시설이라는 공통점을 가지고 있다. 물론 시설의 용도와 목적 등에 따라 자유와 권리에 대한 박탈과 제한의 정도는 차이가 있다.

예를 들면 재판을 기다리는 피의자들, 즉 미결수들을 구금하는 곳을 구치소, 반면에 형기가 정해진 기결수들을 수용하는 곳을 교도소라고 구분하기도 하지만 대부분은 교정 관리의 편의 등의 이유로 혼용되곤 한다. 그러나 가장 단순한 의미에서의 교도소는 재소자들이 자신이 범한 범죄에 대한 형벌로써 합법적으로 구금되는 건물인 것이다.

◇◇◇
고대 철학자의 역발상, 범법자를 개선시키기 위해 교도소를 활용해라

인류가 교도소를 활용하기 시작한 것은 국가가 하나의 사회조직 형태로 건립되면서부터다. 국가의 건립은 성문법의 발전과 그 궤를 같이 한다. 사회 공식적 지침은 법률로 정하고, 법전으로 공식화했다.

세계 최초의 법전은 다 알다시피 기원전 1750년 무렵 바빌로니아의 함무라비 왕이 제정한 함무라비 법전이다. 이 법전을 살펴보면 법률 위반에 대한 형벌은 거의 전부가 '응보의 법the law of retaliation'이라고 하는 복수법을 따르고 있다. 즉 '이에는 이, 눈에는 눈'이라는 식으로 피해자 관점에서 복수나 응보를 하는 개념이었다.

그러나 플라톤을 비롯한 일부 고대 그리스 철학자들은 단순히 응보나 보복으로써 형벌을 가하는 대신에 범법자들을 개선시키기 위해 형벌을 활용하는 것이 낫다는 생각을 하기 시작했다. 죄를 지었다면 그에 합당한 대가벌금를 치르는 식의 제도가 만들어졌지만 곤궁한 고대 사람들은 대가를 치를 여력이 없었다. 그래서 형벌을 받으며 자신의 자유를 나라에 바쳤다. 그렇다고 무기한 구금할 수도 없기에 기간의 제한이 정해졌다. 이런 식으로 교정 제도의 틀이 만들어진 것이다. 사실 고대 그리스 사람들은 교도소를 '속박, 족쇄, 사슬의 장소'로 인식했다.

◇◇◇
사형수를 가두기 위해 지은 세계 최초의 교도소 마메르틴

고대 로마는 교도소를 단순히 구금만을 위한 장소가 아니라 형벌, 처벌을 위한 장소로 활용했다. 그 구조물은 다양했지만 현재 가장 오래된, 최초의 교도소는 로마의 마메르틴 교도소Mamertine Prison로 추정한다. 마메르틴 교도소는 고대어로 툴리아눔Tullianum이라고 하는데 당연히 오늘날 우리가 알고 있는 교도소와는 상당히 다르다. 하지만 기원전 7세기에 지어진 당시 로마 유일의 교도소였던 것으로 알려지고 있다.

교도소의 명칭이 어디서 기원되었는지는 확실치 않다고 한다. 다만 전해오는 이야기에 따르면 툴리아눔이란 고대어는 로마 왕 중의 한 명인 툴루스 호스티우스Tullus Hostius나 세리비우스 툴리우스Servius Tullius의 이름에서 따왔다고 한다. 또는 고대 라틴어로 물의 분출구라는 의미의 '툴리우스tullius'에서 따왔다는 가설도 있다. 마메르틴이란 이름은 중세에 기원한 것으로 화성Mars의 사찰이라는 의미도 포함하고 있다.

마메르틴 교도소는 기원전 640~616년 사이에 로마 왕정의 4대 왕이었던 안쿠스 마르키우스Ancus Marcius에 의해 건설됐으며, 로마 시내 지하하수구 안에 설치된 시설이다. 인간 폐기물로 가득한 오염된 환경에서 재소자들을 수용했던 것이다. 당시는 재소자들을 교화하기 위한 목적이 아니었으므로 사형 집행을 기다리는 재소자들을 가두기 위한 목적이 더 컸을 것이다. 실제로 범죄자를 장기간 수용하는 관행은 15세기가 되어 서야 퍼졌다.

비교적 현대적이라고 할 수 있는 교도소는 영국의 셉튼 말렛 교도소 다. 1625년 이전에 개소했는데 1646년 제1차 잉글랜드 내전이 끝날 무 렵까지 열악한 수준을 유지했다. 1790년에 확장했지만 1822년 보고 서에 따르면 또다시 열악한 시설과 환경으로 비판을 받자, 1820년에서 1830년에 걸쳐 추가로 건물을 짓고 보수 작업을 진행했다.

1930년 재소자 수가 급감하자 교도소는 폐쇄됐으나 1939년 제2차 세 계대전이 발발하자 군교도소로 활용하기 위해 문을 열게 된다. 전쟁이 끝나고도 군용 시설로 계속 이용되다가 1966년에 민간시설로 되돌려졌 다. 2014년 12월 최종적으로 문을 닫았으며, 현재는 관광용으로 쓰이고 있다고 한다.

◇◇◇
죄수를 유배하기 위해
성 전체를 교도소로 만들어버리다

1798년 영국의 캡틴 쿡 선장이 호주를 발견한 후, 영국은 죄수들의 유 배지가 필요해 원주민을 몰아내고 그곳에 식민지를 건설했다. 영국은

1788년 736명의 죄수들과 1,373명의 이민단을 호주에 보냈고, 이후 총 16만 명의 범죄자가 유배됐다. 하지만 1850년대 호주에서 금광이 발견되면서 전 세계 사람들이 호주로 향했다. 더 이상 호주는 유배지가 될 수 없기에 어느 한 곳을 선택해야 했다. 그렇게 선택된 곳이 반 디멘스 섬Van Diemen's Land, 현재 태즈매니아 섬이다.

호주의 급격한 발전으로 1853년 이후 호주에 대한 형벌적 유형이나 추방이 폐지되면서 반 디멘스 섬이 과거 호주라는 곳의 특성을 받아들인 것이다. 호주로 유형이나 추방된 범죄자의 약 40% 정도가 반 디멘스 섬으로 보내졌다.

당시 영국은 호주를 식민 지배를 하면서 가혹한 행정을 일삼았다. 특히 범죄자에 대한 대우는 더욱 참혹했다. 흔히들 이런 유형과 추방을 '사회적 절단'이라고 한다. 당시 반 디멘스 섬에서의 유형 생활은 장기간의 태형이 다반사였고, 인간 이하의 생활을 강요당했다. 특히 식민지에 대한 합법화된 잔혹성은 범죄자에게 더욱 심했다.

때론 어떤 범죄자들은 그 생지옥을 탈출할 수 있는 마지막 방법은 서로가 서로를 죽이고 사형을 받는 것이라고 말할 정도였다고 한다.

참고 자료

- www.prisonhistory.net/prison-history/history-of-prisons
- https://en.wikipedia.org/wiki/Prison
- https://en.wikipedia.org/wiki/Mamertine_Prison
- https://www.ancient-origins.net/ancient-places-europe/infamous-mamertine-prison-and-supposed-incarceration-saint-peter-003447
- https://www.atlasobscura.com/places/mamertine-prison
- www.rome-tour.co.uk/mamertine_prison.htm
- https://en.wikipedia.org/wiki/HM_Prison_Shepton_Mallet
- https://en.wikipedia.org/wiki/Van_Diemen%27s_Land
- https://www.irishtimes.com/sport/life-and-death-in-van-diemen-s-land-1.102141

세계 최초 타이틀을 가진 교도소들

◇◇◇

**세계 최초의 민영교도소인
루이지애나 주의 강화원**

교도소는 당연히 국가가 운영해야 한다고 생각을 많이 하지만 민간이 교도소를 운영하는 사례도 있다. 다만 교도소의 여러 기능과 목표 중 국가 형벌권의 집행이 차지하는 비중이 매우 크다. 이 고유한 권한인 형벌권을 민간에 위임해도 되는가 하는 문제가 발생하면 논란이 일어날 수밖에 없다.

이런 의문에 많은 학자들은 국가 형벌권을 형벌의 결정권과 그 집행권으로 분리해서 이해해야 하며, 민간이 교도소를 운영한다면 그것은 형벌을 집행하는 것에 불과하지 형벌을 결정하는 권한은 아니기 때문에 충분히 민간에 위임될 수 있다고 말한다. 따라서 민간이 운영하는 교도소도 그런 차원에서 이해해야 한다는 취지다.

사실 교정 시설의 민영화는 1844년에 이뤄졌다고 할 수 있다. 미국 루이지애나 주에서 주 감화원을 개소했지만 9년이 지난 후 한 회사가 감화원에 수용된 재소자들을 활용해 노예들을 위한 값싼 옷을 생산하는 공장을 운영했다.

그러던 어느 날 한 재소자가 교도소가 민영화되면서 교도관들이 사익 추구를 위해 악행을 저지르고 있다고 기록했다. 더불어 감화원의 연례 보고서에는 교도소 폭력과 교화 개선의 노력 또는 보안에 관한 어떤 정보도 적혀 있지 않았으며 오직 수익성만을 기록하고 있었다.

그러다가 1983년 미국에서 토마스 비즐리THomas Beasley, 크랜토우스R. Crantos 그리고 돈 휴토T. Don Hutto가 세계 최초의 민영교도소회사인 '미국교도소유한회사CCA'를 설립했다. 그리고 교도소의 사익 추구를 위해서 운영하는 아이디어를 처음으로 실현했다. 그들은 '마치 민간기업이 자동차, 햄버거, 부동산을 판매하듯이 교도소도 판매한다'는 발상으로 교도소 민영화를 진행한 것이다. 그 결과 1984년 테네시 주의 한 구치소와 소년범 유치 시설을 운영하기 시작했고, 휴스턴에서 모텔을 개조해 민영 불법이민자 수용시설을 열었다.

1985년 테네시 주 연방법관은 과밀 수용 상태의 교도소에 재소자를 수용하지 말라는 명령을 내렸다. 이에 CCA는 주 전체 교정 시스템을 1억 5,000만 달러약 1,722억 원 이상에 99년 장기 임대해줄 것을 요청했으나 거절당했다. CCA는 이에 굴하지 않고 첨단 시설과 전기전자 감시 체제로 대단위 교정 시설을 공공 분야가 필요로 하는 인력보다 더 적은 인력으로도 운영할 수 있다고 주장했다.

사실 공공 분야의 민영화는 전혀 새로운 것이 아니어서 교정 분야에서도 깊이 뿌리 내린 지 오래다. 철도, 수도, 전기 등 심지어 국가 기간산업까지도 민영화되고 있을 정도로 그 분야가 확대되고 있는데, 이러한 민영화의 저변에 깔린 철학은 경제성과 효율성이다. 더 적은 비용으로 최대의 서비스를 생산하고 제공할 수 있기에 민영화가 이뤄지는 것이다.

이런 추세에는 교정도 예외가 아니어서 미국 재소자 중 10% 내외가 민간이 운영하는 교정 시설에 수용되어 있다. 우리나라도 이런 추세를 반영하고 있다. 물론 미국의 민영교도소와는 약간의 차이가 있지만 기독교총연맹이 운영하는 소망교도소가 있다.

다만 교도소 민영화는 경제성 외에도 과밀 수용 상태를 해소하기 위한 방편으로 제안됐지만 현실은 사익 추구가 우선적으로 선택되기도 한다.

◇◇◇
하나의 로봇이 100명을 관리하는
세계 최초 로봇 교도소

교도소도 인공지능에 맞춰 달라져야 하는가? 로봇 교도관에 의해 운영되는 교도소가 탄생했다. 일본 로봇 제조회사인 에반게리온 시스템의 기술로 미국 루이지애나의 앙골라 교도소가 로봇 교도관이 운영하는 첫 번째 교도소가 된다고 한다. 원래 앙골라 교도소는 독립적으로 자급자족할 수 있는 시설로 운영될 수 있다는 이론 아래 고안됐는데 다시 또

미래지향적인 교도소로 변신하는 것이다. 기존 교도관들이 하는 업무를 수형자 제어 장치Prisoner Control Unit, PCU가 대신하는 것이다. 에반게리온 시스템에 따르면 65개의 PCU를 도입하면 하나의 PCU가 100명의 재소자를 담당할 수 있다고 한다. 이 점만 살펴본다면 인간이 가진 능력 이상의 효율성을 발휘하는 것이다.

특히 교도관들의 부패와 뇌물 수수 등으로 교도소 내가 청렴하지 못한 상태로 이어진 것은 사실인지라 로봇이 그 자리를 대신하면 이 부분에선 자유로울 수 있을 것이다. 그리고 에반게리온 시스템에 따르면 한 해에 1억 달러약 1,128억 원 이상의 예산을 절약할 수 있다고 한다.

◇◇◇
세계 최대 인원을 수용할 수 있는 로스앤젤레스 트윈타워 교정 시설

1997년에 건설된 로스앤젤레스 트윈타워 교정 시설Los Angeles Twin Towers Correctional Facility은 수용 인원 측면에서 세계적으로 가장 큰 교도소다. 수용 인원이 무려 1만 9,836명이다.

이름에서 알 수 있듯 이 시설은 2개의 쌍둥이 건물로 이루어져 있으며, 시설의 보안은 중앙통제실에서 교도관이 강화유리를 통해 들여다볼 수 있도록 파놉티콘 형으로 설계되어 있다.

이렇게 첨단 보안을 갖췄음에도 불구하고, 2001년 6월 6일 한 재소자가 살인미수로 유죄가 확정된 후 2시간 만에 직원 출입문을 통해 도주하는 사건이 일어났다. 그는 신문에 실린 배우 에디 머피의 사진을 이용해 자신의 신분증을 위조해 도주했다고 한다. 더불어 이 교도소에선 12명의 재소자들이 탈주에 성공한 것으로 기록되어 있어 시설의 첨단 보안이 무색해졌다.

◇◇◇
세계 최고의 보안장치가 설치되어 있는 실리브리 교도소

터키 이스탄불에 위치한 실리브리 교도소는 2008년에 신축됐다. 유럽에서 가장 현대적이고 큰 규모를 자랑하는 이 교도소는 보안등급이 높은 교정 시설이기도 하다. 개소 당시 재판을 기다리는 미결수와 형이 확정된 기결수가 약 1만 명 정도 수용됐다. 실리브리 교도소는 1만 1,000명을 수용할 수 있다고 하니, 유럽에서 가장 큰 규모로 이름을 알렸다.

실리브리 교도소가 지어진 배경에는 교도소가 인구 밀집 지역으로부터 멀리 떨어져야 했고, 효과적인 행형체계를 위해선 낡은 시설을 버리고 새롭게 지은 건물에서 개혁을 할 필요가 있었기 때문이다.

2005년에 건물을 짓기 시작해 2008년에 완공했으며 하나의 개방동과 8개의 L자형 폐쇄 사동으로 구성되어 전체 1만 904명의 재소자를 수용할 수 있다고 한다.

첨단 보안장치가 설치되어 출입문은 홍채 감식과 신체 검색을 할 수 있는 X-Ray 장치가 있어 출입하는 사람 모두 신체 X-Ray 검사를 해야 통과할 수 있다. 이뿐만 아니라 교도소 내 모든 재소자들은 자신의 방문에 사진이 걸려 있으며 모든 재소자는 타인에 대한 공격으로부터 자신을 보호하기 위해 방 안에서 방문을 걸어 잠글 수 있다. 벽에 있는 비상벨을 눌러 교도관을 긴급 호출할 수도 있다. 외곽문은 헌병대가 지키고 있을 정도로 보안이 철저하다고 한다.

◇◇◇

세계 최다 규모로, 섬 전체가 교도소인 라이커스 섬

라이커스 섬은 섬 자체가 하나의 교도소다. 1932년에 개소해 지금까지 운영되고 있으며 섬에 위치한 관계로 교도소 탈주나 탈출은 거의 불가능하다. 9,000명 이상의 교도관과 1,500여 명의 민간인 직원이 연평균 10만 명 이상 그리고 일일 평균 1만 5,000명까지도 관리할 수 있다. 세계에서 가장 큰 교정 시설이자 재활센터이기도 한 라이커스 섬은 뉴욕 시 교정국이 관리하고 있다. 재소자들의 85%는 재판을 기다리는 미결구금이고, 나머지는 유죄가 확정되어 단기 자유형을 수형 중이다.

반면 라이커스 섬은 위치적 특수성 때문인지 몰라도 재소자의 학대와 방치로 명성이 자자하다. 반대로 재소자가 교도관과 민간인 직원을 대상으로 폭력을 행사하기도 한다. 언론과 사법기관에서 뉴욕 시에 제재를 가하는 경고나 고소를 진행했지만 개선되지 않고 더욱 악화되면서 시민단체나 시민들의 원성이 높았다. 결국 2017년 뉴욕 시장 빌 디블라지오 Bill de Blasio는 뉴욕 시의 범죄율이 낮아지고 라이커스 섬의 재소자 수가 1만 명에서 5,000명으로 감소하면 10년 안에 교도소를 폐쇄하겠노라고 공표했다. 그리고 2019년 10월 뉴욕 시의회는 2026년까지 교도소를 폐쇄하는 데 찬성했다.

◇◇◇

세계에서 가장 작은
샤크 교도소

프랑스 노르망디 해안 근처의 영국 해협 제도에 속해 있는 작은 섬이 있다. 그곳에는 세계에서 가장 작은 교도소가 있는데 작은 원통형 지붕 아래 단 2개의 재소자용 방을 가진 샤크 교도소가 그 주인공이다.

이 교도소는 일종의 대기소로 활용됐는데 범죄자가 섬의 큰 교도소로 이송되기 전 하루 정도 머무르는 장소였다. 샤크 교도소는 교도관이 없고, 섬 주민 중 2명이 1년 임기로 임시 교도관으로 봉사한다. 교도관이 없기 때문에 교도소로서 운영이 되지 않지만 샤크 섬은 이 교도소를 관광산업에 활용하기 위해 '운영 중인 세계에서 가장 작은 교도소'로 홍보하고 있다.

이곳은 재소자에 대한 형벌이 목적이 아니라 공개 망신을 포함한 체벌의 성격이 강했다. 그래서 이곳에 갇힌 범법자들은 이른 아침부터 이른 저녁까지 지역 주민들로부터 실망과 함께 불신을 받는 고통을 감내해야 했다.

세계 최다 규모의 여성 교도소, 센트럴 캘리포니아 여성 교정 시설

세계에서 가장 규모가 큰 여성을 위한 교도소가 있는데 바로 미국 캘리포니아 주 차우칠라에 위치한 센트럴 캘리포니아 여성 교정 시설 Central California Women's Facility, CCWF이다. 개소 당시 재소자를 위한 침상은 2,004개였지만 현재 3,000명 이상을 수용하고 있어 과밀 수용 상태라고 할 수 있다.

센트럴 캘리포니아 여성 교정 시설은 모든 여성 수형자를 수용하기 때문에 입소 당시 꼭 거치는 곳이 바로 리셉션 센터다. 법원의 확정 판결에 따라 보안 수준이 달라지기 때문에 그곳에서 입소 절차를 밟고, 평가를 받고, 나눠진다. 즉, 이곳은 보안 등급 1부터 4까지 모두 수용하고 있는 것이다. 또한 이곳은 사형선고를 받은 수형자를 수용하는 시설도 갖추고 있다. 캘리포니아 주에서 유일하게 여성 사형수를 수용하는 교도소인 것이다.

이곳에서는 재소자들에게 다양한 직업훈련과 교육을 제공하는데 약물중독 교화 프로그램과 대학 진학을 위한 고등학교를 졸업할 수 있는 기회도 주어진다. 직업교육과 훈련은 미용, 소형 엔진 수리, 자전거 재활용, 안경 세공, 치료견 훈련, 목공, 방화 등 다양한 직종을 망라하고 있어서, 출소 후 취업이 가능할 수 있을 정도로 인프라가 갖춰져 있다.

◇◇◇
세계 최초 선상 교도소,
버논 C. 베인 교정 시설

미국 뉴욕 브롱스에 있는 헌츠 포인트 근처에 정박하고 있는 4만 7,326톤에 달하는 바지Barge선이 있다. 이 배는 교통이나 관광 등의 목적을 가진 시설이 아니다. 뉴욕 시 교정국이 운영하는 버논 C. 베인 교정 시설The Vernon C. Bain Center이다.

1980년대 후반 뉴욕 시 교도소는 과밀 수용의 과제를 안고 있었다. 이 문제를 해결하기 위해 당시 시장이었던 에드워드 어빙 코흐Edward Irving Koch는 교도소 배를 만들 계획을 세웠다. 그가 이런 계획을 세운 데는 뉴욕의 인구 밀도가 높고 교도소 부지 선정에 따른 주민들의 반대가 심해 구치 시설을 증설하는 것이 어려웠기 때문이다. 그래서 선상 교도소를 생각한 것이다.

1988년 당시 영국군 수송선이었던 2척의 배가 뉴욕 시에 인수되어 선상 교도소로 개소되었지만 1992년 해체됐다. 1992년 라이커스 섬 교도소의 과밀 수용 문제가 부각되자 이를 해결하기 위해 뉴올리언스의 한 조선소에서 1억 6,000만 달러약 1,805억 원 이상의 예산을 들여서 베인이 건조됐다. 베인을 건조하는 데 18개월이 걸렸는데 당시 최고 시설을 갖춘 구치 시설로 알려졌다.

베인은 미식 축구장 2개를 합친 규모에 5층으로 건조됐다. 그리고 도서관, 레크리에이션 룸, 3개의 예배당, 하나의 병원 시설 그리고 선상 꼭

대기에 농구장이 설치되어 있다. 교도소 보안 등급은 중간 정도에서 최대 수준까지였으며 16개의 사동에 100개의 사방을 통해 재소자 약 800명이 수용될 수 있다고 전해진다. 흥미로운 사실은 이 시설이 바다 위에 떠 있기 때문에 해안경비대의 규정에 따라 24시간 내내 최소 3명의 항해 인력이 있어야 한다는 점이다.

이 선상 교도소에는 317명의 교도관이 근무하며, 연간 운영 경비가 2,400만 달러약 270억 원 이상라고 한다. 특히 교도관의 무력 사용 비율이 뉴욕 시 교정 시설 중 세 번째로 낮다고 한다. 과거에는 일반 재소자와 소년범을 위한 시설이었으나 현재는 교도소 이송 과정에서 임시로 유치되거나 중간 수용 시설로 활용되고 있다.

참고 자료

- https://www.motherjones.com/politics/2016/06/history-of-americas-private-prison-industry-timeline
- realnewsrightnow.com/2016/10/louisiana-penitentiary-to-become-worlds-first-prison-staffed-entirely-by-robots
- https://largest.org/structures/prisons
- https://en.wikipedia.org/wiki/Twin_Towers_Correctional_Facility
- https://en.wikipedia.org/wiki/Silivri_Prison
- https://time.com/5405158/the-true-history-of-americas-private-prison-industry
- https://en.wikipedia.org/wiki/Rikers_Island
- www.sark.co.uk/the-prison-14921
- https://www.atlasobscura.com/places/sark-prison
- https://resist.org/news/worlds-largest-female-prison-inmates-organize-health
- https://en.wikipedia.org/wiki/Central_California_Women%27s_Facility
- https://placeandsee.com/wiki/central-california-women-s-facility
- https://prisoninsight.com/correctional-facilities/state/california/central-california-womens-facility
- https://www.6sqft.com/this-barge-floating-in-the-east-river-is-home-to-800-prisoners
- https://untappedcities.com/2018/02/26/daily-what-theres-a-floating-barge-prison-in-the-east-river
- https://en.wikipedia.org/wiki/Vernon_C_Bain_Correctional_Center

3

세계 최대 규모의 교도소 폭동과 탈주 사건

◇◇◇

세계 최대 규모의 교도소 폭동
카란디루 감화원 대학살

'카란디루 대학살Carandiru Massacre'은 세계 최대 규모의 교도소 폭동으로 기록되어 있다. 1992년 10월 2일 브라질의 상파울로에 있는 카란디루 감화원미국에선 교도소로 불리기도 함에서 발생한 이 폭동은 헌병이 교도소에 투입되어 재소자 111명이 사망해 브라질 역사상 중요한 인권침해 사건으로 간주되고 있다. 폭동은 경쟁 관계인 재소자 집단 사이의 말다툼이 시발점이 되어 8,000여 명의 감화원 전체로 확산된 것으로, 사실 이 감화원은 수용원이 4,000명이었지만 과밀 수용에 놓인 상태였다.

폭동은 거의 3시간 정도 지속되는 과정에서 300명 이상의 헌병이 투입됐고, 30여 분 동안 111명의 재소자가 사망했다. 생존자들에 의하면 헌병은 항복하거나 자기 방에 숨으려고 한 재소자까지 마구잡이로 잡아 사살했다고 한다. 사망자를 부검한 결과 평균 5발 이상의 총격을 당한 것으로 전해지는데 헌병의 변호인단은 그들이 자기방어에서 한 행동이라고 주장했다. 사실 헌병은 단 한 명도 사망하지 않았고 부상도 없었다.

사건을 정확하게 살펴보면 오후 1시 반 무렵 축구 경기를 끝낸 두 집단이 말싸움을 시작했고, 양 집단의 재소자들이 칼과 파이프로 서로를 공격했다. 그리고 이 싸움은 재소자 2,069명에게 전파되어 폭동이 시작됐다. 당시 15명의 교도관은 이 상황을 통제하지 못했다.

2시 15분 무렵 교도소장은 지역 헌병대에 교도소 봉기에 대해 통지했고 헌병대가 도착하자 그들에게 교도소 지휘 명령권을 통째로 넘겨준다. 교도소장은 먼저 재소자들과 협상을 하려고 했지만 헌병대 측에서 거절했고, 재소자들은 옷이 벗겨진 채로 사방에 갇혀서 총격을 당했다. 일부 다른 재소자들은 군견에게 물려 죽기도 했다.

사실 이 감화원은 구치 시설로 교도소가 아니었으므로 재소자들이 재판을 받지 않아 유죄가 확정되지 않은 미결수가 대부분이었다고 한다.

결국 111명의 재소자가 사망하고 37명이 부상을 당한 상태로 폭동은 끝났다. 수사 결과 사망한 재소자들의 몸에는 515발의 총알이 박혀 있었고, 대부분 총상은 얼굴과 머리, 목과 가슴에서 발견됐다. 특히 사망자들의 손이 얼굴 앞면이나 머리 뒤편에 위치하고 있는 것으로 보아 그들이 방어 태세를 갖추고 있었음을 알 수 있었다. 다수의 재소자들은 항거나 방어할 수 없는 상태였기 때문에 이는 사법 권한을 넘어 의도적으로 사살했음을 암시한다.

이 사건으로 브라질 사회에 큰 반향이 일었다. 이 사건에 연루됐던 헌병에 대한 대대적인 재판이 벌어졌으며 2013년 4월 23명의 헌병들에게 13명의 재소자를 살해한 혐의로 156년형이, 같은 해 8월에는 또 다른 25명의 헌병들에게 52명의 재소자 살해 혐의로 624년형이, 2014년 4월 15명의 헌병들이 추가로 48년형을 선고받았다. 그 외 73명의 헌병들은 자유형을 선고받았다.

그러나 2016년 9월 브라질 법원은 카란디루 감화원 대학살이 헌병의 자기방어적 행동이었으며 헌병들은 재소자 살해와 연결시키는 직접적인 증거가 부족하다고 판단하고 그에 대한 재판은 무효라고 선언했다. 이에 검찰은 항소했다. 현재까지 재판은 진행 중이라서 기소된 헌병들 단 한 명도 아직 형을 살지 않았다. 대학살 이후, 브라질 연방정부는 교정 제도 개혁 입법을 진행했지만 아직 시행되고 있지 않다고 한다.

◇◇◇
세계 최다 인원이 탈주한
인도네시아 파푸아 교도소 탈주 사건

2019년 8월 인도네시아 당국은 파푸아 교도소에 불을 지르고 탈출한 250명 이상의 수감자를 찾고 있다고 발표했다. 그동안 인도네시아는 자카르타 통치에 대한 반란이 일어났으며 정부에 대항하는 파푸아의 대학생 수십 명을 구금했다. 이 일로 몇몇 도시에서 폭동과 시위가 발생했다. 이 과정에서 화난 시위자들의 방화로 교도소가 불길에 휩싸이게 되자 수형자 500여 명이 교도소 밖으로 뛰쳐나갔다. 도주를 막으려는 교도 관들은 재소자들이 던지는 돌에 맞아 부상을 당하기도 했다. 정확하게 는 258명의 재소자가 도주했고, 그들 중 5명만 되돌아왔다.

교도소 재소자 탈주극의 발단은 대학생들이 인도네시아 국기를 존중 하지 않았다는 혐의로 정부가 그들을 구금한 것에서 시작됐다. 이 시위 는 인도네시아 통치에 대한 반란과 함께 파푸아의 소수 민족인 멜라네 시아인들의 광범위한 인권 학대라는 측면이 대두되면서 인도네시아 정 부는 비난을 받았다.

이에 인도네시아 정부는 그 지역에 인터넷을 차단하는 것으로 대항 했다. 시위대와 경찰 사이의 충돌로 양측에서 30명 이상이 목숨을 잃었 고 수많은 사람이 부상을 당했다.

참고 자료

- https://en.wikipedia.org/wiki/Carandiru_massacre
- www.fairobserver.com/region/latin_america/brazil-court-ruling-
  dismisses-in-carandiru-massacre62008
- https://www.bbc.com/news/world-latin-america-26866609
- https://www.brazil.com/24085-outrage-24-years-later-carandiru-
  prison-massacre-of-111-is-called-self-defense
- https://www.france24.com/en/20190820-hundreds-escape-papua-
  prison-after-violent-riots
- https://www.channelnewsasia.com/news/asia/hundreds-escape-
  papua-prison-after-violent-riots-11825708
- https://www.bbc.com/news/world-asia-49417311?ocid=socialflow_tw
  itter
- https://www.theguardian.com/world/2019/aug/22/west-papua-
  protests-indonesia-deploys-1000-soldiers-to-quell-unrest

4

숫자로 알아보는 교정 기록들

◇◇◇

세계 최소 재소자를 가진 나라와
세계 최대 재소자를 가진 나라는?

세계 각국의 재소자 수용 통계를 집대성하고 있는 「세계교정요약
World Prison Brief」에 따르면 세계에서 교정 시설 수용 인구가 가장 적은 나
라는 조사 대상 222개국 중 산마리노와 덴마크령의 페로스 제도다. 전국
을 통틀어 교도소 수형자가 단 6명이다. 그 다음으로 투발루가 11명, 리
히텐슈타인 12명, 나우루가 14명, 모나코가 32명, 마샬 군도가 35명으로
집계됐다.

그 밖에 수리남이 1,000명으로 222개국 중 164위, 파푸아뉴기니가
5,087명으로 123위, 조지아가 1만 42명으로 97위, 아르헨티나가 10만
3,209명으로 17위다.

그렇다면 세계에서 재소자가 가장 많은 나라는 어디일까? 단연 미국

으로 212만 1,600명이다. 그 다음은 중국으로 164만 9,804명을 수용하고 있으며, 3위는 브라질로 74만 6,532명을 수용 중이다. 러시아가 52만 7,216명으로 4위, 인도가 45만 696명으로 5위를 기록하고 있다.

참고로 아시아 국가에서는 태국이 36만 7,162명으로 가장 많은 재소자를 수용하고 있다. 그 다음이 인도네시아로 26만 5,159명, 이란이 24만 명, 필리핀이 21만 5,000명이었다.

남미에서는 멕시코가 20만 3,364명으로 가장 많았고, 아프리카에서는 남아프리카공화국이 6만 3,015명, 유럽에서는 터키가 26만 4,842명으로 가장 많았으며, 이는 세계 8위 수준이다. 그리고 한국이 5만 5,198명으로 37위, 일본이 5만 578명으로 40위다.

◇◇◇

인구 대비 재소자 비율이 높은 나라와
인구 대비 재소자 비율이 낮은 나라는?

단순히 재소자 비율을 알아보는 것은 숫자 놀이에 불과하다. 정확하게 재소자 비율로 범죄의 심각성을 알기 위해선 그 나라의 총인구수를 알아봐야 한다.

그래서 이를 어느 정도 보완할 수 있는 통계 조사가 있다면 아마도 인구 10만 명당 수용자 수를 알아보는 것이 좋다. 국제교도소연구센터 International Center for Prison Studies의 최신 자료에 의하면 2019년 말, 인구 10만 명당 수형자 인구가 가장 많은 나라는 단연 미국으로, 인구 10만 명당

655명을 수용하고 있다.

다음이 엘살바도르가 604명, 투르크메니스탄이 552명, 미국령 버진아일랜드가 542명, 태국이 529명, 르완다가 511명, 쿠바가 510명을 수용하고 있다. 즉 인구 10만 명당 500명 이상을 수용하고 있는 것이다.

반면 조사된 222개국 중 인구 10만 명당 수용자 인구 비율이 가장 낮은 국가는 기니비사우로 고작 10명만을 수용하고 있다. 그 다음으로 덴마크령의 페로스 제도가 12명, 중앙아프리카공화국이 16명, 콩고공화국과 코모로가 각 27명, 기니공화국이 28명, 콩고민주공화국이 29명, 리히텐슈타인이 31명, 말리와 인도가 각각 33명, 오만이 36명으로 조사됐다. 이들이 인구 10만 명당 수용인구 비율이 가장 낮은 국가들이라고 할 수 있다.

미국을 비롯하여 재소자 수용 인구가 많은 나라는 장기형을 선고받은 사람이 많기 때문이다. 이는 심각한 범죄를 예방하지 못한다는 의미이기도 하다. 여기에는 재범률도 한몫을 하는데 수형자가 출소한 후 사회복귀가 제대로 이뤄지지 않다는 데 기인하기도 한다. 이런 악순환을 통해 재범에 대한 위험성만 높아진다.

일부에선 현재 다수를 점하는 마약 관련 범죄자들에 대해 마약을 담당하는 특수 법원을 설치해 그들에게 형사적 접근이 아니라 치료적 접근으로 방향을 바꿔야 하며, 20~30대 장기형을 선고받고 복역 중인 노령 수형자를 과감하게 조기 석방하는 등의 제도로 상당수 수용 인원과 비율을 낮출 수 있다고 제안하고 있다. 이와 더불어 현재 시행 중인 삼진아웃^{3-strikes out}이나 강제최소양형^{Mandatory minimum sentence} 그리고 기타 범죄자로 하여금 극단적으로 장기형을 강제했던 정책들을 폐지하거나 완화해 유연하게 대처를 해야 한다고도 주장한다.

이런 주장을 뒷받침하듯 여러 통계와 자료에 따르면 구금률과 범죄율은 크게 관련이 없다고 한다. 만약에 구금률이 범죄율을 낮출 수 있다면, 즉 구금으로 범죄를 억제할 수 있다면 세계에서 구금률이 가장 높은 미국이 범죄율은 가장 낮아야 하지만 그렇지 않다고 지적하고 있다.

실제로 미국의 경우 가장 빠른 속도로 수용 인구가 증가하고 있는 주의 범죄율은 전혀 감소하지 않았다. 예를 들어, 웨스트버지니아 주는 구금률이 133% 증가했지만 범죄는 고작 4% 줄었으며, 반대로 버지니아 주에서는 구금률은 단 28%만 증가했으나 범죄는 21%나 감소한 사실이 이를 입증한다.

오랫동안 범죄자를 구금해서 그 동안만이라도 범죄를 예방하고^{범행의 무능력화}, 형벌의 고통을 경고함으로써 범행 동기를 억제하여 더 이상의 범행을 방지하고^{범죄 억제}, 교육과 훈련 등의 처우를 통해 교화 개선, 사회 복귀를 통해 재범을 예방하고자 했으나 현실은 그렇지 못하다는 사실을 반영한 것이다.

실제로 구금은 일부 재산 범죄를 줄일 수는 있으나 폭력범죄에는 전혀 영향을 미치지 않았으며, 오히려 일부에선 높은 구금률이 범죄율을 높이는 결과를 초래하기도 했다. 동시에 구금에 대한 비용이 엄청나다는 이중의 비판이 제기되고 있다.

◇◇◇

세계에서 여성 수형자 수용 인구가
가장 높은 나라는?

세계적으로 성별 차이와 간격이 점점 좁혀지고 있는 현상은 매우 바람직하다. 다만 여성 수형자가 증가하고 있는 추세라는 점은 여성의 입장에서 달갑지 않은 소식일 것이다. 최근 교도소에서 성별 차이가 급속하게 좁아지고 있다.

대부분의 국가에서 남성 수형자의 수와 비율은 크게 변하지 않았거나 심지어 줄어들고 있다. 반면 여성의 경우 급격하게 증가하고 있다. 이런 현상은 전 세계적인 흐름이라 더욱 놀라운 일이다. 그중에서도 특히 아시아 지역에서 더욱 뚜렷하다.

이런 흐름에 대해선 여러 가지 이유와 설명이 있겠지만 가장 보편적인 추론은 아마도 여성의 지위 향상과 그로 인한 활동에 대한 자율성 신장이 아닐까 싶다. 활동의 자유는 궁극적으로 범행 기회의 증대로 이어질 수 있는 가능성이라고 말하면 억지 주장일까?

이런 추론은 여성 수형자 비율이 가장 많이 증가한 지역으로 아시아, 라틴아메리카, 유럽의 일부 지역의 특징으로 설명할 수 있다. 이들 지역은 국제화의 영향이 가장 크고 여성과 관련된 사회변동의 폭이 큰 곳이다. 그리고 여성 수형자의 범죄 활동은 대부분 매춘과 마약 제조 및 밀반입이다. 이에 대해 범죄학자들은 여성의 교육 부재와 결여가 경제적 기회 부재와 결여로 이어져 일종의 생계형 범죄로 노출됐다며 범죄의 끝은 바로 교도소라고 지적했다.

그렇다면 세계에서 여성 수형자를 가장 많이 수용하는 나라는 어디일까? 바로 미국으로, 20만 명이 수용되어 있다. 그 다음이 중국으로 10만 명 이상, 러시아가 5만 명이다. 그 뒤를 이어 브라질, 태국, 인도, 필리핀, 베트남, 인도네시아, 멕시코, 미얀마 그리고 터키라고 한다. 이들 국가 중 최근 브라질, 인도네시아, 필리핀 그리고 터키 순으로 여성 수형자 인구가 급증했다. 반면 러시아, 태국, 베트남에선 상당히 낮아진 것으로 보고되고 있다.

◇◇◇

세계에서 여성 수형자 비율이
가장 높은 나라는?

최근 통계에 의하면 전체 재소자 중 여성 수형자 비율이 가장 높은 국가는 홍콩이라고 한다. 홍콩은 전체 재소자 중 여성 비율이 무려 20.2%에 달했다. 그 뒤를 이어 라오스가 18.3%, 카타르가 14.7%, 마카오가 13.8%였다. 그 다음으로 그린란드, 쿠웨이트, 태국, 미얀마, 아랍에미리트, 과테말라 순이다.

홍콩이 '일국양제한 국가 두 체제'라는 상황에서 반자율적 특별행정구역이라는 점을 고려한다면 본토 중국에 비해 시민권의 폭이 더 넓고 더 독립적이다. 그렇기 때문에 중국보다 더 엄정한 사법제도를 가진 것으로 여겨지기 때문에 이 통계는 매우 놀랍다. 그러나 홍콩에서 여성 수형자 비율이 높다는 것은 사실 아시아에서의 상징적 상황이라고도 할 수 있다. 홍콩, 라오스, 미얀마 그리고 마카오 등의 국가가 세계적으로 여성 수형자 비율이 가장 높은 5위권 안에 들기 때문이다.

흥미로운 것은 홍콩의 여성 수형자 중에는 절반 이상이 홍콩 주민이 아닌 중국 본토와 베트남, 인도네시아 등에서 온 외국인이라는 사실이다. 그리고 홍콩의 여성 수형자들은 보편적으로 비폭력 범죄로 수용된다고 하는데 그중 마약 관련 범죄가 가장 많고, 그 다음이 불법이민이다.

마약 밀반입에서 여성의 비중이 커진 것은 국제적 추세다. 이들은 대부분 교육 수준이 낮고 안정된 직장이 없으며 모자가정이거나 가정 학대 피해 경험이 있는 등 사회적 소외계층이 많았다. 바로 이러한 그들의 취약한 배경이 불법 인신매매와 마약 카르텔 등의 희생양이 되는 것이다. 이민 노동자들은 마약 운반이나 성매매를 강요받거나 유인당하기 쉬우며, 미성년자들은 위조 여권으로 가정부로 불법 취업하면서 범죄자로 기소되어 수감된다고 한다.

◇◇◇

세계에서 외국인 재소자 비율이 가장 높은 나라는?

외국인 재소자 비율이 가장 높은 나라는 어디일까? 2019년도 통계에 따르면, 모나코다. 모나코는 수형자 전원이 외국인으로, 비율이 100%다. 2위가 안도라로 88.5%, 3위가 아랍에미리트로 87.8%, 4위가 리히텐슈타인으로 75%, 5위가 룩셈부르크 대공국으로 74.7%이다. 이어서 카타르 73.3%, 스위스 71.5%, 마카오 70.7%, 감비아 66.7%, 프랑스령 기아나 63% 순이다. 반면에 미국은 220만 수형자 중에서 외국인 비율은 5.5%에 불과하다.

외국인 수형자 비율이 가장 높은 상위 3개국은 인구 100만도 안 되는 작은 국가로, 전체 인구 중에서 외국인 거주자 비율이 굉장히 높은 나라들이다. 외국인이 많은 만큼 외국인 범죄자 또한 많을 수밖에 없을 것이다. 더불어 종교나 관습의 차이가 크면 클수록 외국인 거주자는 물론이고 외국 관광객들의 법률 저촉 확률도 높아지기 마련이어서 더더욱 외국인 수형자가 많아질 수밖에 없다.

실제로 모나코는 아주 작은 도시국가로 전체 인구의 단 21.6%만이 모나코 사람으로 분류되고 있는 실정으로, 당연히 수형자 인구에도 이 점이 그대로 반영됐을 것이다. 해마다 비율이 조금씩 달라지지만 모나코의 경우 낮을 때는 80%, 높을 때는 100%로 수형자 전원이 외국인으로 채워지는 실정이다.

2017년 통계에 따르면 룩셈부르크 대공국과 스위스 경우도 전체 인구의 25.1% 또는 210만 명 정도의 외국인이 살았다고 한다. 스위스에 사는 10명 중 3명이 외국인인 셈이다. 결국 스위스를 비롯한 외국인 수형자 비율이 높은 나라일수록 대부분 외국인 거주자가 차지하는 비중이 높고, 그에 따른 반응으로 외국인 수형자 비율이 높아진 것이라고 설명할 수 있다.

수십 년 전부터 최근까지 수형자 인구는 점점 더 다양해졌다. 이는 외국 국적의 수형자가 그만큼 많아졌다는 것을 반증하기도 한다. 특히 인구의 이동이 자유롭고 외국인 이주 노동자가 많고 합법과 불법을 망라한 망명희망자들이 급증하고 있는 유럽에서는 더 그렇다고 할 수 있다. 수형자 5명당 1명 꼴로 외국인인 것이다.

　이들 외국인 수형자는 언어 소통의 부재, 외국인이라는 신분, 가족과의 괴리 등의 결과로 상당한 어려움을 겪는다. 특히 교정 당국에서도 언어와 문화의 차이로 인한 문제점을 정확하게 알지 못하기 때문에 결과적으로 외국인 수형자들은 사회적으로 배제되고 당연한 권리마저도 행사하기가 쉽지 않다고 한다.

참고 자료

- https://www.statista.com/statistics/262962/countries-with-the-most-prisoners-per-100-000-inhabitants
- https://edition.cnn.com/2018/06/28/us/mass-incarceration-five-key-facts/index.html
- https://www.vox.com/2014/9/18/6259673/prisons-USA-mass-incarceration-solutions-facts-causes
- https://crim.sas.upenn.edu/fact-check/do-we-incarcerate-too-many-people
- https://eji.org/news/study-finds-increased-incarceration-does-not-reduce-crime
- https://www.thenation.com/article/its-a-worldwide-trend-more-women-are-being-imprisoned-than-ever-before
- https://www.prisonstudies.org/news/world-female-imprisonment-list-fourth-edition
- https://www.prisonstudies.org/highest-to-lowest/female-prisoners?field_region_taxonomy_tid=All
- https://www.swissinfo.ch/eng/crime-statistics_why-are-most-of-switzerland-s-prisoners-foreign-/44897698
- https://prisonwatch.org/foreign-prisoners

5

세계 최초의 전자 감시 장치

◇◇◇

제2의 구금 장치,
전자발찌와 전자팔찌

다양한 이유로 형사사법기관에선 범죄자를 수용하거나 구금하지 않고도 그 사람의 위치를 감시하거나 통제하기를 바란다. 예를 들면 형사재판이 열리기 전 피의자가 피해자에게 접근하지 못하도록, 유죄가 확정된 피의자의 자유를 제한할 수 있도록, 가석방할 때 출소자가 다른 범죄를 저지르지 않고 사회복귀를 잘할 수 있도록 제재를 가하고 싶은 것이다.

이러한 요구를 충족시킬 수 있는 것이 전자 감시 제도electronic monitoring system다. 추적 제도를 이용해 형사사법기관은 개인의 위치를 감시할 수 있고, 허가되지 않은 움직임을 견제할 수도 있다. 전자 감시 제도는 구금과 제재 그리고 감시에 유용하게 활용할 수 있다.

그러나 누군가를 지속적으로 감시하는 것, 특히 사람의 신체에 부착

된 전자 장치를 통해 감시한다는 것은 심각한 인권 침해와 윤리적 문제에 직면할 수 있다. 그럼에도 현재 대부분의 나라에서 재소자 과밀 수용 상태를 해결하는 등의 다양한 이유로 전자 감시 제도를 점차 확대하고 있다.

전자 감시는 일종의 디지털 구금digital incarceration의 한 형태로, 팔찌나 발찌를 통해 부착자의 위치를 감시한다. 전자 감시는 통상 재판 전 석방이나 보호관찰과 같은 유죄 확정 후 감시의 조건으로, 때론 구치소와 교도소의 수용 인구와 밀도를 낮추기 위한 수단으로도 활용된다. 그리고 비행청소년, 불법이민자, 약물남용자, 음주운전이나 가정폭력으로 유죄가 확정된 범죄자 등에게도 이용되고 있다.

이런 용도의 전자 감시 장치는 전형적으로 부착자가 매일 충전해야 하고, 허가 없이는 거주지나 거주 지역을 떠날 수 없으며, 제한된 구역이나 지역에 근접할 수 없다. 그리고 장치가 훼손되면 대부분 구금으로 이어진다.

◇◇◇

『스파이더맨』에서 영감을 받아 전자발찌를 만들다

전자 감시 장치의 기술은 1960년대 중반 하버드대학교에서 행동주의 심리학자인 B.F. 스키너Burrhus Frederick Skinner, 1904~1990와 티모시 리어리Timothy Leary, 1920~1996의 지도 아래 심리학을 공부하던 로버트와 크릭 게이

블Robert and Kirk Gable 쌍둥이 형제에 의해 개발됐다. 그들은 비행청소년들의 움직임을 감시하는 장치를 통해 그들이 정해진 시간과 장소에 나타나도록 장려하고 싶어 했다. 신호를 통해 비행청소년이 학교나 약물중독치료센터, 직장 등에 있다는 것을 알게 되면 무료 미용권이나 콘서트 입장권, 식음료권 등의 보상을 주기 위해서다. 즉, 긍정적 강화를 통해 비행청소년의 행동을 수정하기 위한 목적을 가지고 이 장치를 개발한 것이다.

그래서 이 장치는 오래된 군사 장비를 활용해 만들었으며, "행동 전달 강화 장치Behavior Transmitter-Reinforcer"라고 불렸다. 그리고 모의실험을 통해 실험 봉사자와 기지국 사이 쌍방향으로 데이터를 송수신할 수 있음을 입증했다.

이렇게 시작된 전자 감시 기술은 1960년대 중반 미국 하버드대학교 심리학과의 심리실험과학위원회Science Committee on Psychological Experimentation 의 랄프 슈비츠게벨Ralph Schwitzgebel 박사가 개인이 착용할 수 있는 1kg 정도 무게를 가진 무선 원격 측정 도구Radio Telemetry Device를 개발하면서 발전했다. 이 도구는 착용자의 위치 확인이 가능했다.

하지만 전자 감시 장치는 초기 인권 침해와 윤리적 문제로 인한 부정적 통념으로 다수의 비판을 받아, 형사사법기관에서 활용되지 못했다. 그러던 중 1980년대 초, 미국의 아리조나 주 지방판사 잭 러브Jack Love가 만화『스파이더맨』에서 영감을 받아 범법자가 착용할 수 있는 감시 발찌를 개발하도록 해 한 회사가 범법자의 발목에 착용할 수 있는 신용카드 크기의 송수신기를 만들었다.

초창기 전자발찌의 목표는 범법자가 가택구금을 어기는지의 여부를 감시하고 확인하는 것이었다. 1983년에 잭 러브 판사는 보호관찰 처분을 받은 3명의 범법자에게 전자발찌에 대한 첫 명령을 내렸다.

◇◇◇
재소자 과밀 수용 상태를 해결하는 전자 감시 장치

미국의 경우 재소자 과밀 수용 상태로, 가벼운 범죄에는 전자발찌나 사회봉사형을 선고하기 때문에 유명인들이 전자발찌를 차는 사례가 많다. 여성 기업가인 마사 스튜어트는 탈세 혐의로 6개월, 패리스 힐튼은 음주운전 혐의로 3개월, 축구선수 저메인 페넌트는 음주운전 혐의로 전자발찌 착용을 명령받았다. 또 영화감독 로만 폴란스키는 다른 곳으로 도주하지 못하도록 전자발찌 착용 명령을 받았으며, 최대 규모 폰지 사기를 벌인 버나드 메이도프 또한 가택 구금을 목적으로 전자발찌 착용을 명령받았다. 우리나라의 경우 성범죄자에게 전자발찌 착용을 명하는데 그의 활동 영역을 감시해 성범죄를 예방하기 위해서 많이 활용된다.

전자 감시 장치는 대체로 3가지 목적이 있다. 첫 번째는 구금으로, 착용자가 정해진 장소에서 벗어나지 못하도록 제약하는 것이다. 가택구금이 가장 좋은 예로, 법을 위반한 사람들이 재판을 기다리는 동안 구치소에 구금되지 않고 가택에서 있으면서도 도주하지 못하도록 원격으로 통제하는 것이다.

두 번째는 제재로, 착용자가 잠재적 피해자나 심지어 공범자 또는 원고 등과 같은 특정한 사람에게 접근하거나 미리 지정된 지역이나 장소에 들어가지 못하도록 견제하는 것이다. 세 번째는 감시로, 사법당국이 착용자의 위치를 확인하고, 경로를 이탈하면 추적하는 것이다.

또 전자 감시 장치는 세 단계에서 활용된다. 첫 번째는 형을 확정 받기 전 단계로, 피의자가 보석으로 석방될 때 감시하는 목적으로 활용된다. 이때는 아직 형이 정해져 있지 않기 때문에 형벌이나 처벌의 형태는 아니다. 현재 미국 등 다수 국가에서 활용하고 있는데 특히 미국의 경우 보석금을 납부할 능력이 없는 피의자를 석방하는 조건으로 착용시킨다.

두 번째는 1차적 양형의 하나로, 범법자가 누리는 자유에 대한 제재나 제약을 가할 때 활용된다. 예를 들어, 가택구금의 일종으로 범법자의 생활공간을 제한하는 것이다. 첫 번째와 달리 이 경우는 범법자를 처벌하기 위한 목적으로 활용한다. 마지막은 가석방으로 출소한 후 지역사회의 안전을 위해 감시하는 목적으로 활용한다.

현재 전자발찌의 기술은 점점 발전되어 '스마트 전자발찌'로 불린다. 미국 오클라호마대학교 연구팀에선 범법자의 하루 동안의 이동을 기록하는 소프트웨어를 개발했는데 이는 착용자의 생활 패턴과 수상한 행동을 추적할 수도 있다고 한다. 미국의 한 경찰서에는 전자발찌를 이용하여 범죄 발생 이후 그 현장에 있었는지의 여부를 조사하는 데 활용하고 있다. 궁극적으로 전자발찌는 범법자의 잠재적 범죄를 예방하는 데 도움이 되는 것이다.

즉, 전자 감시 장치를 통해 교정 효과는 높이면서도 국가 비용은 줄일 수 있고, 악화일로에 있는 과밀 수용과 수용 인구의 절대적 증가를 해결하는 대안으로 활용되고 있다.

물론 전자 감시 장치를 개발한 쌍둥이 형제 중 한 사람인 로버트 게이블은 이러한 활용에 대해 우려를 표했다. 더불어 원래 자신의 개발 의도대로 되돌아갈 수 있기를 희망한다고 한다.

참고 자료

- https://aic.gov.au/publications/tandi/tandi254
- https://www.npr.org/2014/05/22/314874232/the-history-of-electronic-monitoring-device
- https://www.eff.org/ko/pages/electronic-monitoring
- https://en.wikipedia.org/wiki/Electronic_tagging

기록으로 알아보는 법원

1

세계 최연소 재판관들

◇◇◇

25살에서 최연소 흑인 여성 판사가 된
미국의 자스민 트위티

자스민 트위티Jasmine Twitty는 그녀가 25살이던 해에 미국 사우스캘리포니아의 이즐리에서 변호사시험에 합격해 정식 판사로 임명되어 최연소 판사로 이름을 알렸다.

미국은 1869년까지 여성이 변호사 자격을 가질 수 없었으며, 1921년이 되어서야 비로소 여성이 지방이나 시법원의 판사로 임용될 수 있었다. 특히 그녀는 유색인종으로서 더욱더 차별을 당해야 했다.

그녀는 찰스턴대학교에서 정치학을 전공함과 동시에 채권 법원의 야간 근무를 하면서 법조 인생을 시작했다. 하지만 이즐리라는 곳은 백인 밀집 지역으로 유색인종인 그녀가 판사가 되기까지는 무수한 장애에 부닥쳤지만 그녀는 자신에 대한 믿음과 열정, 의지, 확신의 힘으로 극복하며 최연소 흑인 여성 판사가 되었다. 특히 그녀의 어머니는 헌신적인 사회복지사로, 자스민 트위티는 어릴 때부터 공공봉사에 대한 존중심을 가지고 성장했고, 이 점이 그녀가 판사가 되는 데 중대한 요인이 되었다고 한다. 자스민 트위트는 자신의 능력을 잘 펼치면 법조계에도 나이, 성별, 인종이 크게 문제가 되지 않다는 것을 증명했다.

◇◇◇

21살에 최연소 판사가 된 인도의 마얀크 프라탑 싱

자이푸르슈의 21살 청년 마얀크 프라탑 싱Mayank Pratap Singh은 2018년 라자스탄 사법시험에서 단번에 합격해 인도에서 최연소 판사가 되었다. 그가 최연소 타이틀을 거머쥐게 된 것은 2019년 인도에서 사법시험 지원 연령을 23세에서 21세로 변경했기 때문이다. 그는 이 시험에 합격한 후 가족과 선생님 등 모든 사람의 기원으로 단 한 번에 합격할 수 있었다고 밝히며, 시험 지원 연령이 낮아져서 더 오래 사람들에게 봉사할 수 있게 되었다고 감사를 표했다.

그는 한 텔레비전 프로그램에 출연해 "훌륭한 법관이 되기 위한 가장 중요한 요소는 정직"이라고 강조하면서 자신이 판사가 되기 위한 준비 과정을 소개했다. 그는 12~13시간을 공부하면서 그 흔한 소셜 커뮤니티에는 눈길조차 주지 않았다고 한다. 또한 자신이 법관의 길을 선택한 이유는 많은 곳에서 정의를 추구하는 사람들을 보았기 때문이며 훌륭한

법관은 무력이나 금권 등 어떠한 외부 영향에도 휘둘려서는 안 된다고
말했다.

◇◇◇

법률 자격이 없어도 재판관이 될 수 있다,
하위법원에서 세계 최연소 재판관이 된 마크 그리핀과 존 페이튼

미국의 사법제도는 우리와 마찬가지로 한 사건에 3번의 심판을 받을
수 있는 3심 제도이지만 약간 차이가 있다. 그중 가장 재미있는 차이라면
법률전문가가 아니어도, 법률 교육을 받지 않고도, 법원의 법관이 될 수
있다는 점이다.

물론 일반법원에서 법관으로 활동할 수 있는 것은 아니다. 바로 '정의
평화Justice of Peace'라고 해서 우리나라로 치면 경미한 범죄만을 다루는 즉
결심판과도 같은 사법기관에만 한정된다. 미국 사법제도 중 가장 하위법
원이라고 할 수 있다.

이 법원의 재판관은 지역 평화를 유지하기 위해 군위원회에 의하여
임명되거나 선출되기도 하며 자신이 봉사하는 지역 주민들의 직접 선거
로 선출되기도 한다. 법률전문가가 아니라도 지원할 수 있는 이 법원의
재판관 후보자는 다양한 형태의 교육과 훈련을 제공받는다.

이 자리에 17살의 소년이 임명되어 최연소 재판관으로 기록을 세웠
다. 1974년 미국 인디애나 주 화이트리버 타운십 그린우드의 마크 그리
핀Marc L. Griffin이 그 주인공으로, 그해 2월 19일에 이 법원의 재판관이 되

어 기네스북에 등재됐다.

1974년 당시 17살의 고등학생이었던 그리핀은 당시 오랫동안 공석이었던 하위법원의 재판관에 자신을 임명해달라고 군위원회 의원들을 설득했다. 그가 이런 행동을 한 배경에는 마지막 재판관이 사망한 지 50년이 넘었는데도 그 자리를 공석에 두고, 그 업무를 군대의 다른 재판관들이 담당했다는 사실을 알았기 때문이다.

그리핀은 법에 흥미를 가지고 법률가가 되기를 희망했기에 법률 서적과 잡지를 보며 공부했다. 그리고 군위원회에 자신을 추천해달라고 설득했고, 주지사가 이에 동의하면서 임명된 것이다.

그리핀이 기네스북에 등재되기 전까진 미국 텍사스 주의 존 페이튼 John Payton이라는 18세의 소년이 최연소 재판관으로 기록되어 있었다. 2011년 그리핀은 미국 변호사협회의 「ABA 저널」에서 세계 최연소 재판관으로 18살에 임명된 페이튼이 기네스북에 등재됐다는 기사를 읽고 기네스 측에 연락해 자신이 17세에 재판관으로 임명되었다는 모든 자료를 제공했다. 그런 과정을 거쳐 그리핀이 새로운 세계 최연소 재판관으로 등재될 수 있었다. 그가 37년이 지나서야 기록 변경을 요청한 것은 사법 기록까지 기네스북에 등재되는지 몰랐기 때문이라고 한다.

여기서 존 페이튼에 대해서도 잠깐 알고 넘어가자. 페이튼이 처음 재판관으로 임명됐을 때 그는 18세밖에 안 된 고등학생이었다. 그는 당시 하위법원의 재판관이었던 50세의 짐 머렐Jim Murrell에게 도전장을 내밀었고, 후보자 예비 선거에서 52%라는 득표를 얻어 승리했다. 이어 군민들

의 직접선거로 재판관에 당선되어 기네스북에 세계 최연소 재판관으로
등재됐다.

그는 재임 기간 동안 학생들의 무단결석 사건을 잘 처리하며 상당한
명성을 얻어 4번이나 연속해서 재판관으로 당선됐다. 그는 학업을 게을
리 하고 학교에 무단으로 결석하는 문제아들에게 매우 엄격한 처분을
내렸기 때문에 학교 관계자들은 이 같은 사건을 그에게 맡기기를 원했
다고 한다.

참고 자료

- https://amysmartgirls.com/an-interview-with-jasmine-twitty-youngest-judge-in-south-carolina-fd19e8a7064e
- https://onthedotwoman.com/woman/jasmine-twitty
- https://economictimes.indiatimes.com/news/politics-and-nation/21-year-old-jaipur-boy-set-to-become-indias-youngest-judge/articleshow/7217809
- https://yourstory.com/socialstory/2019/11/youngest-judge-mayank-pratap-singh-rajasthan-llb
- https://gulfnews.com/world.asia/india/indias-youngest-judge-who-never-used-fb-or-social-media-1.68027926
- https://www.guinnessworldrecords.com/world-records/youngest-judge
- https://www.dallasnews.com/news/2010/12/09/after-20-years-on-collin-county-court-world-s-youngest-judge-as-committed-as-ever
- https://apnews.com/06716cf2ed07a97ee23c0dd8b8fb28f6

2

세계 최초의 소년 법원

소년과 성인을 다른 관점에서 재판하기 위해
개설된 소년 법원

소년 법원은 범죄소년이나 비행소년에 대한 재판을 하는 곳이다. 또한 비행소년의 처우를 혁신하는 곳이기도 하다. 1899년 미국 시카고 쿡 카운티에 세계 최초로 소년 법원이 개설됐다. 소년 법원은 성인의 형사 재판과는 다르게 소년에 대한 재판을 다른 이념과 절차에 따라 행해졌다. 응보 대신 교화 개선과 사회복귀의 이념으로 대체하고, 적법 절차에 집착하는 대신 사례별 개별화된 처우를 행했다.

또 구금보다 보호관찰을 강조하면서 사회복지적 접근법으로 비행소년의 처우 향상에 크게 기여했다. 이를 본받아 와이오밍과 메인 주를 제외한 미국의 모든 주는 물론이고 세계 20개국 이상에서 이 접근법으로 제도를 수정한 소년 법원이 설치됐다.

우리나라의 경우 독립된 소년 법원을 두고 있지는 않다. 다만 소년법에 의하여 소년보호사건은 가정법원 소년부 또는 지방법원 소년부에서 심리해 보호처분을 하도록 시행하고 있다. 다만 금고 이상의 형에 해당하는 사건은 일반법원에서 형사사건으로 심판하되 필요사항의 조사는 조사관에 위촉하는 조사관제도를 채용하고 있다.◆

다만 미국의 경우 개소 당시 소년 법원의 이념이 점점 퇴색하면서 현재는 일반 형사사법과 구별하기 힘들 정도로 닮아가고 있는 실정이다.

◇◇◇
세계 최초 소년 법원은
어떻게 개설됐을까?

그렇다면 이 세계 최초의 소년 법원은 어떻게 개설될 수 있었을까. 현재 18세 이하 소년이 범죄 혐의로 기소되면 대부분 미성년자들을 위하여 고안된 법률제도와 체계에 따라 법률적 결정을 한다. 그리고 그에 맞는 처분이 내려진다.

하지만 1899년 시카고에 세계 최초의 소년 법원이 만들어지기 전까지만 해도 18세 이하 소년들은 '작은 성인miniature adults'으로 간주되어 성인과 같은 재판을 받고 처벌을 받았다. 더불어 교도소에 구금되기도 했다.

그러나 소년 발달에 대한 이해 증진과 보다 온정적 접근에 의해 이 모

◆ 소년법 3~67조항 참조

든 것이 바뀌었다. 그러한 움직임에는 바로 사회 혁신을 위해 싸운 여성 운동가들이 있었다. 세계 최초의 소년 법원의 틀은 19세기 말 대학을 다니며 진보적인 이념으로 낡은 제도를 고치려 한 여성 사회운동가에 의해 창설된 것이다.

당시 시카고는 다른 국가에서 밀려오는 이민자가 급증했고, 동시에 급격한 산업화와 도시화가 이뤄졌다. 그럴수록 새로운 도전과 불평등에 직면했다. 미국 사회개혁가이자 노벨평화상을 수상한 제인 애덤스Jane Addams는 영국의 쉼터 세틀하우스에서 영감을 받아 미국 최초 청소년 쉼터인 헐하우스Hull House를 열었다. 그녀는 줄리아 래트로프Julia Lathrop와 함께 교육과 사회복지, 아동복지 및 사회보장 정책을 선도했으며, 헐하우스 길 건너편에 세계 최초 소년 법원이 개설되면 시카고는 새로운 청소년 정책이 가능하다는 낙관적인 희망을 가졌다. 아동복지를 위해 힘쓴 여성 사회운동가는 아동과 그들의 가족들을 위해 성인 형사사법과는 별도로 청소년을 위한 독립된 사법제도를 포함한 새로운 대안을 실행했던 것이다.

◇◇◇

여성 사회개혁가들의 열정적인 행보로
소년들이 성인과 다른 재판을 받다

19세기 말, 시카고에서는 대부분 저임금이나 이민 가정 출신인 수많은 아이들이 형사사법의 판결을 받으며 유치장을 들락거렸다. 1882년만 보아도 쿡 카운티 유치장에는 14세 이하 아이들이 250명 이상 유치되어 있었고, 그중 20여 명은 11살 이하였다고 한다.

14세 이하의 아이들이 체포되어 수갑이 채워진 상태로 유치장에서 흉악한 범죄자들과 함께 생활해야 했던 것이다. 바로 이런 상황이 소년 법원의 탄생 배경이 되었다. 성인 범죄자에 비해 경미한 일탈에도 성인 범죄자와 동일하게 처리되던 상황이 제인 애덤스 등과 같은 여성 사회개혁가들을 움직이게 했던 것이다.

이들에게 소년법 개혁은 사명감과도 같은 작업이었고, 줄리아 래트로프와 루시 플라워Lucy Flower는 소년 법원 탄생에 기여한 바가 크다.

1890년대 당시 줄리아 래트로프는 일리노이 주의 모든 유치장과 구치소를 돌아다니며 보고서를 작성했다. 그로 인해 형사사법제도에 대한 전문성을 가지게 됐으며, 루시 플라워는 부유한 자선사업가로서 시카고 지배계층과의 폭넓은 인맥을 활용해 소년 법원 개설에 대한 지지를 호소했다. 그녀는 시카고교육위원회의 위원으로 쿡 카운티 간호학교 창립에 기여하기도 했다. 그녀는 소위 '부모 법정parental court'을 통해 소년들이 준법시민으로 성장할 수 있도록 좋은 기회를 주고자 했다.

두 여성은 자신들의 인적 네트워크를 총동원해서 종교지도자와 시카고 변호사협회의 지지를 획득했고, 판사와 정치인들로 하여금 소년에게 필요한 법을 제정할 수 있도록 독려했다. 1899년 봄, 드디어 일리노이 주의회는 루시 플라워의 접근법에 기반한 법률을 통과시킴으로써 세계 최초의 소년 법원이 탄생할 수 있었다.

국가가 부모가 되어
아이에게 최대의 이익을 주다

초기 소년 법원은 소위 '국친사상parens patriae'의 철학 아래 운영됐다. 이 '국친사상'은 국가가 '부모로서' 행동할 수 있다는 것을 의미하며, 아동에게 최선의 이익이라고 판단될 때 언제라도 국가가 개입할 수 있는 권한을 부여한 것이다. 즉, 부모가 보호자로서 역할과 기능을 못하거나 할 수 없다면 국가가 보호자를 대신한다는 것이다.

1700년대 후반 가족에게는 아동 보호와 통제의 책임이 있었다. 하지만 그 가족이 아동에게 도움이 되지 못하면 그 아이를 그 가족으로부터 분리시켜 다른 가정에 보내 더 좋은 환경에서 키우는 철학에 기반을 둔 것이다. 즉 '자녀의 교육은 부모의 책임'인 것이다.

이런 일환으로 비행소년들을 위한 피난처가 설치됐다. 이 시설은 1825년 뉴욕, 1826년 보스턴, 1828년 필라델피아를 필두로 대다수 대도시에 설치됐다. 이에 한 걸음 더 발전해 사회개혁가들은 '아동구제운동 Child-Saving Movement'을 벌였다. 이것을 기반으로 소년법의 철학적 근간이 된 '국친사상'이 발전했고, 소년 법원이 탄생하게 된 것이다.

아동구제운동은 가난한 대도시 아동을 중심으로 그들에게 지속적으로 쉼터를 제공했고, 일정한 나이가 되면 취업 기회도 주었다. 1853년 '어린이구호협회Children's Aid Society'와 1851년 '뉴욕청소년보호소New York Juvenile Asylum'가 초기 단체들이다. '아동구제운동'이 확대되면서, 다수의 여성 사회개혁가와 박애주의자들이 가세했고, 그들의 개혁운동은 1899년 최초의 소년 법원 설치로 공식적으로 인정받았던 것이다.

◇◇◇
범죄 행위가 아니라 청소년에게 초점을 맞춘 소년 법원

소년 법원은 여러 가지 면에서 성인 범죄자들의 형사법원과 달랐다. 먼저 형사법원이 범법자를 처벌하기 위해 법정에 세웠다면 소년 법원은 비행소년을 돕기 위해 법정에 세운 것이다. 즉, 범죄 행위가 아니라 행위자인 청소년에 초점을 맞춘 것이다. 그 절차도 비공식적이어서 대부분의 재량은 판사에게 맡겨졌다.

그 이유는 소년 법원의 판사는 아동의 이익을 최선으로 생각해 처분을 내리기 때문에 변호인에게 조력을 받을 권리, 배심원들에게 조력을 받을 권리 등 성인을 위한 법정에서 행하는 절차적 안전장치들이 불필요하기 때문이다. 형사법원과 소년 법원에서 사용되는 법률 용어도 다르다.

참고 자료

- www.encyclopedia.chicagohistory.org/pages/682.html
- https://www.wsws.org/en/articles/1999/11/juve-n11.html
- https://criminal.findlaw.com/juvenile-justice/development-of-the-juvenile-justice-system.html
- https://www.npr.org/local/309/2019/05/13/722351881/how-chicago-women-created-the-world-s-first-juvenile-justice-system
- https://www.encyclopedia.com/law/legal-and-political-magazines/juvenile-justice-history-and-philosophy
- https://www.nap.edu/read/9747/chapter/7
- https://education.stateuniversity.com/pages/2143/Juvenile-Justice_system.html
- www.cjcj.org/education1/juvenile-justice-history.html
- https://www.times-news.com/news/local_news/juvenile-justice-system-stems-from-illinois-law/article_a8065591-44a4-5b65-aa2a-bbbbed931e02

3

세계에서 최장기 징역형 순위

◇◇◇

세계 최장기 징역형을 받은
범죄자 5순위

종신형을 선고받지 않았지만 세계 최장기 징역형을 받은 범죄자 5순위에 대해 알아보자. 대망의 1위는 1989년 태국에서 다단계 사기, 일명 폰지 사기 혐의로 통합 14만 1,078년형을 선고받은 차모이 티피아소 Chamoy Thipyaso다.

수사 결과에 따르면 태국의 공군장교의 부인이자 태국 석유회사의 직원이었던 차모이 티피아소는 1960년대부터 펀드를 시작해 20년 가까이 1만 6,231명의 고객을 유치했다. 그녀는 남편의 후광을 이용해 상류층 사람들은 물론 군인에게도 투자를 강요했다. 이 펀드 사기로 무려 1만 6,231명의 피해자에게 총액 200만 유로약 26억 원 이상의 피해를 입힌 것으로 밝혀졌다.

그녀가 연쇄살인이나 테러범죄 등이 아닌 경제범으로 세계 최장기형을 선고받은 것은 피해자들 중 상당수가 태국 왕실 가족 등 최상류층이라서, 상식과 법이 허용하는 최고 형량마저도 무시된 채 세계 최장기형이 선고됐을 것이라고 추정한다. 하지만 태국은 사기 혐의로 구금할 수 있는 기간이 20년을 넘지 못하도록 규정하고 있기에 그녀는 14만 1,078년형을 선고받았지만 수감 생활은 20년밖에 되지 않는다. 실제로 그녀는 8년 동안 수감 생활을 하다 석방되었다고 한다.

2위는 스페인에서 2004년 마드리드 기차 폭파 사건으로 최장기 징역형을 받은 세 사람이다. 코이 도안Khoi Doan이 4만 2,924년형, 자말 주감Jamal Zougam이 4만 2,922년형, 또 다른 공범 에밀리오 수아레즈 트라쇼라스Emilio Suarez Trashorras가 3만 4,715년형을 선고받았다. 그런데 스페인 법에 따르면 이들 중 누구라도 최대 수형 기간이 40년을 넘을 수 없다고 하니, 최장기형을 선고받았지만 수감 생활은 40년 미만이라고 할 수 있다.

3위는 미국에서 3살의 여자아이를 강간하고 그 외 여러 범죄 혐의로 건당 5,000년씩 형을 얻어 6건에서 3만년형을 선고받은 찰스 스코트 로빈슨Charles Scott Robinson이다.

4위는 1994년 미국 툴사에서 노령 여성을 강도강간하고 유괴한 혐의로 체포된 앨런 웨인 맥로린Allan Wayne McLaurin이다. 그는 2만 750년형을 선고받았으나 2심에서 500년이 감형됐다. 그와 공범이었던 대런 베날포드 앤더슨Darren Bennalford Anderson은 1심에서 2,250년형을 선고받았으나 상급법원에 항소한 결과 오히려 9,500년이 더 추가됐다. 하지만 500년

이 감형되어 결국 1만 1,250년형으로 확정됐다. 항소심에서 선고된 그의 형량은 미국에서 '항소심에서 선고된 최장기형'에 해당된다고 한다.

5위는 미국인 더들리 웨인 키저Dudley Wayne Kyzer로, 1976년 할로윈에 별거 중인 아내와 장모 등을 살해한 혐의로 1981년에 1만년형을 선고받았다.

◇◇◇

2개 이상의 사건에서 가석방이 없는 종신형과 추가 시간을 선고받은 범죄자 5순위

대망의 1위는 테리 니콜스Terry Nichols다. 그는 1995년 4월 19일 미국 '오클라호마 폭탄테러'에 가담한 혐의로 161건의 1급 살인과 1급 방화 그리고 모반 혐의로 주 법원에서 161건의 가석방이 허용되지 않는 종신형을 선고받았다.

오클라호마 폭탄테러는 미 연방정부에 적개심을 품은 티모시 맥베이 Timothy McVeigh와 테리 니콜스가 저지른 폭탄테러로, 9·11 테러 이전 미국에서 일어난 테러 중 가장 인명 피해가 컸던 사건이다. 한편 티모시 맥베이는 사형선고를 받았다.

테리 니콜스 다음은 아동 유괴 혐의와 아동학대, 살인미수 등 다수의 사건으로 가석방이 없는 종신형을 선고받은 마이클 존 데블린Michael John Devlin이다.

3위는 가석방이 없는 5,200년형을 선고받은 팔레스타인의 압둘라 바르구티Abdullah Barghouti가 차지했다. 그는 하마스의 알 카삼Al-Qassam 연대의 지휘관이자 조직의 최고 폭탄제조자였는데 2001년과 2002년 민간인에 대한 폭격으로 66명의 이스라엘 사람을 사살하고, 500명에게 부상을 입힌 혐의로 67개 사건에서 종신형을 선고받았고 추가로 가석방이 없는 5,200년형이 확정됐다. 이스라엘 역사상 가장 긴 징역형이라고 한다. 반면 팔레스타인 당국은 바르구티가 수감되어 있는 동안 연금을 지급한다고 밝혔다.

4위는 2019년 뉴질랜드 이슬람 사원에서 51명의 신도를 살해하고 40명에게 중상을 입힌 브렌턴 타란트Brenton Tarrant다. 그는 살인과 함께 테러 미수 사건으로 가석방이 없는 종신형을 선고받았고, 40명을 다치게 한 혐의로 480년형이 더 추가됐다.

5위는 1982년에서 1998년 사이 71명의 여성을 살해한 일명 '그린 강의 살인자'로 알려진 연쇄살인범 게리 리지웨이다. 그는 49개의 사건에서 가석방 없는 종신형에 480년의 자유형을 선고받았다.

◇◇◇

선고받은 형량과 실제 형량이 가장 차이가 나는 사건은?

이와는 별도로 어처구니 없는 이유로 세계 최장기형을 선고받은 사례는 스페인에서 일어났다. 스페인의 가브리엘 마르크 그라나도스Gabriel March Granados는 22살의 우체배달부였는데 그는 4만 2,784통의 편지를 배달하지 않았고, 그중 3만 5,718통을 개봉해 5만 유로^{2010년 기준}에 해당하는 가치의 내용물을 훔친 혐의로 기소됐다.

재판 결과 그는 38만 4,912년의 자유형과 1,900만 유로^{약 255억 원 이상}의 벌금형을 선고받았다. 하지만 그에게 선고된 실제 형량은 14년 2개월의 자유형과 9000페세타[*]의 벌금형이었다. 이 사건은 선고받은 형량과 실제 형량이 가장 차이가 나는 사례로 기록되기도 한다.

◆ 스페인의 통화 단위, 1999년 기준으로 1유로당 166.386페세타였다. 그때 기준에 맞춰 한국 통화를 약 755원이라고 가정한다면 약 6,795,000원에 해당한다.

참고 자료

- https://www.guinnessworldrecords.com/world-records/longest-jail-sentence-(multiple-counts)
- https://largest.org/people/prison-sentences
- https://en.wikipedia.org/wiki/List_of_longest_prison_sentences
- https://www.13newsnow.com/article/news/who-is-serving-the-worlds-longest-prison-sentences/221501926
- https://www.globalo.com/worlds-longest-prison-sentences
- www.mentalfloss.com/article/52065/what's-longest-prison-sentence-ever-received

4

세계에서 최다 방청 기록을 세운 재판

◇◇◇

미식축구의 전설,
오 제이 심슨이 살인 혐의로 재판을 받다

1995년 10월 3일 오전 10시, 전직 미식축구 스타이자 영화배우로도 최고의 명성을 누렸던 오 제이 심슨 O. J. Simpson에 대한 살인 혐의 형사재판이 열렸다. 이 재판은 생방송으로 방영됐고, 수천만 명의 미국인은 물론이고 전 세계가 이 재판을 시청했다. 그 결과 지금까지 세계에서 가장 많은 사람들이 시청한 재판으로 기록되어 있다.

오 제이 심슨은 은퇴한 미식축구 선수로, 미국 스포츠 사상 최고 스타 가운데 한 명이다. 그는 선수에서 은퇴한 이후 영화배우로 활약했다. 그는 첫 번째 부인 마거릿과 헤어진 후 니콜 브라운 심슨을 만나 결혼했지만 1992년 이혼했다. 그리고 2년 뒤 니콜은 친하게 지내던 로널드 골드먼과 함께 살해당했다.

유력한 용의자는 오 제이 심슨이었다. 하지만 심슨은 무죄를 주장했다. 니콜 살인 혐의로 재판이 시작됐고, 그는 기소인부절차에 참석하기 위해 경찰청에 출두해야 했지만 나타나지 않았다. 그 대신 그는 405번 주간 고속도로 위에서 경찰과 추격전을 벌였다. 이 추격전은 TV 생방송을 통해 방영되어 미국의 많은 사람들이 시청했다. 방송국은 NBA 결승전 중계마저 끊고 심슨의 추격전을 내보냈고, 무려 9,500만 명의 시청자가 이 장면을 시청했다. 미국에서 가장 큰 스포츠 잔치인 수퍼볼 경기도 같은 해 시청자가 9,000만 명이었던 것을 비교하면 엄청난 수치요 사건이 아닐 수 없다.

더구나 단순히 시청자가 많았을 뿐만 아니라 미국 주요 방송국인 ABC, NBC, CBS, CNN은 물론이고 거의 모든 지역과 지방방송에서도 생중계를 했으며, 각 방송국의 간판 앵커들이 방송을 맡았을 정도로 관심이 높았다. 그리고 우리나라에서도 이 추격전은 뉴스를 통해 전파됐다.

다만 이 추격전을 시청한 사람들은 무죄를 주장한 그가 경찰청에는 나타나지 않고 왜 변장용 수염과 상당한 액수의 현금, 총을 지닌 채 어디론가 도주해야 했는지를 의아해했을 뿐이다. 그는 그렇게 체포됐다.

◇◇◇

죽이든 죽이지 않았든 상관없이 맞지 않으면 무죄다

검찰이 오 제이 심슨을 용의자로 지목한 증거는 많다. 첫 번째, 심슨의 양말에 묻은 혈액에서 피해자인 니콜 심슨의 DNA가 검출됐다. 두 번째, 골드만의 셔츠에서 아프로계의 머리카락이 발견됐다. 심슨은 아프로계였다. 세 번째, 사건 현장 근처에 떨어진 피가 묻은 왼쪽 장갑에서 오 제이 심슨, 니콜 심슨, 골드만의 DNA가 검출됐다. 그리고 오 제이 심슨은 왼손잡이였다. 네 번째, 오 제이 심슨은 니콜 심슨을 상습적으로 폭행해 이혼했다. 다섯 번째, 사건 현장 주변에서 발견된 발자국의 사이즈가 오 제이 심슨의 사이즈와 일치했다. 여섯 번째, 골드만의 혈액이 오 제이 심슨이 입고 있던 셔츠에서 발견됐다.

오 제이 심슨은 경력이 화려한 변호인단을 꾸려 검찰의 주장에 맞섰다. 변호인단의 반공은 아래와 같다. 당시 DNA 검출 기술은 신뢰성이 낮았으며 당시 과학수사 과정 중 오 제이 심슨의 혈액 중 10분의 9인 150mg이 사라지면서 사건 조작의 가능성이 있다고 주장했다. 더불어 경찰의 초동 수사는 매우 부실했고, DNA 법의학자인 헨리 리 박사는 검사 측과 경찰 측이 범죄 현장에서 DNA와 증거를 취득하는 과정에서 문제의 소지가 있다는 소견을 밝혔다.

특히 초기 니콜의 등에는 범인의 것으로 보이는 피가 묻어 있었는데 이 혈액이 지워졌고, 니콜의 시체는 깨끗하게 씻겨 보관됐던 것이다. 감식반이 증거물을 맨손으로 다루고, 니콜과 골드만의 시체에 이불을 덮어뒀고, 없던 혈흔이 3주 후에 발견되고, 이전에 채취한 혈액을 범죄 현장에 다시 들고 오는 등 수사 과정의 문제점이 많아 조작의 가능성이 제기될 수밖에 없었다.

변호인단은 시체를 덮어두었던 이불의 경우 니콜 심슨 브라운 집의 거실에 있는 것이기 때문에 즉 범죄가 생겼든 생기지 않았든 오 제이 심슨의 DNA가 범죄 현장에 스며들 가능성이 있다는 것을 입증했다.

또한 검찰 측이 증거로 제시한 오 제이 심슨과 니콜 심슨, 골드먼의 피가 묻은 양말의 경우 검찰이 주장한 대로의 범죄 방식을 따라한다면 그 양말에서 발견된 피가 스며든 패턴은 절대로 나타날 수 없다는 걸 증명했다. 그리고 문제가 발생한 증거 수집을 처리한 사람은 전부 백인이었다.

사건 현장 근처에 떨어진 피가 묻은 왼쪽 장갑에서 오 제이 심슨, 니콜 심슨, 골드만의 DNA가 검출됐고, 오 제이 심슨은 왼손잡이라는 주장엔 미국 인구의 약 10%가 왼손잡이고, 실제로 재판에서 오 제이 심슨이 이 장갑을 꼈을 때는 너무 작아서 엄지와 검지가 들어가지 않을 정도였다.

변호인단은 해당 사건의 형사인 마크 퍼먼Mark Fuhrman이 이 장갑을 현장에 고의로 배치했다는 주장을 펼치기도 했는데 사실 마크 퍼먼은 이전 사건에서 증거를 억지로 꾸며 흑인을 범인으로 몰아간 전력이 있었다. 그리고 이 가죽 장갑이 첫 현장 수사에서 발견되지 않다가 나중에 현장에서 발견된 이유에 대해서 경찰은 제대로 답을 하지 못했다.

최후 변론에서 심슨 변호인단의 자니 코크란은 미국 법정 역사에 길이 남고, 지금도 회자되는 그 유명한 "맞지 않으면 무죄다If it doesn't fit, you must acquit"라는 발언을 함으로써 이 재판을 승리로 이끌었다.

◇◇◇
생산성이 약 4억 8,000만 달러가 떨어진
세기의 재판

오 제이 심슨에 대한 배심원의 평결은 수개월에 걸친 치열한 검찰과 변호인단의 싸움으로 시청자들이 내심 기대했던 것보다 짧게 끝났다. 결과는 물론 오 제이 심슨의 무죄 판결이다.

오 제이 심슨 재판이 화제가 된 것은 세계 최고의 시청률만은 아니다. 온 세계가 사건의 시작부터 끝까지 한순간도 놓치지 않고 철저하고 자세하게 추적함으로써, 언론과 재판의 기존 관계와 관행까지도 바꾸었기 때문이다. 그리고 오 제이 심슨이라는 하나의 미디어를 만들 만큼 언론은 그를 쫓았다.

법정 안에서 생중계된 평결을 정점으로 오 제이 심슨 재판은 24시간 뉴스 사이클에 대한 엄청난 초기 수요와 욕구를 창출했으며24시간 뉴스 채널이 번창하는 계기, 오늘날 붐을 일으키고 있는 텔레비전 리얼리티 쇼의 씨앗을 뿌린 것으로도 평가된다.

심지어 재판이 있는 날에는 장거리 전화 건수가 무려 58%나 줄었고, 뉴욕의 증권거래소에서도 주식 거래량이 41%나 낮아졌다. 특히 평결이 내려질 때 사람들은 화장실을 가는 것도 참아 수도 사용량이 감소했을 정도라고 한다. 전반적으로 재판 시청으로 생산성 손실이 4억 8,000만 달러약 5,416억 원 이상에 달할 것으로 추정된다.

◇◇◇
살인보다 인종차별에 더욱 초점을 맞춰
무죄를 받았다?

그렇다고 재판을 시청한 사람들이 모두 같은 생각을 한 것 같지는 않다. 재판 과정과 결과에 대한 분명한 차이와 논쟁을 불러일으켰기 때문이다. 사실 재판 과정 전반에 걸쳐 국가적 논의의 초점은 인종차별이었다. 더불어 무죄라는 평결로 더욱 격렬해졌다. 심지어 평결을 특집으로 꾸몄던 「타임」지도 고속도로 추격 직후에 발간된 책 표지에 심슨의 머그샷을 조금 어둡게 편집한 후 게시해 흑인들의 분노를 샀다.

많은 사람들이 또다시 흑인 남성이 불공정하게 기소된 예라고 생각했던 반면에 다른 다수의 사람들은 그에게 무죄를 선고한 것에 대해 절대다수의 흑인으로 꾸며진 배심원단 때문이라고 비난했다.

평결 이후 행해진 여론조사에 따르면 절대다수의 흑인들은 사법정의가 실현되었다고 믿었던 반면에 백인의 75%는 평결에 동의하지 않았고 평결이 인종에 초점을 맞춰 살해 동기가 지워진 것이라고 믿었다.

2004년 NBC 여론조사에서도 조사 대상자의 77%가 심슨이 유죄라고 답했다. 그중 흑인은 27%, 백인은 87%가 그렇게 믿는다고 답했다. 그러나 2016년에 행해진 여론조사에서는 백인의 83%와 흑인의 57%가 심슨이 살인범이라고 믿는다고 답했다.

◇◇◇

의심할 여지없이 확실하진 않지만
그래도 죽였을 가능성보다 더 높다

오 제이 심슨은 살인 혐의에서 무죄를 선고받았다. 그렇다고 그가 살인범은 아니라는 이야기는 아니다. 그가 무죄로 석방될 수 있었던 것은 재력으로 꾸민 화려한 변호인단 덕분이다. 그리고 언론도 한몫했다. 이 사건이 일어난 후 언론은 오 제이 심슨이 범인이라는 가정하에 기사를 작성했다. 모든 미디어는 그렇게 오 제이 심슨이 범인이라고 생각하며 그를 추적했던 것이다. 이는 인종차별이라는 집단적 항의와 맞물려 배심원들에게 영향을 미쳤을지도 모른다.

또한 배심원단은 전체 13명 중에서 흑인이 9명, 백인 2명 그리고 남미계 2인으로 구성됐는데 그에게 무죄를 평결했을 뿐이지 그가 무죄라는 것을 확인해주지 않았다는 비판을 받기도 했다.

이런 주장을 뒷받침할 만한 사건이 얼마 후 벌어지는데, 바로 그에 대한 피해자 가족들의 손해배상 민사소송이었고, 이 소송에서 재판부는 피고로 하여금 3,300만 달러약 372억 원 이상라는 천문학적인 액수의 배상을 명함으로써 원고 승소 판결을 내려 사실상 피고 심슨의 유죄를 간접적으로 확인시켰다.

다만 형사와 민사의 승소가 달라진 것은 민사는 대립하는 당사자 중 더 우세한 쪽이 승소하지만 형사에선 합리적 의심이 없는 증거가 있어야만 유죄가 성립되기 때문이다. 이는 오 제이 심슨이 니콜 심슨을 죽였다는 게 의심할 여지없이 확실하진 않지만 그래도 죽였을 가능성보다 더 높다는 것으로 정리할 수 있다. 이 재판은 아직까지도 '세기의 재판The trial of century'으로 불릴 정도로 유명하며 그에 대한 뒷이야기는 여전히 쏟아지고 있다.

참고 자료

- https://time.com/4059067/oj-simpson-verdict
- https://en.wikipedia.org/wiki/O._J._Simpson_murder_case
- https://law.jrank.org/pages/12147/Media-O-J-Simpson-Case.html
- https://medium.com/practice-of-history-2018/o-j-simpson-murder-trial-cdba1b092a01
- https://en.wikipedia.org/wiki/O._J._Simpson_murder_case
- https://en.wikipedia.org/wiki/O._j〉_Simpson
- https://famous-trials.com/simpson/1862-home
- https://namu.wiki/w/O.%20J.%20%EC%8B%AC%EC%8A%A8%20%EC%82%AC%EA%B1%B4?form=MY01SV&OCID=MY01SV

5

세계 최초의 보호관찰

◇◇◇

**자유롭게 사회생활을 하면서
수형 생활을 하다**

보호관찰은 범죄인을 교도소 등에 수용하지 않고 일정한 감독과 지도를 통해 자유롭게 사회생활을 하게 하는 것을 말한다. 하지만 보호관찰은 뿌리가 전혀 다른 2가지가 합쳐진 것이다. 그 하나는 '보호관찰부 형의 선고와 집행의 유예'로, 보호관찰을 조건으로 하는 형의 유예를 말한다. 다른 하나는 '보호관찰부 가석방'으로 보호관찰을 조건으로 조기에 석방하는 것이다. 당연히 보호관찰부 형의 선고는 법원의 결정이고, 보호관찰부 가석방은 보호관찰심사위원회의 결정이다.

보호관찰에는 2가지의 의미가 있지만 일반 조건은 같다. 직업을 유지하고, 보호관찰관의 지시와 명령에 따라야 한다. 특히 가정폭력이나 아동성범죄와 같은 경우 원래 피해자나 유사범죄의 잠재적 피해자, 잠재적 증인 등과의 접촉을 제한받는다. 물론 다른 범죄의 경우 공범과 접촉을 해서는 안 된다. 개별 조건으로 약물중독인 사람에겐 약물 금지, 알코올 의존증을 가진 자에겐 금주 명령 등이 있다.

◇◇◇

보호관찰은 어떻게 해서
생겨났을까?

우리말로 보호관찰이라고 번역되는 영어 'Probation'은 '시험 기간 testing period'을 의미하는 라틴어 'Probatio'에서 나왔고, 영국의 '사법적 유예judicial reprieve'라는 영역이 그 뿌리다.

그렇다면 보호관찰은 어떻게 해서 시작됐을까? 미국 보스턴의 제화업자인 존 아우구스투스John Augustus가 1841년 유죄가 확정된 어느 술고래 모주꾼의 구금을 일시적으로 자신에게 맡기면 양형 선고 때까지 교화하는 데 도움을 주겠다고 판사를 설득한 데서 시작됐다.

존 아우구스투스 이전에도 보스턴에선 보호관찰에 대한 법률적 권한이나 법제가 만들어지지 않았지만 1830년대부터 형의 선고유예 관행은 활용됐고, 이후 미국 전역에 확대됐다. 그 첫 시행은 '자기 서약에 의한 석방Release on self recognizance', 즉 자신이 재판에 출석하고 선행을 하겠노라고 서약하는 것을 조건으로 석방시키는 것이었다.

하지만 이러한 관행이 법률적 의문을 낳게 되자 1916년 미국 대법원은 판사가 권한도 없이 형을 무기한으로 유예할 수 없다고 판시했다. 이로 인해 1925년 국가보호관찰법National Probation Act이 제정되고, 이로써 법원이 형의 선고를 유예하여 보호관찰에 회부할 수 있게 됐다. 1880년 매사추세츠 주가 처음으로 보호관찰제도를 도입했고, 대다수의 다른 주에서도 이를 따랐다.

세계 최초의 보호관찰관은 누구일까?

이런 연유로 세계 최초의 보호관찰관은 존 아우구스투스일 것이다. 그가 최초의 보호관찰관이 된 데는 자신이 워싱턴총금주회Washington Total Abstinence Society의 회원이 되면서부터라고 한다. 이 모임을 통해 그는 알코올의존증은 처벌보다 그들에 대한 이해와 보살핌으로 교화가 개선될 수 있다고 믿었고, 이를 계기로 18년 동안 봉사 정신으로 보호관찰관을 시작했다.

존 아우구스투스의 활동은 성공적이었다. 그는 1858년까지 무려 1,946명을 보호관찰했고, 그중 단 10명만이 조건을 위반하여 실패했다고 보고됐다. 이런 성과를 통해 매사추세츠는 보호관찰에 대한 최초의 법률을 제정했고, 이것이 전 주로 확산됐다.

보호관찰부 형의 유예의 지침이 되는 철학은 교화 개선과 사회복귀다. 이 제도는 초범자와 경미한 범죄자에게 제2의 기회를 주는 인본주의적 시도와 노력의 일환으로 시작됐다. 존 아우구스투스가 추구한 것도 이런 점이다. 보호관찰관의 도덕적 지도력으로 경미한 범죄자가 법을 준수하면서 사회생활을 잘할 수 있도록 이끈다면 더 나은 세상이 될 수 있다고 기대했다.

1920년대부터 1950년대에 이르는 동안, 심리학의 발전으로 보호관찰관의 도덕적 지도력에서 전문 상담사의 치료 상담으로 이동했다. 1960년대에 들어가면서 단순히 대상자를 상담하기보다는 취업, 주거, 재정 그리고 교육 지원 등과 같은 확실한 유형의 사회적 서비스를 제공하도록 보호관찰의 주요 역할이 바뀌게 된다. 보호관찰관은 상담이나 치료보단 범죄자를 위한 공사 기관을 넘나들며 옹호자로 봉사하게 된 것이다.

◇◇◇

세계 최초로 보호관찰부 가석방은 어떻게 시작됐을까?

보호관찰부 가석방을 뜻하는 영어 'Parole'은 프랑스어 'parol'에서 유래했다. 이 단어에는 '말spoken words'이지만 동시에 '약속promise'을 함축하는 '명예의 말word of honor'이라는 의미를 가지고 있다. 이는 전쟁포로를 풀어주면서 그에게 문제가 되는 갈등에 무력을 취하지 않겠다는 약속을 받아내는 것에서 시작됐다.

미국에서 보호관찰부 가석방이 행해진 최초의 기록은 새뮤얼 G. 하우Samuel G. Howe의 석방이다. 사실 1938년까지 다수의 주에서 보호관찰부 가

석방은 단순히 조건부 사면이었다. 19세기 중반까지도 대부분의 범죄자는 재판 없이 교도소에서 정기형을 선고받았다. 정기형은 형사재판에서 형의 기간을 확정해 선고하는 자유형이다. 여기서 말하는 자유형은 신체적 자유를 빼앗는 형벌로, 징역과 금고, 구류가 있다.

하지만 이것이 교도소가 과밀해지는 문제를 유발했기에, 결국 정부에서는 대규모 사면을 허가하거나 교도소장이 신입 수형자들을 위한 공간을 만들기 위하여 무작위로 기존 수형자를 석방할 수밖에 없었다.

◇◇◇
믿음이 결실을 보다, 수형자를 믿었던 교도소장들

보호관찰부 가석방의 연혁과 역사에서 빼놓을 수 없는 사람들이 있다면 바로 영국의 알렉산더 매코노치Alexander Maconochie, 월터 크로프턴Walter Crofton, 미국의 지블론 브록웨이Zebulon Brockway다.

먼저 알렉산더 매코노치는 노퍽 섬Norfolk Island의 교도소장으로서 재소자의 과거를 처벌하되 미래를 위해 훈련시키는 제도를 창안하고 도입했다. 당시 영국 범죄자들은 호주로 추방되기 일쑤였는데 그는 이에 대해 '두 번 비난받는' 것이라고 생각했다. 그래서 그는 아무런 희망 없이 자신의 형기를 마치는 대신 수형자 스스로 열심히 일하고 선행을 베풂으로써 자유를 얻을 수 있는 점수제Mark system를 도입했다.

그는 재소자가 교화 개선되어 사회에 복귀할 수 있다고 믿었고, 매 단계마다 자유와 책임이 증대되는 세 단계를 거침으로써 자신의 석방을 스스로 얻어내야만 하는 개방형 양형 구조를 운용했던 것이다. 동조하면 한 단계 승진하지만, 위반하면 전 단계로 되돌아가게 되어 결과적으로 형기가 길어지는 것이다.

오늘날 부정기형*으로 알려져 있는 이런 개방형 양형은 재소자가 석방될 때 그의 행동이 성공적으로 개선되었음을 확인할 수 있게 해주었다. 그러나 알렉산더 매코노치는 점수제가 범죄자를 아이로 취급한다는 비난을 받고 소장직에서 물러났다.

비슷한 시기, 영국에서 월터 크로프턴은 형이 자의적인 기간이 아니라 범죄자의 교화 개선과 관련돼야 한다고 믿었고, 엄격한 구금, 부정기형, 휴가증이라는 세 단계의 형벌 징역을 통합하는 제도를 도입해 알렉산더 매코노치와 유사한 프로그램을 시행했다. 일명 '아일랜드제Irish System'라고 하는 그의 프로그램은 수형자가 조기에 석방될 수 있도록 필요한 점수를 딸 수 있게 하는 방식을 적용했다. 그러나 '휴가증'이 확보되더라도 구금으로부터의 석방은 조건적인 것이었다. 석방된 사람은 법집행관의 가정방문을 받고, 직업을 구하더라도 지역사회에서 감시와 감독을 받았다. 바로 이들 '감시감독관'이 오늘날의 보호관찰관의 선구자라고 할 수 있다.

한편, 미국에서는 엘마이라 교화소Elmira Reformatory 소장 지블런 브록

◆ 형사재판에서 형의 기간을 확정하지 않고 선고하는 자유형으로, 형을 집행하는 과정에서 수형 생활 성적으로 석방을 결정한다.

웨이가 1870년대에 대영제국 모형과 아일랜드 모형에서 영향을 받아 미국 최초의 부정기형에 대한 법을 통과시켰다. 그리고 수형자가 스스로 자신의 형기를 줄일 수 있는 '선시제도Good time system'를 처음으로 도입했다. 그는 교도소에서 생활하는 수형자는 각기 생활 태도에 따라 형기가 다양해야 한다고 믿었다. 또한 이런 제도를 통해 수용 인구를 조절할 수 있다고 생각했다. 특히 이것이 모범이 되어 다른 수형자도 이를 따르면 교화 개선에 매우 가치가 있다고 생각했다.

그러나 더 큰 도전은 수형자를 석방한 후 적절하게 감시와 감독을 하는 것이었다. 수형자가 석방되면 자원봉사자인 '수호자Guardian'가 그를 감시하고 감독한다. 그리고 지역사회에서의 그의 행동 보고서를 작성해 제출했다.

그러다 1913년쯤, 지역사회에서 출소자를 감시와 감독하기 위해선 독립된 기구가 필요하다는 것이 확실해져, 1930년 미 의회는 미국보호관찰위원회US Board of Parole를 공식적으로 설치했다. 1929년 대공황과 함께 찾아온 경제적 곤궁으로 인한 경제범죄의 급증과 그로 인한 어쩔 수 없는 재소자 과밀 수용은 새로운 수형자와 교도소 관리의 필요성을 대두시켰다. 그 대안 중 하나로 바로 보호관찰부 가석방이 부상됐다. 이로 인해 보호관찰부 가석방이 확대되는 계기가 되었다.

참고 자료

- https://www.newworldencyclopedia.org/entry/Probation
- https://www.encyclopedia.com/law/legal-and-political-magazines/
  probation-and-parole-history-goals-and-decision-making
- https://law.jrank.org/pages/1817/Probation-Parole-History-Goals-
  Decision-Making-Origins-probation-parole.html
- https://probation.smcgov.org/history-probation
- https://www.newworldencyclopedia.org/entry/Probation
- https://criminallaw.uslegal.com/probation-and-parole/parole/history
- https://txparolelaw.com/history-of-parole
- https://en.wikipedia.org/wiki/Parole

세계를 변화시킨 범죄

세계 최초로 우주에서 일어난 범죄

◇◇◇

우주에서 일어난 너무나 현실적인 범죄

인류가 달 표면에 착륙한 지도 수십 년이 지났다. 또한 화성에도 인간의 흔적을 남겼다. 하지만 아직 우리는 우주에 대해 잘 알지 못한다. 그래서 우주는 신비의 대상인지도 모르겠다.

하지만 한 가지 확실한 것은 우주 공간에서도 지구상에서의 형벌이 적용된다는 점이다. 미국의 여성 우주비행사인 앤 맥클레인Anne McClain이 우주 공간에서 행해진 범죄로 수사를 받았다.

2018년 12월 그녀는 국제우주정거장에서 미국 항공우주국의 정보망을 이용해 동성의 전 배우자 서머 워든Summer Worden의 은행계좌에 전 배우자 허락 없이 접근해 명의를 도용한 혐의로 피소됐다.

맥클레인의 전 배우자 서머 워든에 의하면 맥클레인은 국제우주정거장에 머무는 동안 지구에 남아 있던 자신의 재정을 장악하기 위해 NASA

의 컴퓨터와 기술을 이용하여 자신의 은행계좌에 부적절하게 접근하여 자신의 사생활을 침해했다고 한다.

◇◇◇

사실이 어떻든 제소된 사실만으로 우주를 탐사할 기회를 박탈당하다

앤 맥클레인은 이에 대해 서머 워든의 은행계좌에 접근한 것은 사실이지만 지금까지 둘 사이에서 이어져온 일상적 행위였다고 항변했다. 그녀는 서머 워든과 함께 양육해온 소년을 보살피고 각종 요금을 내는 데 필요한 자금이 충분한지 확인하기 위한 재정 관리였다고 주장한 것이다. 더구나 계좌로부터 금전 거래는 없었고, 어떤 형식으로든 그 계좌의 돈에 접근하지 않았다고 반박했다.

하지만 서머 워든이 미국 연방무역위원회에 맥클레인을 제소했고, 그녀의 가족도 유사한 청원을 미국 항공우주국 NASA의 감사관실에 제출한 것만으로도 그녀에게 큰 영향을 미쳤다. 결국 NASA는 달 탐사에 앤 맥클레인을 제외시켰다.

◇◇◇

인간 행위로 일어난 전통범죄로, 우주에서 일어난 최초의 사건

이 사건은 지구의 경계를 벗어나 우주에서 일어난 첫 번째 범죄로 추정할 수 있다. 하지만 우리는 여기서 끝이 아니라는 것을 알아야 한다. 비록 지구상의 법률이 우주 공간에서 생활하는 지구인에게까지 영향을 미친다는 사실에는 아무런 의심의 없다. 한 가지 분명한 사실은 앞으로 있을 수 있는 우주 공간에서의 범죄에 미치는 영향이다.

국제우주정거장은 무려 반세기 동안 우주 관련 행동을 규정하고자 하는 규칙들을 마련해놓았지만 이 사건이 일어나기 전까지 이런 원칙들을 적용할 필요가 없었다. 물론 우주에서의 범죄에 관한 논의가 없었던 것은 아니다.

2013년 러시아 우주선이 2007년 중국 미사일 실험에서 파괴했던 우주선 파편과 충돌한 후 손상을 입었던 사건이 있었다. 그러나 이 사건은 사람이 가담한 인간 행위로써의 전통적 범죄라기보다는 국가가 관련된 사고에 더 가까운 것이었기에, 이번 사건이 우주 공간에서 일어난 첫 범죄라고 할 수 있다.

◇◇◇
지구인이 우주를 넘나들면 어떤 범죄가 일어날까?

국제우주정거장에서 참여하는 국가가 자국민에 대한 관할권을 행사하는 것은 당연하다. 다만 이것이 그 사람이 다른 나라의 국민에게 아무런 피해나 영향을 미치지 않을 때 가능하다는 점이다.

문제를 더 복잡하게 만드는 것은 우주여행을 제공하는 민간기업이 활성화되면 다양한 국적의 관광객이 모여 여러 불상사가 일어날 수 있다는 점이다. 이런 점과 연관해서 생각해보면 우주여행의 종착지가 각국의 통제 시설이 모여 있기에 각국의 자국민은 우주 공간에서 자국의 독점적 주권을 행사하지 못할 수 있다는 사실이다. 이럴 때 범죄 행위가 일어난다면 이는 국가 간 분쟁이 될 수도 있다. 그렇기에 우주에선 다국적 범죄의 처리가 이뤄져야 하는데 이에 대해선 논란의 여지가 많다.

우주비행사는 지난 50년 이상 자국의 대표로 어떤 갈등이나 분쟁 없이 모범적으로 생활했다. 그리고 그 동안 우주라는 공간은 국가가 통제하는 시설이었고, 그 안에서 일어나는 일들은 그에 맞는 규칙에 따라 처리됐다.

하지만 현재는 우주 공간이 더 이상 국가의 독점적 권역이 아니다. 다수의 민간기업과 민간인들도 우주여행에 참여하게 되어 지구상에서 일어난 일들이 우주 공간에서도 발생할 수 있게 된 것이다. 지구를 벗어났다고 인간의 행위가 달라지는 것은 아니다. 그런 측면에서 세계는 우주 공간에서의 범죄가 일어날 수 있다는 사실을 받아들여야 할 것이다. 이것이 현실이기 때문이다.

참고 자료

- https://qz.com/1694592/nasa-is-investigating-what-may-be-the-first-space-crime
- https://www.thevintagenews.com/2019/09/04/space-crime
- https://bigthink.com/politics-current-affairs/space-crime?rebelltitem=2#ㄱ듀디ㅣ샷드2
- www.abc.net.au/news/2019-08-25/nasa-investigating-potwntially-first-alleged-space-crime/11445970
- https://www.extremetech.com/extreme/297244-nasa-astraunat-accused-of-worlds-first-space-crime-denies-allegations
- https://www.bbc.com/news/world-49457912
- https://www.livescience.com/anne-mcclain-space-crime.html
- https://www.thehindu.com/sci-tech/science/nasa-investigating-first-crime-committed-in-space/article29251790.ece
- https://www.telegraph.co.uk/news/2019/08/24/first-crime-space-nasa-investigates-unprecedented-divorce-case
- https://slate.com/technology/2019/08/space-crime-legal-system-international-space-station.html
- https://time.com/5660705/divorce-nasa-crime-space
- https://www.dw.com/en/nasa-investigating-first-alleged-crime-in-space-report/a-50152725
- https://www.theverge.com/2019/8/27/20833761/nasa-iss-international-space-station-alleged-crime-anne-mcclain-jurisdiction-framework
- https://globalnews.ca/news/5835064/space-crime-nasa-investigation

세계를 변화시킨 범죄 사건들

◇◇◇

삼진아웃제도의 계기가 된
폴리와 킴버 살인 사건

현재 미국에서 가장 보수적인 형사정책의 하나로 손꼽히는 삼진아웃제도는 중범죄를 세 번 저지르면 가석방이 없는 종신형에 처하도록 하는 일련의 강제양형제도이다. 야구에서 스트라이크가 세 번 들어오면 그냥 아웃을 당하는 데서 따온 제도로 중범죄를 세 번 저지르면 사회로부터 영원히 아웃, 격리시키는 것이다. 삼진아웃제도는 앰버경보Amber Alert 제도의 도입에도 영향을 미친 폴리 클라스 살인 사건이 촉매제가 되었다.

1993년, 12살의 폴리 클라스는 집에서 친구들과 놀다가 리처드 앨런 데이비스Richard Allen Davis에게 납치되어 강간당하고 살해됐다. 문제는 리처드 앨런 데이비스가 30여 년에 걸쳐 경범죄는 물론이고 폭력 등 강력 범죄를 닥치는 대로 저질러 교도소를 들락거렸다는 사실이다.

그는 교도소에서 출소한 지 6개월도 지나지 않아 폴리 클라스를 살해했고, 그의 범행은 결국 80만 명이 넘는 캘리포니아 주민들이 소위 '삼진 아웃제도'를 청원하게 만든 계기가 됐다.

이보다 일 년 앞서 킴버 레이놀즈Kimber Reynolds 사건이 있었다. 킴버를 살해한 25살의 범인은 메타암페타민 중독자로서 총기와 약물 범죄로 자주 구금됐고, 자동차 절도로 수감 생활을 하고 출소한 지 두 달도 채 되지 않았을 때였다. 이외에도 다수의 폭력과 강도질로 수배 중이었다고 한다. 킴버의 살해범과 폴리의 살해범 모두 폭력과 강력 범죄를 포함한 다수의 전과기록을 가졌을 뿐만 아니라 범죄를 생활 수단으로 삼은 누범자였던 것이다.

폴리의 아버지 마크 클라스Mark Klaas는 누범자에 대한 문제점을 느껴 삼진아웃제도를 제안하고, 킴버의 아버지 마이크 레이놀즈Mike Reynolds는 이 법안의 제정을 강력하게 주장했다. 특히 마크 클라스와 마이크 레이놀즈는 이후 앰버경보를 만드는 데도 도움을 주었다.

결국 1994년 선거에서 투표권자의 70% 이상의 찬성으로 삼진아웃제도가 통과되었고, 당시 캘리포니아 주지사는 주의회의 전폭적인 지지를 업고 법령에 서명했다. 이 삼진아웃제도는 누범자들에게 마지막으로 그들이 저지른 범행이 아니라 이전 전과기록을 기초해 양형을 선고할 수 있는 양형 구조를 구축했다.

특히 2회 이상의 폭력이나 강력 범죄를 저지른 전과범이 다시 또 강력 범죄를 저지르면 25년 이상 종신형에 처하도록 법률로 분명하게 명시한 것이다. 이로 인해 누범자나 직업적 범죄자에 대한 범죄를 누르려고 한 것이다.

킴버의 살해범에 대한 재판에서 법원은 그가 지역사회의 기대에 동조하는 데 심각한 어려움이 있고, 기회가 주어져도 준법생활을 지속하지 못하고, 계속 다른 사람들을 위험에 빠뜨릴 것임을 스스로가 분명하게 보여줬다고 밝히며 삼진아웃제도의 의도를 시사했다.

물론 삼진아웃제도는 많은 논란을 불러일으켰다. 결과적으로 2012년 선거에서 투표자들은 이 강제양형지침을 완화하는 쪽으로 표를 던졌다고 한다.

◇◇◇

앰버경보를 탄생시킨 앰버 해거먼 납치 살인 사건

앰버경보는 아동의 실종, 납치, 유괴라는 범죄 위험성이 높거나 그럴 가능성이 높을 때 고속도로 전자표지판과 방송이나 SNS 등 다양한 매체를 통해 아동 범죄자를 공개 수배하는 대중 경보 제도다.

이 제도는 왜 만들어졌을까? 1996년 1월 13일 미국 텍사스 주 알링턴에서 9살의 앰버 해거먼Amber Hagerman이 자전거를 타다 납치된 후 4일 후에 시체로 발견됐다. 하지만 범인은 끝내 밝혀지지 않았고, 수사본부는 1999년 해체됐다. 앰버의 유괴와 죽음은 미국 전 주의 부모들의 관심을 불러일으켰고, 많은 부모들이 이후 유사한 사건이 일어나지 않도록 강력한 조치를 취할 것을 법집행기관에 촉구했다. 동시에 아동 유괴와 납치 등에 대응하는 새로운 방법을 찾기 위한 노력에 동참했다.

그중 다이애나 시몬Diana Simone이라는 지역 주민이 기상특보에 착안해 지역 라디오방송국에 전화를 걸어 아동 유괴나 납치 사건에 라디오방송에서 긴급 경보 방송을 해주면 어떠냐는 제안을 했고, 그 지역방송에선 그 제안을 받아들였다. 앰버의 어머니 도나 휘트슨Donna Whitson 또한 아동성폭력범을 다스리는 강력한 법의 제정을 요구했다. 앰버의 부모는 '성범죄자에 대항하는 사람들People Against Sex Offenders'이라는 단체를 만들고, 텍사스 주로 하여금 더 강력한 아동보호법 제정을 촉구하는 서명을 받기 시작했다.

그 결과 폴리와 킴버의 아버지들과 마틴 프로스트Martin Frost 하원의원이 제안하여 앰버 해거먼 아동보호법이 제정됐고, 빌 클린턴 대통령이 앰버의 부모가 지켜보는 가운데 법령에 서명했다. 그 첫 앰버경보는 1996년에 이루어졌고, 2002년 연방통신위원회FCC, Federal Communication Commission가 이를 승인했고, 2013년 1월까지 무선 긴급 경보Wireless Emergency Alert를 통해 미국 모든 주에 하달됐다.

우리나라는 아시아 최초로 2007년 4월 9일 경찰청 주관하에 만 14세 미만의 유괴실종아동 발생 시 전국 고속도로나 국도 및 서울시 고속화도로 지하철 전광판 등 총 4,200개소의 전광판과 교통방송 라디오를 통해 관련 정보를 신속하고, 광범위하게 전파하는 앰버경보 시스템을 시행했다. 제1호 경보 대상은 제주에서 실종됐던 양지승 어린이였다. 2007

년 3월 16일 제주도 서귀포에서 당시 초등학교 3학년이었던 양지승 어린이가 집 앞에서 실종됐다가 40일 만에 주검으로 발견된 사건이다.

앰버경보는 마치 재난경보나 요즘의 코로나바이러스 경보처럼 응급경보 체제를 이용하는 것으로, 경보는 통상적으로 실종이나 유괴된 어린이와 용의자의 인상착의 등의 정보를 담고 있다. 다만 거짓 정보를 피하기 위해 경보 발령 조건이나 범주는 매우 까다롭다.

나라와 기관마다 다양한 조건과 범주가 있지만 미국의 경우 법무성이 지침을 마련해 대다수 주에서 이를 따르고 있다. 지침에 대한 범주는 대략 이렇다. 첫 번째는 법집행기관에서 유괴나 납치라는 것을 확인해야 하고, 두 번째는 아동이 심각한 부상이나 죽음의 위험에 놓여야만 하고, 세 번째는 아동과 납치유괴범 그리고 차량 등에 관하여 경보를 발령할 만큼 충분한 기술적 정보가 있어야만 하고, 네 번째는 아동이 17세 이하여야 한다.

◇◇◇
911과 112를 탄생시킨
키티 제노비스 강간살인 사건

1964년 3월 13일 새벽 3시 무렵, 뉴욕 퀸스에서 키티 제노비스Kitty Genovese는 지배인으로 근무하던 술집에서 심야 근무를 하다 귀가하던 중 자신의 아파트 입구에서 마주친 한 남자로부터 공격을 받고 도와달라고 소리쳤다. 아파트에 살던 사람들은 그녀의 도와달라는 요청에 불을 켜

고 창문을 열었다. 그러다 한 주민이 그녀를 놓아주라고 소리치자 남자
는 도주했다. 제노비스는 난자당한 몸을 이끌고 어느 가게 앞에 드러누
웠지만 남자는 다시 나타나 그녀에게 자상을 입혔다. 제노비스는 계속
소리를 질렀고 또다시 아파트 불이 켜지자 남자는 도망쳤다. 제노비스가
힘겹게 아파트 복도로 걸어갔지만 남자는 다시 나타나 그녀를 강간했
다. 그리고 49달러를 훔쳐 달아났다. 이 사건은 새벽 3시 15분에서 50분
까지 약 35분 동안 일어났다.

그녀는 거의 30여 분 동안이나 혼자서 남자의 공격을 막으려고 필사
적으로 애를 썼으나 무려 14번이나 칼로 가격을 당했다. 남자가 도주한
후 한참 뒤에 한 시민의 신고로 출동한 경찰이 현장에 도착했고 그녀는
급히 병원으로 후송됐으나 사망했다.

키티 제노비스의 남동생은 그날 밤 진실이 무엇인지 알고 싶어 사건을
추적해 「목격자The Witness」라는 다큐멘터리를 만들었다. 이 사건이 계기
가 되어 경찰신고전화가 만들어졌다. 미국은 911이고, 우리나라는 112
의 탄생 배경이 된 것이다.

많은 사람들은 키티 제노비스 살인 사건에 충격을 받았다. 도와달라
는 여성의 호소에 어느 누구도 도움을 주지 않았다는 사실은 뉴욕과 같
은 대도시 환경 속에서의 삶의 무정함과 냉정함을 상징하는 것이었다.
어떤 목격자는 젊은 여성이 치명상을 당하고 있는 것을 봤지만 자신은
개입하고 싶지 않았다고 경찰에 진술했다고 한다.

사실 이 사건이 일어난 후 「뉴욕타임스」는 38명의 목격자가 있었고,

아무도 사건 현장으로 내려가 제노비스를 구출하지 않았다고 기사를 내보냈다. 하지만 남동생이 밝힌 바에 따르면 목격한 사람은 12명 정도로 추정하고, 그중 2명이 신고했다고 한다. 이에 대해 「뉴욕타임스」는 오보를 인정하는 사과 기사를 내보냈다.

사회심리학자들은 이 사건을 '제노비스 신드롬'이라고 불렀는데 이는 '방관자 효과'를 말한다. 주변에 사람이 많을수록 어려움에 처한 사람을 돕지 않고 그저 지켜보면서 아무런 도움을 주지 않는 현상을 말하는 심리학 용어다. 비상 상태를 목격하는 개인들은 다른 사람들이 주위에 있으면 자신이 개입하고 싶어 하지 않다는 것이다.

실제 한 실험에서, 만약 혼자라면 위험에 빠진 여성을 돕겠다는 사람의 비율이 70%였던 반면에 다른 사람과 함께 있다면 자신이 개입할 확률은 40%로 낮아졌다고 한다. 범인도 이 사실을 알고 있는지 체포된 이후 목격자들은 절대로 나서지 않을 것이라는 것을 알았다고 진술했다.

이는 당시의 시대 상황도 반영된 문제점일 것이다. 1960년대에는 시민이 어떤 사건을 신고하기 위해선 전화교환원에게 직접 전화를 걸어 몇 단계에 걸쳐 경찰에 연결되거나 경찰지구대 번호로 직접 전화를 걸어야만 했다.

1967년, 미국의 법집행과 사법행정에 대한 대통령위원회에서 긴급대응팀에 직접 접촉할 수 있는 원스톱 과정을 권고했고, 1968년 미국 최초로 비상신고전화제도인 911이 탄생됐다. 우리나라 범죄 신고는 112다.

스토킹을 세상에 알린
레베카 쉐퍼 총기 살해 사건

1989년 여배우 레베카 쉐퍼Rebecca Schaeffer는 웨스트할리우드에 있는 자신의 저택 정문에서 자신에게 집착하면서 스토킹하는 남자에게 총격을 당해 사망했다. 이 사건으로 인해 미국 최초로 캘리포니아 주가 스토킹을 범죄화하고, 반스토킹법을 만들었다.

레베카 쉐퍼는 모델이자 배우로서 오리건 주의 유진 시에서 외동딸로 태어났다. 1984년 그녀의 부모는 레베카 쉐퍼가 모델로서의 꿈을 실현하고 싶어 하자 뉴욕으로의 이주를 허락했다. 레베카 쉐퍼는 모델로서 성공하고 싶었지만 비교적 아담한 체형으로 어려움을 겪게 됐다. 급기야 모델의 꿈을 접고 배우 쪽으로 활동을 옮겨 집중했다.

그녀는 일일극이나 블랙코미디부터 영화에 이르기까지 활발하게 배우 활동을 하면서 상당한 인기를 받았다. 그러던 중 19살의 존 바르도 John Bardo가 그녀를 스토킹하기 시작했고, 3년이 지난 1989년 7월 18일 그녀에게 총격을 가해 살해했다.

존 바르도가 유명인에게 집착을 보였던 것은 레베카 쉐퍼가 처음이 아니었다고 한다. 그는 어린이 평화운동가이자 배우였던 사만다 스미스 Samantha Smith에 집착했으나 그녀가 13세의 어린 나이에 비행기 추락사고로 사망했기 때문에 집착 대상을 레베카 쉐퍼로 바꾸고, 그녀에게 셀 수 없이 많은 편지를 보냈다. 레베카 쉐퍼는 감사 편지를 보내기도 했는데 존 바르도의 스토킹은 여기서 멈추지 않았다.

1987년 그녀가 출연 중인 「마이 시스터 샘My Sister Sam」의 촬영 현장으로 가 그녀와 만나기를 원했지만 영화사 보안요원의 제지로 만나지 못하자, 한 달 후 칼로 무장한 채 다시 찾아갔지만 이번에도 보안요원 제지로 실패한다.

그는 고향인 투손으로 돌아가 잠시 레베카 쉐퍼에게 관심을 끊고, 데비 깁슨, 마돈나, 티파니에게 집착한다. 하지만 레베카 쉐퍼가 출연 중인 연속극에서 상대배우와의 침실 장면에 질투를 느끼고, 그녀가 할리우드에서 매춘부가 되었다며 처벌해야겠다고 결심한다. 존 바르도는 배우 테레사 살다나Theresa Saldana를 살해한 아더 리처드 잭슨Arthur Richard Jackson이 민간조사원에게 의뢰해 그녀의 주소를 확보했다는 것에 착안해 투손에 있는 민간조사원에게 250달러를 주고 셰퍼의 주소를 얻는다.

그는 자신의 나이가 19살이고, 정신병력 기록이 있어 총기 구입이 불가능하자 형에게 부탁하여 구입한다. 그는 로스앤젤레스를 세 번이나 방문했고, 마지막 방문 때 그녀의 집 현관문 초인종을 눌렀다. 마침 오디션 준비 중이던 「대부3」의 대본을 기다리던 그녀가 배달원인 줄 알고 현관문을 열어주자 그는 그녀가 보내준 감사 편지와 사진을 보여주면서 잠시 대화를 나눴다. 하지만 그녀가 다시는 찾아오지 말고 떠나줄 것을 요청하자 되돌아섰다. 한 시간 후 존 바르도는 그녀에게 다시 찾아가 그녀의 가슴에 총격을 가하고 도망쳤다.

목격자의 제보로 투손의 경찰이 다음날 그를 체포하자 그는 자신의 범행을 자백하고 재판에서 가석방 없는 종신형을 선고받았다. 이 사건으로 캘리포니아 주에서는 반스토킹법이 제정됐고, 연이어 자동차 등록을 이용한 개인 정보 취득을 금지하는 법을 개정했다. 소위 운전자 프라이버시 보호법이라고 불리는 이 법은 자동차 등록 업무를 하는 기관에서 개인의 사적 주소를 공개하지 못하도록 금지하는 것이다. 이 법은 1994년에 제정됐다.

경찰은 처음 스토킹에 대해 그다지 심각하게 생각하지 않았지만 존 바르도가 계획적으로 주소를 확보하고, 총기를 구입하는 등 범행 의사가 강력한 행동을 한 내막을 알게 되면서 그 심각성을 인식하게 되었다고 한다.

반스토킹법과 운전자 프라이버시 보호법은 유명인뿐만 아니라 한때 배우자나 연인 관계가 있었던 사람들에게도 영향을 미치면서 심각한 상황을 미연에 방지하자는 측면이 강하다. 이 법은 캘리포니아가 처음으로 제정해 시행했지만 이후 모든 주에서 적용됐고, 스토킹을 하나의 중요 범죄로 규정하게 됐으며 로스앤젤레스 경찰은 스토킹 수사전담 부서도 설치했다.

◇◇◇

성범죄자 정보공개법의 씨앗이 된 메건 칸카 살인 사건

1994년 미국 뉴저지 주 해밀턴타운십에서 고작 7살이었던 메건 니콜

칸카Megan Nicole Kanka는 성폭력 전과범에게 성폭행과 함께 살해당했다. 메건 칸카의 부모인 리처드와 모린은 무언가 중요한 일을 해야 할 필요성을 느꼈고, 그것이 '메건 법Mwgan's law', 즉 성범죄자석방공고법의 씨앗이 되었다.

사건이 발생하자 경찰은 탐문을 벌인 끝에 한집에서 거주하고 있는 성폭력 전과가 있는 세 사람을 심문했고, 그중 한 명인 제시 팀멘데쿼스Jesse Timmendequas라는 전과범이 그날 아침 6시에 메건 칸카를 성폭행하고 목을 졸라 살해했다고 자백했다. 그리고 시신이 있는 곳으로 경찰을 안내했다. 결국 제시 팀멘데쿼스는 메건을 살해한 혐의로 사형을 선고받았으나 2007년 주의회가 사형을 폐지하면서 현재까지 가석방이 없는 종신형을 살고 있다.

메건이 제시 팀멘데쿼스의 희생양이 되었던 이유는 이웃주민 누구도 그가 성폭력 전과범이라는 사실을 몰랐기 때문이다. 만약에 주민들이 이 사실을 미리 알았다면 메건이 희생되지 않았을 수도 있다는 아쉬움을 갖게 된 것이다.

사건 발생 한 달 후, 뉴저지 주의회는 성범죄자의 데이터베이스를 구축하고, 유죄 확정을 받은 성범죄자의 거주지가 이동될 경우 지역사회에 고지하고, 2번 이상의 성폭력 범죄를 저지를 경우 가석방 없는 종신형을 선고하는 등을 포함하는 성범죄자 관련의 법령을 통과시켰다.

특히 시민들은 지역사회에 전과자들이 전입하는 것을 막으려고 애썼고, 지역 단체들은 주의회에 더 강력한 구금법과 보호관찰 조건을 규정하도록 의회를 압박했다. 그 결과 점점 많은 주에서 전과자보다 지역사회의 이익을 앞세우는 법을 제정하는 쪽으로 여론이 형성됐다. 사건이 일어나기 전에는 범죄에 대한 접근법으로써 조기 석방, 수형자 권리 등을 주장했으나 범죄자가 일반 시민에게 미치는 영향을 우려하면서 분위기의 대전환이 이뤄진 것이다.

그 대표적인 것이 바로 성폭력 범죄자의 신상 공개와 고지다. 흔히 '메건법'이라고도 하는데, 어느 성범죄자가 출소하기 전 한 지역사회에 가고자 희망한다면 그 지역사회에 성범죄자의 신상 공개와 언제 석방이 되는지에 대해 주민들에게 고지하는 것이다.

뉴저지 주의 경우 위험성에 따라 유죄가 확정된 성범죄자를 구분했는데 위험성이 낮다면 성범죄자의 거주지를 경찰에게만 고지하고, 위험성이 중간 정도라면 경찰과 지역사회의 학교와 단체에게 거주지를 고지하고, 위험성이 높다면 지역 주민 모두에게 거주지를 고지해야 한다고 규정하고 있다. 위험성 정도는 범행 횟수, 무기 사용 여부, 피해자의 연령, 범죄자 치료 여부와 결과 등을 고려해 결정한다고 한다.

이후 메건법은 1996년 연방법으로 제정되어 모든 주에서 따르도록 했다. 만약 주에서 제정하지 않을 경우 연방정부의 재정 지원을 받지 못한다고 못을 박았다. 현재 메건법에 등록된 명단은 누구라도 온라인을 통해 접근할 수 있다.

◇◇◇

인질에서 머물지 않고 함께 범죄를 저지른
패티 허스트 납치 사건

1974년 2월 4일 언론재벌인 윌리엄 랜돌프 허스트William Randolph Hearst
의 19살 손녀 패트리샤 캠벨 허스트Patricia Campbell Hearest는 좌익 혁명 세
력인 공생해방군 단원들에게 납치됐다. 그녀는 통칭 패티 허스트로 불
린다. 언론재벌의 소녀가 납치되었으니 이 자체만으로도 세계를 놀라게
할 대단한 화제다.

하지만 세간의 관심을 더욱 끈 것은 패티가 납치된 후 두 달이 지났을
무렵에 일어난 은행 강도 사건 때문이었다. 1974년 4월 15일, 패티를 납
치했다고 주장하는 공생해방군의 단원들이 샌프란시스코의 히버니아
지점 은행에서 무장강도를 벌인 것이다. 더욱 사람들을 당혹스럽게 만
든 것은 은행에서 기관총을 휘두르고 있었던 사람이 납치된 패티였던
것이다. 이 사건을 시간 순서대로 정리하는 것이 패티 허스트 사건을 이
해하는 데 도움이 될 것이다.

1974년 2월 4일 오후 9시 20분 그녀는 공생해방군 대원에게 납치당했
다. 1974년 2월 7일 공생해방군은 지역방송국에 몸값을 요구하는 범행
성명을 보냈다. 1974년 4월 15일 공생해방군은 샌프란시스코 히버니아
지점의 은행을 습격했는데 은행 감시 카메라에 기관총을 들고 강도를
저지른 패티 허스트가 찍혔고, 이 영상은 언론을 통해 공개됐다.

1974년 5월 17일 FBI가 수사 끝에 공생해방군의 아지트를 찾아내 급

습했지만 패티는 동료와 외출하고 있어 체포하지 못했다.

1974년 6월 7일 공생해방군은 로스앤젤레스의 한 방송국에 패티가 공생해방군에게 충성을 맹세했으며 타니아라는 이름으로 활동하게 될 것이라고 선언하는 카세트테이프와 사진을 보냈다. 테이프에는 "죽음을 두려워하지 않고 끝까지 싸우겠다"라고 하는 패티의 성명 외에도 부모와 약혼자에게 심한 욕을 하는 내용도 포함되어 있었다. 1975년 9월 18일 샌프란시스코에서 FBI가 패티를 체포했다.

1976년 2월 재판이 시작되자 패티는 무죄를 주장했다. 그렇다면 그녀는 자발적으로 공생해방군에 충성을 맹세했을까? 아니면 죽음에 대한 공포와 두려움, 강요로 인해 공생해방군에 충성을 맹세했을까? 그녀의 변호인단은 공생해방군의 수장이 그녀에게 선봉장이 되어 은행 강도를 하지 않으면 그녀를 죽일 것이라고 협박했기 때문에 그녀가 가담할 수밖에 없었다고 주장했다.

하지만 변호인단의 주장이 무색해진 것은 그녀가 그 후에도 공생해방군의 다른 범죄에 가담했다는 사실이다. 운동용품을 파는 가게에서 보안요원에게 붙잡힌 대원들을 돕기 위해 건물에 사격을 가했으며, 또다른 강도 사건에선 도주 차량을 운전했다. 이는 그녀가 더 이상 스톡홀름 증후군◆으로 고통을 받는 납치 사건의 인질이 아니라 공생해방군의 단원이라는 점을 암시하는 것이기도 하다.

◆ Stockholm Syndrome. 범죄심리학 용어로 인질이 인질범에게 동화되어 그들에게 동조하는 현상을 말한다.

1976년 패티 허스트는 강도 현장에서 두 사람에게 총격을 가한 혐의로 35년형을 선고받았으나 이후 순식간에 7년형으로 감형됐다. 그리고 22개월간 수형 생활을 하면서, 당시 짐 카터 대통령의 지시하에 가석방됐다. 이후 빌 클린턴 대통령은 2001년 그녀에게 사면을 명했다.

그녀가 납치됐을 당시 베트남전쟁이 한창이었고, 미국 내에선 워터게이트 등으로 국가 안보가 불확실했던 시기였지만 그녀의 납치와 은행 강도 사건은 세상의 이목을 집중시켰다. 실제로 그녀가 기관총을 들고 강도를 하는 사진은 사람들에게 납치 자체보다 더 큰 영향을 미쳤다.

그녀는 이후 여러 편의 영화에 출연했고, 유명세와 악명이 만나는 회색지대에서 괴짜 대중예술가로 활동했다. 1981년 그녀는 자신의 회고록 『비밀스러운 모든 것Every Secret Thing』에서 자신이 은행 강도에 가담했던 것은 오로지 강요되었기 때문이었다고 밝혔다.

하지만 다수 언론의 법률전문가 제프리 토빈Jeffrey Toobin은 2016년 발간한 자신의 저서 『미국의 상속녀 : 패티 허스트의 납치, 범죄 그리고 재판의 생생한 모험American Heiress: The Wild Saga of the Kidnapping, Crime and Trial of Patty Hearst』에서 그녀가 은행 강도에 가담한 것은 매우 복잡한 이유가 있었을 것이라고 기술했다. 현재 범죄심리학자들은 그녀의 사례가 스톡홀름증후군의 확실한 사례로 간주하고 있다.

참고 자료

- https://www.klaaskids.org/blog/tag/kimber-reynolds
- https://www.foxnews.com/media/polly-klaas-three-strikes-law-fox-nation
- https://www.history.com/this-day-in-history/a-12-year-old-girl-is-kidnapped
- https://abc30.com/man-who-inspired-three-strikes-law-sentenced-to-life-in-prison-for-most-recent-act-of-violence/3177651
- https://thetruecrimefiles.com/amber-hagerman-murder
- https://allthatsinteresting.com/amber-hagerman
- https://en.wikipedia.org/wiki/Amber_alert
- https://www.insideedition.com/how-the-death-of-kitty-genovese-birthed-911-and-neighborhood-watches-58288
- https://www.thevintagenews.com/2018/06/08/kitty-genovese
- https://www.history.com/topics/crime/kitty-genovese
- https://en.wikipedia.org/wiki/Murder_of_Kitty_Genovese
- https://en.wikipedia.org/wiki/Rebecca_Schaeffer
- https://www.history.com/this-day-in-history/sitcom-actress-murdered-death-prompts-anti-stalking-legislation
- https://www.eonline.com/news/1057267/thw-still-terrifying-details-of-the-murder-of-rebecca-schaeffer-a-star-on-the-rise-and-an-obsession-turned-deadly
- https://www.insideedition.com/how-rebecca-schaeffers-murder-led-anti-stalking-laws-across-america-52120
- https://www.goodhousekeeping.com/life/a27116831/rebecca-schaeffer-murder
- https://www.soprissun.com/2020/01/22/to-save-one-life-megans-

law-arrived

- https://time.com/4793292/history-origins-sex-offender-registry
- https://en.wikipedia.org/wiki/Megan%27s_Law
- https://www.today.com/news/how-publishing-heiress-patty-hearst-went-kidnapping-victim-armed-bank-t109921
- https://www.fbi.gov/history/famous-cases/patty-hearst
- https://www.eonline.com/news/795291/13-crimes-that-shocked-the-world-and-changed-our-culture-forever

기록으로 보는 범죄의 세계

범죄 기네스북

초판 1쇄 인쇄 2021년 7월 28일
초판 1쇄 발행 2021년 8월 20일
—
글 이윤호
그림 박진숙
—
발행인 최명희
발행처 (주)퍼시픽 도도
—
회장 이웅현
기획 · 편집 홍진희
디자인 김진희
홍보 · 마케팅 강보람
제작 퍼시픽북스
—
출판등록 제 2014-000040호
주소 서울 중구 충무로 29 아시아미디어타워 503호
전자우편 dodo7788@hanmail.net
내용 및 판매 문의 02-739-7656~7
—
ISBN 979-11-91455-26-7(03330)
정가 20,000원